Dialektik im epistemologischen Werk
Gaston Bachelards

von

Mohamed El yaznasni

Tectum Verlag
Marburg 2002

Die Deutsche Bibliothek - CIP-Einheitsaufnahme

El yaznasni, Mohamed:
Dialektik im epistemologischen Werk Gaston Bachelards
/ von Mohamed El yaznasni
- Marburg : Tectum Verlag, 2002
Zugl: Mainz, Univ. Diss. 2001
ISBN 3-8288-8347-8

© Tectum Verlag

Tectum Verlag
Marburg 2002

Vorwort

Die vorliegende Arbeit wurde im Wintersemester 2000/2001 von dem Fachbereich 11 (Philosophie/Pädagogik) der Johannes Gutenberg-Universität Mainz als Dissertation angenommen worden.

In dieser Arbeit wird Dialektik verstanden als einen „*Zugang*" zum Verständnis der Epistemologie und dem Denken Gaston Bachelards schlechthin. Die ersten Anstöße zu dieser Art von Darstellung der Epistemologie G. Bachelards hat Herr Prof. Dr. Thomas M. Seebohm gegeben. Er hat mich durch seine langjährige Beschäftigung mit der Wissenschaftstheorie und Wissenschaftsgeschichte zur Beschäftigung mit der gegenwärtigen Wissenschaftstheorie in Frankreich angeregt.

Mein Dank gilt besonders meinem Lehrer Herrn Prof. Dr. Seebohm, bei dem ich Logik, Wissenschaftstheorie und Wissenschaftsgeschichte studiert habe. Mein Dank gilt auch Herrn HD Dr. Josef Rauscher für seine spontane Bereitschaft, das Zweitgutachten zu übernehmen.

Dankbar bin ich auch allen Professoren, bei denen ich studiert habe. Namentlich erwähnen möchte ich gerne Herrn Prof. Dr. Walter Brüning, Herrn Prof. Dr. Seebohm, Herrn Prof. Dr. Richard Wisser (Philosophie); Herrn Prof. Dr. Manfred Hennen, Herrn Prof. Dr. Stefan Hradil, Herrn Prof. Dr. Gerhard Schmied (Soziologie); Herrn Prof. Dr. Friedrich Wilhelm Kron, Herrn Prof. Dr. Franz Hamburger und Herrn Erhard Meueler (Pädagogik).

Der besondere Dank gilt meiner Frau und meinem Sohn Ayman, die mich in jeder Beziehung unterstützt haben.
Schließlich danke ich allen, die mir Beistand geleistet haben, insbesondere meinen Eltern für ihre großzügige Unterstützung.

Wiesbaden, den 18. September 2000　　　　　　　　　Mohamed El yaznasni

Inhaltsverzeichnis

Vorwort 5

Einleitung 9

I. BACHELARD IN DER FRANZÖSISCHEN WISSENSCHAFT UND EPISTEMOLOGIE 15
I.1. Der Entwicklungsprozeß in Bachelards Denken 20
I.2. Das Problem der Doppelung und der Einheit in Bachelards epistemologischem Werk 28

II. DAS EPISTEMOLOGISCHE WERK G. BACHELARDS 39

TEIL A: EPISTEMOLOGIE 43
II.1. Epistemologie und Wissenschaft 43
II.2. Epistemologie und Philosophie 44
II.3. Aufgabe der Wissenschaftsphilosophie 45
II.3.1. Entfaltung epistemologischer Werte 49
II.3.2. Untersuchung der Rückwirkung wissenschaftlicher Erkenntnis auf die geistige Struktur 52
II.3.3. Psychoanalyse der objektiven Erkenntnis 54
II.4. Eklektizismus epistemologischer Instrumente 56
II.5. Angewandter Rationalismus 58
II.6. Reorganisation der Erkenntnis: Berichtigung der Konzepte 61
II.6.1. Offenheit: Offene Philosophie 63
II.6.2. Dialektik: Dialektischer Rationalismus 63
II.6.3. Regionaler Rationalismus 64
II.7. Rationaler Materialismus 66
II.7.1. Rationaler Materialismus und Marxismus 70
II.7.2. Epistemologie Bachelards und neuer Marxismus 71

TEIL B: WISSENSCHAFTSGESCHICHTE 75

II.8. Epistemologie und Wissenschaftsgeschichte 75

II.8.1. G. Bachelards Konzeption der Wissenschaft und der Wissenschaftsgeschichte 76

II.8.2. Verhältnis der Epistemologie zur Wissenschaftsgeschichte 86

II.8.3. Die Natur des Fortschritts in der Wissenschaftsgeschichte 89

DIALEKTIK 101

III.1. Problemstellung 101

III.2. Entwicklung der Dialektik nach Hegel 105

III.3. Von philosophischer zur wissenschaftlichen Dialektik 109

III.3.1. G. Bachelard und O. Hamelin: synthetische Dialektik und Philosophie des Nein 114

III.3.2. G. Bachelard und F. Gonseth: wissenschaftliche Dialektik und wissenschaftlicher Geist 123

III.4. Dialektik in der nichtcartesischen Epistemologie 139

III.4.1. Dialektik und wissenschaftlicher Geist 146

III.4.2. Dialektik und Philosophie des Nein 168

III.4.3. Dialektik und angewandter Rationalismus: Dialektischer Rationalismus 186

III.5. Dialektik in der Wissenschaftsgeschichte 211

III.6. Zu G. Bachelards Konzeption der Dialektik 216

III.6.1. Schlußbetrachtungen 219

Literaturverzeichnis 233

Einleitung

> *„Zwei Menschen müssen, wenn sie sich wirklich verstehen wollen, zuvor einander widersprochen haben. Die Wahrheit ist die Tochter der Diskussion und nicht Tochter der Sympathie."*
>
> G. Bachelard: PN, S. 153

Das oben angeführte Zitat genügt im Prinzip, das Hauptmerkmal des Denkens Bachelards zu charakterisieren. Die *„Wahrheit"* sei, laut Bachelard, nur durch *„Diskussion"* möglich. In der wissenschaftlichen Erkenntnis gebe es *„nur ursprüngliche Irrtümer"* nicht aber ursprüngliche *„Wahrheit"* [1]. Was bedeutet der Begriff der *„Diskussion"*, sofern sich *„Wahrheit"* und *„Irrtum"* miteinander vertragen und wobei *„Irrtum"* den Vorrang über *„Wahrheit"* hat, sogar *„kein Übel"* sei?[2] Läßt sich *„Diskussion"* als Moment des *„Erkenntnisaktes"* wissenschaftlicher Erkenntnis, oder nur als Moment der approximativen Methode verstehen, die Bachelard in seinem ersten Werk eingeführt hat? Wie verhält es sich aber dann mit den Begriffen der *„Wahrheit"* und des *„Irrtums"*? In welchem Zusammenhang stehen diese beiden Begriffe? Läßt sich der Begriff der *„Diskussion"* im traditionellen, oder in einem neuen Sinne verstehen, in dem Wahrheit und Irrtum in einem *„dialektischen Verhältnis"* stehen?

Hiermit bin ich an der Schwelle dessen angelangt, was den Titel meiner Arbeit bildet: *„Dialektik im epistemologischen Werk G. Bachelards."* *„Dialektik"*, *„Epistemologie"* und *„Bachelard"* sind drei voneinander abhängige Konzeptionen, die man als

---

[1] *„Une vérité n'a son plein sens qu'au terme d'une polémique. Il ne saurait y avoir de vérité premiè"* (Wahrheit bekommt ihrer vollen Sinne erst als Polemik. Es kann keine ursprungliche Wahrheit geben. Es gibt nur ursprüngliche Irrtümer.) Bachelard, G.: Idéalisme discursif, Recherches philosophiques, IV, 1934-1935, S. 22 (wieder abgedruckt in Études, 1970, S. 89.) Dazu auch: *„Un vrai sur fond d'erreur, telle est la forme de la pensée scientifique."* (Wahres auf einem Untergrund von Irrtum, das ist die Form des wissenschaftlichen Denkens.) G. Bachelard: Le rationalisme appliqué, Paris 1949, 2 ème éd. 1994, S. 48.

[2] Ders., Die Bildung des wissenschaftlichen Geistes, Frankfurt/M. 1987, S. 349:
„Und wiederholen wir vor uns stets und mit Blick auf das geistige Leben: Irrtum, du bist kein Übel."

„*Zugänge zum Denken Bachelards*" ansehen kann.[3] Diese Konzeptionen bedürfen einer sorgfältigen Erläuterung, weil sie entscheidende philosophische Probleme verdecken. Michel Vadée, ein berühmter Kommentator Bachelards, bevorzugt den Zugang zum Denken Bachelards über die Epistemologie. Mit Recht scheint mir dieser Zugang der „*bevorzugte*" aber nicht „*der obligatorische zu sein*", weil der Charakter des Denkens Bachelards selbst einen solchen vorbestimmten oder systematischen Zugang nicht erlaubt. Dabei scheue ich mich von Anfang an nicht, den Zugang zu Bachelards Denken über den Begriff der „*Dialektik*" vorzuschlagen. Ich erhebe keineswegs den Anspruch, auf den folgenden Seiten sein auf unterschiedlichen Gebieten ausgedehntes Denken darzustellen. Ich versuche lediglich wissenschaftstheoretisch an sein Denken heranzugehen, d.h. ich beschränke nur auf eine Seite (versant) des Werkes Bachelards und nur auf einen Aspekt seines Denkens. Dieser Zugang über „*Dialektik im epistemologischen Werk Bachelards*" ist nicht frei von Problemen und Risiken, die am Wesen seines Werkes, und an seiner Person selbst liegen. Mein Zugang zum Denken Bachelards scheint von Anfang an problematischen Charakter zu haben, weil er sich allein auf den Boden der *Epistemologie* stellt. Beschränkt man die Untersuchung auf die Epistemologie, dann stößt man unbedingt auf das *Problem des Werkes Bachelards*, jenes Problem der *Einheit* in philosophischer *Vielheit*: Einheit seines Werkes in Vielheit seines Denkens (Wissenschaft, Epistemologie, Philosophie, Literaturkritik). Aus diesem Problem besteht der mehrdeutige Charakter des Bachelardschen Denkens. Ich bin mir darüber im Klaren, daß ich von Anfang an vor dieser Mehrdeutigkeit auf der Hut sein muß. Entsprechend dieser Mehrdeutigkeit muß ich bei der Auseinandersetzung mit der *Dialektik* Bachelards vor diesem Begriff „*auf der Hut sein*".[4]

Spricht man über den Begriff der *Dialektik* Bachelards, gelangt man dann zu folgender Überzeugung: „*Diesem Begriff mißt man sicherlich zuviel Sinn bei, da man ihn*

---

[3] Vadée, Michel: Epistemologie oder Philosophie. Zu G. Bachelards neuem epistemologischem Idealismus, Frankfurt/M. 1979, S. 27: „*Zugänge zum Denken Bachelards öffnen sich von verschiedenen Seiten. Aber der Zugang über die Epistemologie scheint der bevorzugte, der nächstliegende, der obligatorische zu sein.*"
[4] „*Man sollte also immer vor einem Begriff auf der Hut sein, der noch nicht dialektisiert* werden *konnte. Was seine Dialektisierung verhindert, ist seine inhaltsmäßige Überladung.*" Bachelard, G.: Die Philosophie des Nein. Frankfurt/M., 1980, S.153.

ja niemals rein formal denkt. Wenn man ihm aber zuviel Sinn beimißt, ist zu befürchten, daß zwei verschiedene Sprecher ihm nicht den gleichen Sinn beimessen." [5]

Nicht zufällig formuliere ich hier den Titel meiner Arbeit wie ich oben angekündigt habe. Der Titel ist bewußt gewählt: *„Dialektik im epistemologischen Werk G. Bachelards"*, und nicht *„Dialektik bei Bachelard"*, oder *„Dialektik in den Schriften Bachelards".* [6]

Zur Herausarbeitung des Sinnes der Bachelardschen Dialektik muß ich mich vor allem mit den beiden anderen Teilen des Titels *"Epistemologie"* und *"Bachelard"* auseinandersetzen, um ihren problematischen *Inhalt* zu erhellen. Vor allem gilt es, das *„epistemologische Werk Bachelards"* in den historischen Entwicklungsprozeß seines Denkens hineinzustellen. Ich werde deshalb historisch und systematisch vorgehen, und ich werde dabei im Ganzen versuchen, die Entwicklung seiner Dialektik in seinem *„epistemologischen Werk"* zu verfolgen. Zur Durchführung meines Vorhabens müssen deshalb *drei* Aufgaben (in drei Kapiteln) erfüllt werden:

1. Die Darstellung des Entwicklungsprozesses des Denkens Bachelards,

2. Die Auseinandersetzung mit dem „epistemologischen Werk Bachelards",

3. Das Herausarbeiten der Bedeutung der „Bachelardschen Dialektik".

1. Das erste Kapitel charakterisiert in knapper Form den Entwicklungsprozeß von Bachelards Denken in zwei ineinandergreifenden Perioden:

- Die Periode der *epistemologischen Reflexion.*

- Die Periode der *poetischen Reflexion.*

Dabei werde ich die Aufmerksamkeit auf das *Problem der Doppelung* und der *Einheit* des *Denkens* und der *Person* Bachelards lenken. Aufgrund dieses Problems wird sich meine Untersuchung historisch auf die erste Periode konzentrieren, aber sich systematisch auf die zweite Periode erstrecken.

2. Das zweite Kapitel soll dem Leser einen Überblick über den *Inhalt* der *„Epistemologie Bachelards,,* geben. Dabei werde ich das Denken Bachelards in zwei Richtungen

---

[5] Ebenda.
[6] Schriften Bachelards: 24 Werke und ca. 50 Aufsätze. Seine Aufsätze sind in vier Werken zusamengestellt: - Études, Paris 1970; - Le droit de rêver, Paris, 1970; Épistémologie, Paris 1971 und L'Engagement rationaliste, Paris 1972.

charakterisieren: von der wissenschaftlichen zur epistemologischen Reflexion, und von daher wiederum zur philosophischen Reflexion. Dabei erhebt sich der problematische Inhalt seiner Epistemologie, nämlich der Zusammenhang zwischen der *epistemologischen* und der *philosophischen Reflexion*.

Bei der Beschäftigung mit der Epistemologie Bachelards sind drei entscheidende Grundbegriffe zu erklären, die mich zur Untersuchung der Wissenschaftsgeschichte Bachelards führen. Diese Begriffe, „*Erkenntnishindernis*", „*Bruch*" und „*Dialektik*", sind der Kern der Auffassung der *Wissenschaftsgeschichte* Bachelards. Dem letzten Begriff widme ich den größten Teil meiner Arbeit. Ich werde den Begriff der Dialektik bei Bachelard nur auf der epistemologischen Ebene untersuchen, obwohl diese *Einteilung* immer noch umstritten ist und oft zu ideologischen Interpretationen des Denkens Bachelards führt. Ich werde die Beschaffenheit dieser Interpretationen charakterisieren, um ihre wissenschaftlichen, philosophischen und ideologischen Inhalte festzustellen. Die Auseinandersetzung mit diesen Interpretationen wird es mir ermöglichen, Bachelards Epistemologie in den historischen Kontext der *französischen Epistemologie und Philosophie* schlechthin am Anfang des *20*. Jahrhunderts zu stellen. Bachelard selbst warnt in der ersten Zeile seines Werkes PN vor einer solchen Interpretation.[7]

3. Bezugnehmend auf die Auseinandersetzung mit dem epistemologischen Werk Bachelards versuche ich, die Entwicklung seiner Dialektik herauszuarbeiten. Dabei werde ich aufzuzeigen versuchen, daß es sich im Titel meiner Arbeit nicht um *eine Dialektik*, sondern um *Dialektiken* im epistemologischen Werk G. Bachelards handelt. Bei ihm ist nicht die Rede von *einer Dialektik*, sondern von „*Dialektiken*", die vielfältig und sehr unterschiedlich sind. Darüber spricht Bachelard selbst in seinem letzten wissenschaftstheoretischen Werk: „*Es wimmelt von Dialektiken*"[8]. Diese Dialektiken tragen

---

[7] „*Die Verwendung philosophischer Systeme auf Gebieten, die weit entfernt von ihrem geistigen Ursprung sind, ist immer ein heikles, oft ein enttäuschendes Unterfangen.*" Ebenda., S. 17.
[8] Bachelard, G.: Le Matérialisme rationel, Paris 1953, S. 212.

unterschiedliche Bezeichnungen. Sie sind deshalb von Bachelards *Kommentatoren* unterschiedlich, sogar ideologisch interpretiert worden.[9]

Mein Interesse an Bachelards Denken versteht sich als Bewußtsein seiner *„strategischen"* Position in der gegenwärtigen Epistemologie.[10]

---

[9] Vgl. Canguilhem, Georges: Études d'histoire et de philosophie des sciences. Paris, Vrin, 1968. Lecourt, Dominique: Bachelard ou Le jour et la nuit. Un essai du matérialisme dialectique, Paris, Grasset 1974.
Vadée, Michel: Bachelard ou le nouvel idéalisme épistémologique, Paris, éd. Sociales 1975.

[10] Vgl. Vadée, M.: Epistemologie oder Philosophie, Frankfurt/M. 1979, S. 9:
„Bachelard ist für die französische marxistische Philosophie und für die Philosophen von heute schlechthin zu einem Problem geworden."

I. BACHELARD IN DER FRANZÖSISCHEN WISSENSCHAFT UND EPISTEMOLOGIE

> *„Trop tard, j'ai connu la bonne conscience dans le travail alterné des images et des concepts, deux bonnes consciences seraient celle du plein jour, et celle qui accepte le côté nocturne de l'ame."*
> G. Bachelard. PR. S. 47

Das Interesse an der Philosophie Bachelards und die Besonderheit ihrer Interpretation weisen auf ihren Einfluß auf die gegenwärtige französische Philosophie hin. Ich scheue mich nicht, zur genauen Feststellung des Charakters und der Grundlagen seiner Philosophie, seine philosophische Position in die Geschichte der französischen Epistemologie präzise einzufügen. Seine Epistemologie läßt sich in eine lange positivistische und kritische epistemologische Tradition von *A. Comte* zu *E. Meyerson* über *Duhem* und *Brunschvicg* einfügen. In der Geschichte der Philosophie wurde das Problem der Erkenntnis oft konzentriert, entweder auf das *Subjekt (Nominalismus, Rationalismus)*, oder auf das *Objekt (Sensualismus, Empirismus)*, aber das *Verhältnis* der beiden Begriffe wurde nicht berücksichtigt. Bachelard hat dagegen auf dieses Verhältnis den Akzent gelegt.[11]

Die Kennzeichnung seiner Position läßt sich deutlich in die historische Entwicklung der Wissenschaft und der Philosophie am Anfang des *20*. Jahrhunderts in Frankreich einordnen, in der seine Philosophie als *Polemik* gegen alle zeitgenössischen Philosophien entstand und als epistemologische Position verstanden werden kann. Bachelard versuchte nicht nur, eine neue philosophische Position zu etablieren, sondern auch

---

[11] Die Erinnerung an den Kritizismus und den Positivismus hilft uns, Bachelard in die französische Philosophie einzufügen, und die Originalität seiner Epistemologie fest zustellen. Man kann die Wirkung dieser beiden philosophischen Strömungen nicht ignorieren, ihre Wirkung ist aber nicht entscheidend. Zur Zeit *Kants* wurde Naturwissenschaft als Weiterentwicklung des Gemeinsinns angesehen. Die Epistemologie bewegt sich in ihrer Interpretation der Wissenschaft zwischen dem Realismus und dem Positivismus, und bei den Philosophen zwischen dem Rationalismus und dem Empirismus hin und her.

traditionelle Positionen zu erneuern. Grundlage seiner Position sind die Ergebnisse der gegenwärtigen wissenschaftlichen Revolution, die seit der zweiten Hälfte des *18.* Jahrhunderts begonnen hatte und sich auf das *20.* Jahrhundert erstreckte. Bachelard *(1884-1962)* erlebte Ereignisse dieser Revolution und beobachtete zugleich ihre Wirkung auf wissenschaftliche und philosophische Konzeptionen. Darin besteht die Absicht seiner Philosophie, die neuen epistemologischen Werte zu zeigen, welche die wissenschaftliche Revolution mit sich brachte. Er geht soweit, zu behaupten, daß dies eine Aufgabe der Epistemologie im ganzen sein soll. Dieses Anliegen läßt sich in seinem ersten Werk zeigen[12], in dem er versucht, die neuen Arten menschlicher Erkenntnis als *„annähernde Erkenntnis"* zu bezeichnen[13] wie sie sich in der gegenwärtigen wissenschaftlichen Erkenntnis *(Physik)* darstellen.

Bevor ich auf die Frage zu sprechen komme, ob es Bachelard gelang, jene postulierte Aufgabe der Epistemologie zu erfüllen, möchte ich zunächst darauf hinweisen, daß ein Überblick über die geschichtliche *Entwicklung des wissenschaftlichen und des philosophischen Denkens* im 20. Jahrhunderts, innerhalb dessen sich sein Denken entwickelt hat, erforderlich ist. Dieser Überblick allein würde eigentlich eine umfassende Darstellung verlangen, ich kann hier aus Platzgründen jedoch nur einen knappen Überblick geben. Bachelard legt auf diese Epoche der Wissenschaftsgeschichte, in der die wissenschaftliche Revolution stattgefunden hat, besonderes Gewicht. Die Analyse des heutigen Standes der Wissenschaft und ihrer Geschichte führt Bachelard zu der Ansicht: *„Gedanken, von denen ein einzelner genügt hätte, ein Jahrhundert zu bezeichnen, erscheinen innerhalb von 25 Jahren - Zeichen einer erstaunlichen geistigen Reife."* [14]

Meiner Meinung nach sind sein Verhältnis zur Wissenschaft und die Art und Weise, wie seine Philosophie auf die qualitative Entwicklung der Wissenschaften reagierte,

---

[12] Bachelard, G.: ECA, 1928.
[13] Zu Recht dient diese Bezeichnung auch als Titel seines grundlegenden epistemologischen Werkes und seiner Doktorarbeit ECA.
[14] Bachelard, G.: FES, S. 39-40

der Grund, warum seine Philosophie eine besondere Stellung in der gegenwärtigen französischen Philosophie einnimmt. Bachelard fragt sich: *„Wie will man da nicht sehen, daß eine Philosophie, die dem in ständiger Entwicklung begriffenen wissenschaftlichen Denken wirklich angemessen sein will, die Rückwirkung der wissenschaftlichen Erkenntnisse auf die geistige Struktur in Betracht ziehen muß?"* [15]
Diese Reaktion versteht sich nicht als Interpretation der Wissenschaft, sondern als Entfaltung der aus dieser Revolution gewonnenen neuen epistemologischen Werte wissenschaftlicher Erkenntnis. Dies hängt mit einem anderen Phänomen zusammen, nämlich seine philosophische Position ist nicht nur durch ihr Verhältnis zur Wissenschaft, sondern auch besonders durch ihre Einstellung zu ihren zeitgenössischen Philosophien charakterisiert. Diese Einstellung läßt sich durch seine *polemische* Auseinandersetzung mit den zeitgenössischen Philosophien herausstellen. Bachelard bemerkt, daß die neuen wissenschaftlichen Theorien in der Wissenschaftsgeschichte unvergleichbar sind. Aufgrund dieser Feststellung teilt er die Wissenschaftsgeschichte in zwei Epochen ein: die Epoche vor und die nach diesen Theorien. Er strebt nach einem bestimmten Ziel, nämlich nach der Begründung einer philosophischen Einstellung, deren Absicht darin besteht, die gegenwärtige Entwicklung der Wissenschaft zu spiegeln, die Rückwirkung der neuen wissenschaftlichen Theorien auf die Erkenntnis und auf wissenschaftliche und philosophische Konzepte zum Ausdruck zu bringen. Laut Bachelard konnten seine zeitgenössischen philosophischen Strömungen diese Aufgabe nicht in Betracht ziehen, weil sie mit dieser wissenschaftlichen Entwicklung ohnehin nicht zu recht kamen.

Wie schon gesagt, polemisierte er gegen alle zeitgenössischen philosophischen Lehren. Die meisten seiner Bücher sind entweder Analyse einer Theorie oder Einwand gegen eine Meinung oder Erläuterung neuer wissenschaftlicher Entdeckungen und Betonung der Bedeutung, in der diese Entdeckungen gegen irgendeine Interpretation, verstanden werden sollen. Er stritt mit *Bergson (1859-1941)* über seine Lehre von den unmittelbaren Gegebenheiten (*Intuition*) und lehnte sie ab, stritt mit *Meyerson (1859-1933)* über sein Konzept der *Kontinuität* in der Wissenschaftsgeschichte und lehnte es

---

[15] Ders., PN, S. 22.

auch ab,[16] stritt mit *Poincaré (1854-1912)* über die Natur der Mathematik und warf ihm vor, daß seine Theorie die Bedeutung der Entstehung von *nichteuklidischer* Geometrie nicht begreifen konnte.[17] Schließlich kritisierte er alle in seiner Zeit in Frankreich dominierenden neuen rationalistischen Philosophien. Entgegen ihren Ergebnissen sprach er von *nichtcartesischer Epistemologie (L'épistémologie non cartesienne)*.[18] In seiner Polemik bezieht sich Bachelard nicht auf Personen (Philosophen), sondern nur auf Ideen, deshalb diskutiert er meistens eine philosophische Idee oder Meinung im Rahmen einer allgemeinen Bezeichnung wie z. B. *Formalismus, Konventionalismus, Idealismus, Positivismus, Empirismus* und *Realismus*.[19] Gegen alle diese philosophischen Strömungen polemisiert Bachelard ständig. Durch diese Polemik läßt sich seine Philosophie als eine bemerkenswerte philosophische Position mitten unter sechs philosophischen Lehren kennzeichnen. Er bezeichnet sie mit unterschiedlichen Ausdrücken. Er nennt sie: *„Philosophie des Nein", „Rationalisme appliqué"* (angewandter Rationalimus), *„Matérialisme rationnel",* (Rationalistischer Materialismus), *Matérialisme technique"* (Technischer Materialismus), *„Philosophie ouverte"* (Offene Philosophie) und *„Dialogisierte Philosophie"* (Philosophie dialoquée).[20] Dadurch, daß Bachelard diese Philosophie als einen *„angewandten Rationalismus"* (Rationalisme appliqué) vorstellt, bestimmt er seine Position in der Geschichte der Philosophie folgendermaßen: *„ C'est précisément dans cette position centrale que la dialectique de la raison et de la technique trouve son efficacité. Nous essaierons de nous installer dans cette position centrale ou se manifestent aussi bien un rationalisme appliqué qu'un matérialisme instruit."* [21]

---

[16] Vgl. Mourelos, G.: L'Epistémologie positive et la critique meyersonienne, Paris, P.U.F, 1962.
[17] Vgl. Bachelard, Gaston: ECA, Paris 1928, und DD, Paris 1936.
[18] Bachelard, G.: Der neue wissenschaftliche Geist, Frankfurt/M. 1988, S. 135.
[19] Vgl. seine philosophische Topologie in seinem Werk: RA, P. U. F, Paris 1994, S. 5.
[20] Die drei ersten Bezeichnungen dienen auch als Titel seiner Werke: PN. 1940, RA. 1949 und MR. 1953.
[21] *(Genau in dieser zentralen Position wird die Dialektik von Vernunft und Technik wirksam. Wir werden versuchen, uns in einer solchen zentralen Position einzurichten, wo sich ebenso ein angewandter Rationalismus wie ein unterrichteter Materialismus manifestieren.)* Bachelard, G.: RA, 2 ème éd., 1994, S. 4.

Schon das wenige, was ich bisher über diese Position ausgesagt habe, zeigt, daß Bachelard nicht zufällig gegen seine zeitgenössischen Philosophien polemisierte, sondern seine Polemik willentlich gewählt war. Dominique Lecourt hat sich mit der Bachelardschen Polemik kritisch auseinandergesetzt und sie ernst genommen. Zur genauen Kennzeichnung der philosophischen Position Bachelards scheue ich mich nicht, mich auf folgendes Zitat von *Lecourt* zu berufen: *„Wer Bachelard zu lesen versteht, wird sogleich erkennen, daß sich seine Epistemologie durchgängig dadurch auszeichnet, daß sie von mal zu mal polemisch ist "*.[22] Auf den Streit Bachelards mit den Philosophen komme ich bei der Untersuchung des Entwicklungsprozesses seines Denkens zurück.

In diesem einleitenden Kapitel habe ich es mir zur Aufgabe gemacht, Bachelard in die Bewegung des zeitgenössischen Denkens hineinzustellen. Diese Aufgabe allein aber verlangt, wie gesagt, eigentlich eine umfassende Darstellung. Vorwiegend muß den Leser jedoch ein Überblick über den *Inhalt der Philosophie Bachelards* gegeben werden. Dort, im Laufe der Auseinandersetzung mit seiner Philosophie, werde ich an manchen Stellen Gelegenheit haben, die Position Bachelards im wissenschaftlichen und im philosophischen Denken in *Frankreich* zu schildern.[23] Ohne einen beständigen Rückgriff auf das polemische Verhältnis Bachelards zur Philosophie und den Philosophen seiner Zeit wird es mir nicht gelingen, den wirklichen *Inhalt* seiner Epistemologie von Grund auf zu begreifen. Ich habe bereits anhand der zitierten Passage von *Lecourt (1975, S. 19)* die Aufmerksamkeit auf diesen *Inhalt* gelenkt. Seine Philosophie läßt

---

[22] Vgl. Dominique Lecourt: Kritik der Wissenschaftstheorie. Berlin 1975, S. 19:
„*Die Bachelardsche Epistemologie entstammt einer ständig neu aufflammenden Polemik zwischen den Philosophen (...) Diese ewige Polemik, deren Wurzel keineswegs in einer individuellpsychologischen Gemütslage zu sehen ist, hat eine genaue und tiefreichende theoretische Bedeutung (sens). Sie muß ernst genommen werden. Ihr Prinzip besteht darin, daß sie außerhalb der Philosophie die Umwälzungen erforscht, die sich in der wirklichen Geschichte der Naturwissenschaften (histoire effective des sciences) am Anfang unseres Jahrhunderts vollzogen haben: die Entwicklung der nichteuklidischen Geometrien, die Relativitätstheorie, Anfänge der Mikrophysik ... nach Bachelards Ermessen sind die neuen, in dieser Zeit entstandenen Disziplinen „ohne Vorläufer"; seine ersten Arbeiten sind lediglich ein Verarbeiten (réflexion) dieser radikal neuen Gegebenheiten.*"
Ebenda., S. 19-20.
[23] Vgl. Gohau, Gabriel: Bachelard en France, in: Il Protagora 24, Nr. 5, Lecce, 1984, S. 203-216. Dazu auch, Margot, Jean-Paul: Bachelard et l'épistémologie française, Revue de l'université d'Ottawa 57, Nr. 1, Ottawa, janvier-mars 87, S.121-129.

sich als eine lange und mühsame Suche nach der Philosophie, die „*die Wissenschaft verdient*", nach der „*Philosophie des Nein*" verstehen. Meine Aufgabe besteht also darin, aus den Bachelardschen Werken herauszulesen, inwieweit es ihm gelang, die gesuchte Philosophie der Wissenschaft zu etablieren. Eine solche Epistemologie, die dazu aufgefordert ist, einerseits die *Kluft* zwischen Philosophie und Wissenschaft zu verringern, andererseits die traditionellen Philosophien zu überschreiten. Bachelard standen zwei Möglichkeiten zur Verfügung: Entweder soll die Überschreitung absolut sein, indem alle Arten der Widersprüche zwischen der philosophischen Position und den wissenschaftlichen Ergebnissen beseitigt werden, oder die Überschreitung soll bloß bedeuten, die Natur dieser Position zu bewahren und einige Erscheinungen ihres Widerspruches mit der Wissenschaft zu rechtfertigen oder zu vermeiden. In welche Richtung ist die Bachelardsche Philosophie gegangen? Seine philosophische Richtung läßt sich in Richtung *rationalistischer Philosophien* verstehen, die mit *Brunschvicg* und *Lalande* begannen, und die nach Bachelard mit *R. Blanché* weiter überleben. Diese Philosophien versuchten, ihre philosophische Einstellung zu erneuern, damit sie mit der Natur der gegenwärtigen wissenschaftlichen Ergebnisse übereinstimmen, indem sie die Grundlagen dieser Einstellung selbst bewahren.[24] Das kommende Kapitel trägt zur Vertiefung dieser Fragestellung.

I.1. Der Entwicklungsprozeß in G. Bachelards Denken

Bei der Auseinandersetzung mit den Studien über die Philosophie Bachelards läßt sich deutlich feststellen, daß sie unterschiedlich und mannigfaltig sind. Ihre Autoren gehen in ihren Interpretationen von unterschiedlichen philosophischen und ideologischen Gesichtspunkten aus. Daraus ergeben sich unterschiedliche Lektüren und Interpretationen der Philosophie Bachelards. Worin liegt nun das Problem der Interpretation dieser Philosophie? Das Problem besteht darin, daß das Denken Bachelards sich von der Wissenschaftstheorie zur Philosophie der dichtenden Einbildungskraft und der Träumerei entwickelt hat. Sein philosophisches Denken begann mit den beiden Thesen

---

[24] Vgl. Vadée, M.: L'épistémologie dans la philosophie occidentale contemporaine, in: La Pensée, Nr. 220, Paris 1981, (85-97), S. 92: „*L'épistémologie française a subi aussi une évolution diversifiée,*

seiner *Doktorarbeit* [25], in denen er sich mit allgemeinen Problemen der Epistemologie beschäftigt. Er versucht dabei, den neuen Charakter der menschlichen Erkenntnis als *„annähernde Erkenntnis"* *(Connaissance approchée)* zu bezeichnen, wie sie sich in der gegenwärtigen wissenschaftlichen Erkenntnis (Physik) darstellt. Die annähernde Erkenntnis ist keine Erkenntnis, die sich um ein *„Ding an sich"* dreht, und sich nach und nach annähert, sondern eine Erkenntnis, die eine Philosophie der Approximation fordert. Schon ein Kapitel seiner These *ECA „Rectification et réalité"* *(Rektifikation und Realität)*[26] und sein erstes Werk zeigen die Originalität und die Neuartigkeit des Denkens Bachelards. In diesem Werk zeigt sich auch sein Streit mit *E. Meyerson* hinsichtlich der Natur der wissenschaftlichen Erkenntnis. *Meyerson* akzentuiert die *Kontinuität* zwischen der alltäglichen und der wissenschaftlichen Erkenntnis.

1928-1940 untersucht er die gegenwärtige Wissenschaft am Anfang des 20. Jahrhunderts, vor allem die Relativitätstheorie und die Quantentheorie. Zu dieser Zeit veröffentlicht er eine Reihe von Werken zur *Wissenschaftstheorie*, in denen er sich intensiv mit der Kritik des wissenschaftlichen Denkens beschäftigt. Im Laufe dieser Jahre haben entscheidende Modifikationen im Denken Bachelards stattgefunden, die sich in zwei Kategorien gliedern lassen: *Auflösung (Dissolution) des Realismus und Auschließung des Idealismus.*[27] Bachelard setzt den Realismus unter ständige heftige Kritik seit dem *PCCM (1932)* bis zur *EEPC (1937)*. Die Schlußergebnisse werden aus der *PN (1940)* erschlossen: *„En toutes circonstances, l'immediat doit céder le pas au construit" (PN, S. 14)*. Der *„Rationalisme appliqué" (1949)* und die nachfolgenden Werke führen dieses Programm fort. Gegen den Idealismus führt er in den beiden oben genannten Werken jedoch nicht dieselbe scharfe Kritik an, wie gegen den Realismus, sondern eine Reihe von Kämpfen. Er kämpft gegen den Idealismus auf drei wesent-

---

tout en restant de façon prédominante sous l'influence des traditions rationalistes classiques."
[25] Bachelard, G.: ECA, 1928.
[26] *„Rectification et réalité"* ist das XVII und das letzte Kap. des Wekes (ECA, 1928), in dem Bachelard anhand einer neuen philosophischen Vorstellung gegen die Philosophie der Identität *Meyersons* Einwände erhebt. *„Identité et réalité"* (1908) ist ein wesentliches Werk *Meyersons*, das er als Kritik der positivistischen Konzeption der Wissenschaft vorstellt.
[27] Vgl. Pariente, Jean-Claude: Rationalisme et ontologie chez Gaston Bachelard, Séance du 1 er Décembre 1984, Bulletin de la Société Française de Philosophie 79, Nr. 1, Paris 1985, S. 11.

lichen Ebenen: *Wissenschaftsgeschichte, Theorie der Träumerei* und *Reflexionen über die Dauer*. Er hat sich auf Probleme der Wissenschaftsgeschichte in seiner komplementären These und im Laufe seiner Auseinandersetzung mit den aktuellsten Theorien der zeitgenössischen Wissenschaft eingelassen. In der „*Dialectique de la durée*" proklamiert Bachelard seine Einstellung zu *Bergson*, indem er fast alles von ihm außer der Kontinuität akzeptiert.[28]

In demselben Jahr *1938* erschienen zwei Werke, „*La Formation de l'esprit scientifique*" und „*La psychanalyse du feu*". Die beiden Werke haben die Psychoanalyse als Thema der Untersuchung. Das eine widmet sich „*einer Psychoanalyse der objektiven Erkenntnis*", das andere einer Psychoanalyse unserer Erkenntnis des Feuers. Der *NES (1936)* und die *FES* verdeutlichen das Problem des Verhältnisses Bachelards zu den psychologischen Theorien. Das Erscheinen der *PF* zeigt deutlich die Eröffnung einer neuen Dimension der Kritik in der (philosophischen) Reflexion Bachelards, jene Dimension der *Literaturkritik*. Im Laufe dieser Periode der Bildung des wissenschaftlichen Geistes setzt Bachelard in der *FES* seine *Polemik* gegen den *Realismus* fort. Er hat aber den *Comtschen Positivismus* nun rektifiziert, indem er versucht hat, das Dreistadiengesetz abzugrenzen. In Anlehnung an *A. Comte* hat er im Vorwort dieses Werkes *drei Perioden* unterschieden.[29] Nach ein paar Jahren und aufgrund der zeitgenössischen wissenschaftlichen Revolutionen hat er im VI. Kap. des Werkes *RA* vorgeschlagen, dem Dreistadiengesetz von *Comte* eine vierte Periode hinzufügen, die er dem Bruch zwischen allgemeiner und wissenschaftlicher Erkenntnis widmet.[30] In Anlehnung an *Brunschvicg* kommt er im ersten Kapitel desselben Werkes erneut auf seine Kritik an *Meyerson* zurück, um die epistemologische Funktion der Konzepte der *Rek-*

---

[28] G. Bachelard: Dialectique de la durée, S. 16.
[29] Bachelard, G.: FES, S. 39-43.
[30] „*Connaissance commune et connaissance scientifique*" (Gewöhnliche Erkenntnis und wissenschaftliche Erkenntnis) ist das sechste Kap. des „Rationalisme appliqué" von Bachelard, 2 ème éd., 1994, S. 102. Er sagt ausdrücklich: „*Nous croyons donc que du fait des révolutions scientifiques contemporaines on puisse parler, dans le style comtienne, d'une quatrième période, les trois premières correspondant à l'Antiquité, au Moyen Age, aux Temps Modernes. Cette quatrième période: l'époque contemporaine consomme précisément la rupture entre connaissance commune et connaissance scientifique.*"

tifikation und der *Approximation* zum Ausdruck zu bringen.[31] Seine radikale Kritik an *Meyerson* und seine Feststellung des Versagens der Position *Meyersons* sind auf den letzten Seiten seines Werkes *NES 1934 (S. 175-179)* angegeben. Anhand seiner Studien über die Geschichte der Mathematik und der Physik[32] gelang es *Brunschvicg*, den Akzent auf „*die wesentliche Relativität der Vernunft und der Erfahrung*" zu legen. In Ablehnung der philosophischen Position *Meyersons* [33] und in Anlehnung an den „*offenen*" Rationalismus *Brunschwicgs*[34] versucht Bachelard, eine „*offene*" Philosophie des neuen wissenschaftlichen Geistes zu etablieren, wobei der Geist stets durch die Entwicklung der Wissenschaft „*reformiert*" und „*reorganisiert*" wird. „*Der wissenschaftliche Geist kann sich nur konstituieren, wenn er den nicht wissenschaftlichen Geist ausrottet.*" *(PN, S. 22-23)*. Die *PF* versteht sich im Prinzip nur als ein von dem Werk *FES* abgetrenntes Kapitel, bzw. eine Illustration seiner allgemeinen Thesen.[35] Das Interesse und das Ziel der „*Philosophie des Nein*" ist eine Proklamation der Entwicklung des Denkens Bachelards. Der Untertitel dieses Werkes versteht sich als „*Versuch einer Philosophie des neuen wissenschaftlichen Geistes*". Michel Serres hält die *FES* sogar für eine „*Hochschulreform*" in Frankreich.[36]

1942-1961 beschäftigt sich Bachelard mit der *philosophischen Reflexion* in der dichtenden Einbildungskraft, im Traum und in der Träumerei. Er wendet sich vom wissenschaftlichen Denken ab und wendet sich den stofflichen Gründen der Einbildungskraft zu. Diesem Bereich hat er fast alle Schriften der zweiten Epoche, vor allem die über die vier Elemente *(Wasser, Luft, Erde, Feuer)* gewidmet. Während dieser Epoche

---

[31] Vgl. Bachelard, G.: RA, S. 8-9: „*On croit donc à une raison constituée avant tout effort de rationalité. Léon Brunschvicg a vu la faiblesse de cette position d'absolu et il a insisté souvent sur la relativité essentielle de la raison et de l'expérience.*" S. 9.
[32] Brunschvicg, L.: Les Etapes de la philosophie mathématique, Paris 1912.
   - L'Experience hummaine et la causalité physique, Paris 1922.
[33] Bachelard lehnt die Idee eines Zusammentreffens von Denken und Wirklichkeit, eine „*Adäquation*" zwischen Theorie und Erfahrung ab. (ECA, S. 43).
[34] Vgl. F. Dagognet: Brunschvicg et Bachelard, in: Revue de Métaphysique et de Morale, 70, (Janvier-mars) 1965, Nr. 1, S.50, S. 53.
[35] Vgl. G. Bachelard: Psychanalyse du feu, avant-propos, Paris 1949, S. 15.
[36] Serres, Michel: La réforme et les septs péchés, (L'Arc, Nr. 42, Bachelard), S. 20-21.

kommt er erneut auf das Thema der ersten Epoche zurück und schreibt drei Werke zur *Wissenschaftstheorie*. Zwischen diesen beiden Epochen hat Bachelard eine *Übergangsphase* – vom wissenschaftstheoretischen Denken zu einer Philosophie der Einbildungskraft und des Gedichtes – vorbereitet, die als eine *„Reform für die philosophische Reflexion"* angesehen wurde.[37]

Das Werk *FES (1938)* befindet sich am Ende einer Reihe von Werken der ersten Phase *(Schriften zur Wissenschaftstheorie)* und am Anfang einer Reihe von Werken der zweiten Phase, in denen Bachelard den Übergang von der epistemologischen zur oniristischen Reflexion vorbereitet hat. Er hält dieses Werk für einen *„Beitrag zu einer Psychoanalyse der objektiven Erkenntnis"* (Untertitel des Werkes *FES*). Mit diesem Werk kommt die Wirkung der Psychoanalyse auf das Denken Bachelards deutlich zum Ausdruck. Er hat drei Aspekte der Psychoanalyse entwickelt: *Psychoanalyse des Geistes (FES)*, des *Feuers (PF)* und des *Lebens (L)*. Das Denken und die Terminologie Bachelards sind deshalb von der Psychoanalyse *Freuds* und vor allem von der *Jungs* geprägt. In dieser Übergangsphase veröffentlichte er drei, inhaltlich und methodisch, unterschiedliche Werke zur *dichtenden Einbildungskraft*, zum *Traum* und zur *Träumerei*, und zur *Wissenschaftstheorie* zugleich.[38] Während der Übergangsphase vor allem in der *PF* und im *L'autréamont* befreit sich die philosophische Reflexion aus der Bindung an das wissenschaftliche Denken. In der *PN* kommt Bachelard aber noch einmal auf die wissenschaftliche Reflexion zurück, um sie zu erweitern. Im Laufe dieser Pha-

---

[37] Kopper, Joachim: *„Wissenschaftlicher und poetischer Geist. Zur Philosophie G. Bachelards"*, in: Bachelard, G.: Die Philosophie des Nein, Frankfurt/M. 1980, S. 185.

[38] Als Überblick über den Entwicklungsprozeß des Denkens Bachelards im deutschsprachigen Raum verweise ich auf eine kurze bedeutende Darstellung von *Joachim Kopper*: a. a., O., S. 167-188. Man unterscheidet zwei ineinandergreifende Epochen im Entwicklungsprozeß des Denkens Bachelards: *„Zeit der wissenschaftstheoretischen Reflexion"* und *„Zeit der oniristischen Reflexion"*. Seine Schriften der *ersten Epoche (1928-1938)* widmet Bachelard der *Wissenschaftstheorie*. Die Schriften der *zweiten Epoche (1942-1961)* widmet er der *Literaturkritik (Traum, Träumerei und Gedicht)*. Diese beiden Epochen sind durch eine *Übergangsphase (1938-1940)* verbunden. In dieser Zeit, Zeit der *„Reform für die philosophische Reflexion"* schreibt Bachelard Werke zur Wissenschaftstheorie und zur dichtenden Einbildungskraft und zur Träumerei zugleich: *FES, PF (1938)* und *PN, L (1940)*. Recht bemerkenswert ist zu betonen, daß Bachelard seine wissenschaftstheoretische Arbeit in der zweiten Epoche weitergeführt hat. Er schrieb drei Werke zur Wissenschaftsteorie: *RA. 1949, ARPC. 1951* und *MR. 1953*. Diese letze Epoche ist durch *Doppelung der Methode* charakterisiert: *wissenschaftliche und oniristische Methode*.

se der Reform bzw. in der *PF* und der *PN* geht die philosophische Reflexion über das wissenschaftliche Denken hinaus, um die Bedeutung der Einbildungskraft und der Träumerei zu charakterisieren. In seinem literarkritischen Werk *(L'autréamont)* werden die Reflexionen ergänzt, die Bachelard in den beiden oben genannten Werken vorträgt. Bis zur *PF* und zu *L'autréamont* ist Bachelards Philosophie eine Philosophie der „*kreativen Intelligenz*".

Ab *1942* erscheinen die Werke über die Elemente *(Wasser, Luft und Erde)*. Zwischen *1949* und *1953* erscheinen erneut drei epistemologische Werke, in denen Bachelard versucht, die philosophische Reflexion anhand der Erfahrungen aus der oniristischen Reflexion zu erweitern bzw. zu ergänzen. Die Wiederaufnahme *(reprise)* der Epistemologie hat wiederum einen entscheidenden Einfluß auf das oniristische Denken.[39]

Die berühmte *philosophische Topologie* des Werkes *RA (1949, S. 5)* faßt die Lehre der dialogisierten Philosophie *(Philosophie dialoquée)* zusammen, die er aus der Betrachtung der Wissenschaften gezogen hat. Die entscheidenden Schriften zum Verstehen des Entwicklungsprozesses des Denkens Bachelards sind die der Übergangsphase, vor allem die *PN* und die der *Wiederaufnahme der Epistemologie (MR)*. In seinem letzten epistemologischen Werk betont er erneut seine Distanz zu *Meyerson*. Er sagt ausdrücklich: „*Plusieur fois, dans nos diférents ouvrage consacrés à l'esprit scientifique, nous avons essayé d'attirer l'attention des philosophes sur le caractère décidément spécifique de la pensée et du travail de la science moderne. Il nous a toujours semblé de plus en plus évident (...) que l'esprit scientifique contemporaine ne pourait être mis en continuité avec le simple bon sens, (...) heurter le sens commun (...) le progrès scientifique manifeste toujours une rupture, de perpétuelles repture entre connaissance commune et connaissance scientifique.*"[40]

---

[39] Schriften zur Übergangsphase: *PF (1938)*, *PN* und *L (1940)*; zu den Elementen: *ER (1942)*, *AS 1943*, *TRV* und *TRR (1948)*; zur Wiederaufnahme der Epistemologie: *RA (1949)*, *ARPC (1951)* und *MR (1953)*.

[40] „*Connaissance commune et connaissance scientifique*" (*Gewöhnliche Erkenntnis und wissenschaftliche Erkenntnis*) ist die Schlußfolgerung des Werkes „*Le Matérialisme rationnel*", 1953, S. 207.

Er stellt schließlich in diesem Werk seine Philosophie als eine *„materialistische Lehre"* vor. Dabei geht es nicht mehr, wie in den ersten epistemologischen Werken, um die Natur der wissenschaftlichen Erkenntnis, sondern um die Entwicklung einer *„Materielehre"* anhand der Erfahrungen aus der Phase des oniristischen Denkens. Eine Lehre, die sich als eine *„vorhergehende Wirklichkeit an sich"* versteht, die durch *Wissenschaft* und Gedicht *(poésie)* bestimmt und erklärt werden muß. Das philosophische Bewußtsein muß also aus den poetischen Metaphern und wissenschaftlichen Erkenntnissen bestehen. Bachelard drückt seine Auffassung der Materie in seinem Werk *MR* (Einleitung), in dem er die traditionelle Auffassung der Materie scharf kritisiert. Er sagt ausdrücklich: *„On s'explique alors cette tentation, sans cesse active dans l'histoire de la philosophie, d'expliquer la matiére par la forme (...) sans jamais vouloir prendre en concidération une instance matérielle, une instance directement matérielle."* *(MR, S. 9)*.

In demselben Werk *(MR)* betont Bachelard, daß er ab *„L'Eau et les rêves"* (1942) die *Doppelung der Reflexion* für ein Prinzip seiner Philosophie hält. Die Rede von solcher Doppelung ist aber nur im Bereich der wissenschaftstheoretischen Reflexion möglich. In den Werken über die Elemente kommt das Problem der Doppelung nicht zur Sprache, aber es ist in den letzten Werken zur oniristischen Reflexion, vor allem in der *PR*, ein unüberschreitbares Prinzip *(principe indépassable)* geworden. Das Konzept der *Doppelung* tritt nur nach dem Versuch auf, die philosophische Reflexion – in den Werken zu den Elementen – vom Mangel der oniristischen Methode zu befreien. In den Werken zur Wiederaufnahme der Epistemologie beruht das wissenschaftliche Denken auf materialistischen Grundlagen und begründet eine erste materielle Wirklichkeit *(réalité materielle première)*, die als Grundlage *dialektischer* wissenschaftlicher Konzepte zu verstehen ist, welche die Einheit der Materie hinter der Vielheit der Dinge suchen.[41]

---

[41] Bachelard sagt ausdrücklich im *MR*, *(S. 24)*: *„La pensée scientifique n'est pas définitivement engagée par une désignation préalable des matiéres. Elle vise, au delà des choses, la matière, Elle commence en quelque sort par une negation: elle nie l'objet pour découvrir la matière."*

Mit dem Erscheinen seines Werkes „*La Poétique de l'espace*" *(1957)*, (Poetik des Raumes) hat Bachelard, unter der positiven Wirkung der *phänomenologischen Methode*, die psychoanalytische Methode aufgegeben. Der Übergang von der wissenschaftlichen zur literarischen Kritik ist ein umstrittener Punkt im Denken Bachelards, um den sich zahlreiche Diskussionen drehen. Ein Punkt, aus dem das Problem der Doppelung seiner Person und seines Denkens resultiert.

Von *ECA (1928)* zum *MR (1953)*, und von der *PF (1938)* zur *PR* und *FC (1961)* hat sich die kritische Untersuchung abwechselnd entwickelt, je nach der Richtung des Rationalismus der wissenschaftlichen Erkenntnis, und nach der des Onirismus der literarischen Werke. Bachelard selbst hat in seiner ersten Poetik diese beiden Richtungen der Kritik unterschieden.[42] Sie entwickeln sich auf den entgegengesetzten und den *komplementären* Achsen zugleich. Er will damit feststellen, daß sich Wissenschaft und Gedicht im Laufe ihrer *"Konstitution"* widersprechen und unterscheiden. Aus dieser kurzen Darstellung des Entwicklungsprozesses des Denkens Bachelards läßt sich deutlich feststellen, daß sich seine Philosophie in *drei Dimensionen* entwickelt hat: *(berichtigter) Rationalismus*, *Psychoanalyse der objektiven Erkenntnis* und *Anthropologie*, welche die Zweidimensionalität des Menschen *(nocturne-diurne)* bezeichnet. Mit Recht hat *Maurice Lalonde* drei Züge festgestellt, welche die Person Bachelards charakterisieren: er ist *Physiker, Psychologe* und *rationalistischer Philosoph*: Physiker durch seine Bildung und im Laufe seiner Schriften über die Wissenschaftsphilosophie, Psychologe durch seine Analyse der Entwicklung wissenschaftlicher Erkenntnis, und auch in manchen seiner psychoanalytischen Schriften *(Werke der vier Elemente)*, Philosoph durch seine Sorge um das Vorhandensein einer Philosophie, die das Problem der wissenschaftlichen Erkenntnis löst; Er ist schließlich Rationalist durch seinen Versuch, eine *„Versöhnung"* zwischen dem Empirismus und dem Idealismus, bzw. einen

---

[42] „*Ein Philosoph, der all sein Denken ausgebildet hat, indem er sich den fundamentalen Themen der Wissenschaftsphilosophie zuwandte, der sich, so genau er konnte, nach der Achse des aktiven Rationalismus gerichtet hat, der Achse des wachsenden Rationalismus der zeitgenössischen Wissenschaft, muß sein Wissen vergessen, mit allen seinen philosophischen Forschungsgepflogenheit brechen, wenn er die Probleme der dialektischen Einbildungskraft studieren will.*" Poetik des Raumes, übers. von Kurt Leonhard, Frankfurt/M. - Berlin - Wien 1975, 5. Aufl. 1992, S. 9.

„*Dialog*" zwischen dem Wirklichen und der Vernunft *(réel-raison)* zu etablieren.[43] Auf die oben eingeführten drei Themen im Denken Bachelards werde ich im nächsten Kapitel im Einzelnen eingehen.

Zum Schluß dieses einleitenden Kapitels erlaube ich mir noch die Hinzufügung einer von *M. Vadée* zusammengefaßten Notiz von Bachelards Lehrer *L. Brunschvicg*: „*Brunschvicg meinte, Bachelards „Essai sur la connaissance approchée" sei als eine Art Autobiographie zu betrachten; aber es gibt keinen jungen Bachelard.*"[44]

I.2. Das Problem der Doppelung und der Einheit in Bachelards epistemologischem Werk

Der Entwicklungsprozeß im Denken Bachelards in seinem Übergang von der wissenschaftstheoretischen zur philosophischen Reflexion über die Einbildungskraft, den Traum, die Träumerei und das Gedicht, bringt Schwierigkeiten bei der Interpretation seiner Philosophie mit sich, wie ich schon angekündigt habe. Diese Schwierigkeiten resultieren aus dem Problem des doppelten Charakters von Bachelards Denken: *Das Problem der Doppelung und der Einheit der Person und des Werkes Bachelards.* Gibt es also ein oder zwei Bachelard? Die meisten Kommentatoren sprechen von einer *Dualität* der Person Bachelards als Wissenschaftler und Wissenschaftstheoretiker, und als Träumer und Dichter. Bachelard war Prof. für Philosophie *(1930-1940)*, und für Geschichte und Philosophie der Wissenschaften *(1940-1955)*, aber kein Prof. für Literatur, außerdem hat er keine Gedichte geschrieben.[45] Seine Schriften haben im Grunde ein philosophisches Ziel, deshalb beschäftigt er sich mit den epistemologischen Problemen, die sich aus der wissenschaftlichen Erkenntnis erheben, indem er die psycho-

---

[43] Lalonde, Maurice: La théorie de la connaissance scientifique selon Gaston Bachelard. Ottawa 1966, S. 10-11.
[44] Vgl. Vadée, Michel: Epistemologie oder Philosophie? Zu G. Bachelards neuem epistemologischem Idealismus (übers. von Joachim Wilke), Frankfurt/M. 1979, S. 23.
[45] Bachelard äußert sich selbst über seine Einstellung zur Literatur in folgendem Zitat: „*Je ne medonne pas comme Professeur de littérature. je n'ai pas assez de cultur pour celà, je n'est-ce pas? Je n'ai pas essayé de fouiller une époque (...) Tous ces livres que j'ai faits sont des livres de divertissement pour mois, de mon point de vue.*" C. G. Christophides: „Bachelard und the imagination of matter", in: Revue Internationale de Philosophie, 1963, (4). Nr. 66, S. 487.

analytische Methode verwendet. Daraus stellt er die Notwendigkeit einer *„gestreuten Philosophie"* *(Philosophie dispersée), einer angewandten Philosophie* fest. Mit Recht hält *M. Lalonde* das Problem der *Versöhnung* der aus der psychologischen Ebene gewonnen Ergebnissen mit der Philosophie für ein zentrales Problem des gesamten Werkes Bachelards.[46]

Die Schwierigkeiten bei der Interpretation seines Werkes treffen ursächlich in der Frage nach dem Hintergrund der *Konversion* seines Denkens von der wissenschaftstheoretischen zur oniristischen Reflexion. Vor allem gilt es, wie Bachelard selbst sagt, Fragen richtig zu stellen, nämlich ob Bachelard willentlich diese Konversion gewählt hat, oder gezwungen ist, sie durchzuführen. Anders gefragt, ob er methodisch oder inhaltlich aufgefordert ist, diese Konversion anzunehmen. Diese Doppelung entspricht dem doppelten Charakter des Lebens Bachelards: das *nokturne* Leben *(Wissenschaft)* und das *diurne* Leben *(Gedichte)*. In der Einleitung seines Werkes *(MR, S. 17)* hat Bachelard das Problem der Doppelung geschildert, das er, als Rationalist, seit seiner Konversion zur poetischen Reflexion *(1942)* erlebt hat. In dieser Zeit, in der er seine Werke über die vier Elemente geschrieben hat, stieß er auf ein entscheidendes Problem der Philosophie, nämlich das des *Rationalismus*. Am treffendsten und ausdrucksvollsten charakterisiert er dieses Problem folgendermaßen: *„Pour tout dire d'un coup en une confidence personnelle, je viens de vivre, durant une douzaine d'année, toutes les circonstances de la division du matérialisme entre imagination et experience. Et cette division, visible dans les faits, s'est peu à peu imposée à moi comme principe méthodologique. Elle conduit, cette division, à prendre conscience d'une opposition radicale entre un materialisme imaginaire et un materialisme instruit."* [47] Wie entsteht nun dieses Problem? Nach seiner jahrelangen Auseinandersetzung mit dem Materialismus be-

---

[46] Vgl. Lalonde, Maurice: La théorie de la connaissance scientifique selon Gaston Bachelard. Fides, Ottawa 1966, S. 11.
[47] *(Um es frei heraus in einem persönlichen Geständnis zu sagen: Im Laufe von rund zwölf Jahren habe ich alle Umstände der Teilung des Materialismus von Imagination und Erfahrung gelebt. Und diese Teilung, die in den Tatsachen sichtbar ist, hat sich mir allmählich als ein methodologisches Prinzip offenbart. Diese Teilung führt dazu, daß ich mir des radikalen Gegensatzes zwischen einem einbildenden und einem wissenden Materialismus bewußt werde;* Bachelard, G.: MR, S. 17.)

antwortet er selbst diese Frage in demselben Werk *(MR. S. 19)* folgendermaßen: *„Ainsi Les problèmes du matérialisme se poseront d'autant plus nettement que nous réaliserons plus franchement une totale séparation entre la vie rationelle et la vie onirique, en acceptant une double vie, celle de l'homme nocturne et de l'homme diurne, double base d'une anthropolgie complète (...) Mais, même une fois aussi nettement engagées, les valeurs oniriques et les valeurs intellectuelles restent en conflit. Elles s'affirment souvent les unes et les autres dans ce conflit même."* [48]

Bei dieser Auffassung des wissenschaftlichen Denkens, in der die wissenschaftlichen Konzepte dialektisch sind, tritt das wissenschaftliche Denken mit dem oniristischen Denken in Konflikt. Bachelard war sich darüber im Klaren, daß der Mangel des wissenschaftlichen Denkens zum oniristischen Denken in den Werken über die Elemente führt, und dieser Onirismus seinerseits die Epistemologie beeinflußt. Bachelard kehrt in seinen letzten Werken, vor allem in der *PE (1957)*, ein für alle Mal zum Onirismus zurück, indem er auf die psychoanalytische Methode verzichtet und er sie durch die phänomenologische Methode ersetzt: *„In unseren früheren Arbeiten über die Einbildungskraft hatten wir es tatsächlich für besser gehalten, uns so objektiv wie möglich den Bildern der vier Elemente der Materie, den vier Prinzipien der Entstehung anschaulicher Kosmogonien gegenüberzustellen (...) Allmählich ist mir diese Methode, wenn sie auch die wissenschaftliche Vorsicht für sich hat, unzureichend erschienen, um eine Metaphysik der Einbildungskraft zu begründen."* [49]

Dabei fügt Bachelard in sein Werk, die *PR*, hinzu: *„Ainsi, images et concepts se forment à ces deux pôles opposés de l'activité psychique que sont l'imagination et la raison (...) Il faut aimer les puissances psychiques de deux amours différents si l'on aime les concepts et les images, les pôles masculin et féminin de la psyché. Je l'ai compris trop tard. Trop tard j'ai connu la bonne conscience dans le travail alterné des images*

---

[48] (Auf diese Weise werden sich die Probleme des Materialismus um so klarer stellen, je entschiedener wir eine radikale Trennung zwischen rationalem und oniristischem Leben vollziehen, und zwar indem wir eine Doppelexistenz, die des nokturnen und des diurnen Menschen ansetzen, d.h. eine gedoppelte Grundlage vollständiger Anthropologie (...) Aber selbst, wenn sie einmal so deutlich festgelegt sind, bleiben die oniristischen und die intellektuellen Werte in einem Konfliktverhältnis. Ja, sie bestätigen einander oftmals in diesem Konflikt; Ders., MR, S. 19.)

[49] Ders., PE, 1981, S. 11.

der Problematik des *Verhältnisses* der beiden *Seiten (versants)* des Werkes Bachelards beschäftigt. Er stellt fest, daß sie übereinstimmen und daß sie ihre wechselseitige Opposition zugleich bewahren.[54] Aus diesem Verhältnis heraus versucht *Hyppolite*, das Problem des Verhältnisses der beiden Themen der Philosophie Bachelards zu betrachten. Ihr Verhältnis besteht darin, daß sie *„sich aus demselben Denken und demselben imaginativen Projekt (Projet imaginatif) entwickelt haben".* Er sagt ausdrücklich: *„C'est ici que se pose à nous la question ultime, celle de la relation des deux thèmes de la philosophie de G. Bachelard (...) Nous sentons bien que ces deux thèmes sont développés à partir d'une même pensée, d'un même projet imaginatif."* [55]
Nach dem Tode Bachelards und der Vollendung seines Werkes greift *Hyppolite* auf dieses Problem der Bachelardschen Philosophie zurück, das Bachelard selbst *„nicht behandeln wollte".* Aus der Betrachtung dieser Dualität versteht der Autor die Philosophie Bachelards im weiteren Sinne, und zwar nicht nur als Epistemologie, sondern auch als Philosophie: *„Que signifie ce dualisme ...? La philosophie de G. Bachelard peut nous aider à poser encore ce problème, quelle n'a pas voulu traiter. Cest sans doute en la reprenant, en la méditant qu'on comprendra mieux sa signification, comme philosophie, et non plus comme épistémologie".* [56]
Georges Canguilhem hat schon in einem früheren Artikel über Bachelards Epistemologie bemerkt, daß Bachelard über die Entstehung und den Verlauf seines Werkes schweigt. Er sieht aber im Werk *FES (1938)* Anknüpfungspunkte der beiden Aspekte des Werkes Bachelards.[57] Er geht so weit in seiner Analyse, einen *Parallelismus (Par-*

---

voir dans *„L'Eau et les rêves"* *l'aveau d'une „conversion", relativement tardive, à la poésie et aux activités rêveuses?„*
[54] Vgl. Hyppolite, Jean: G. Bachelard ou le Romantisme de l'intelligence, Revue Philosophique de la France et de l'Étranger 144, 1954. S. 660.
„Ils (Les deux versants de l'oeuvre de G. Bachelard) doivent s'accorder en conservant leur opposition mutuelle, mais G. Bachelard n'a pas dit encore ce qu'il en pensait lui même; nous attendons la suite de son oeuvre."
[55] Ebenda., S. 95.
[56] *(Was bedeutet jener Dualismus... ? Die Philosophie G. Bachelards kann uns helfen, selbst dieses Problem aufzuwerfen, das sie nicht behandeln wollte. Zweifellos wird man ihre Bedeutung, wenn man sie näher betrachtet und studiert, besser verstehen, und zwar als Philosophie und nicht nur als Epistemologie.)* Ders., L'épistémologie de G. Bachelard, in: Revue d'Histoirse des Sciences et de leurs Applications 17 Nr. 1, 1964, S. 11
[57] Vgl. Canguilhem, G.: Sur une épistémologie concordataire, Hommage à Gaston Bachelard, Paris 1957, S. 4.

allélisme) zwischen dem epistemologischen und dem poetischen Bereich festzustellen. Übrigens stellt er auch die Wirkung der poetischen Reflexion im poetischen Werk *(La Terre et les rêveries de la volonté, 1948)* auf die epistemologische Reflexion im epistemologischen Werk *RA (1949)* fest.[58]

Manche anderen Kommentatoren versuchen übereinstimmend, eine *Einheit* oder zumindest eine theoretische Verbindung zwischen den beiden Themen des Denkens Bachelards zu etablieren. *Paul Quillet* geht in diese Richtung und stellt sogar fest, daß die Einstellung Bachelards zu den Wissenschaftlern und zu den Dichtern dieselbe sei.[59] Ein anderer Autor, *Gilles-Gaston Granger*, stellt seinerseits einen solchen Parallelismus zwischen *„der konstruktiven Tätigkeit des Geistes in der Welt der Konzepte, und der koordinierenden Tätigkeit der Poesie in der Welt des Bildes (l'image)."* fest. Er geht von der Betrachtung der Werke Bachelards seit dem Beginn der *40 er Jahre,* (Hauptmoment der Konversion zur Poesie) bis zum Jahr *1953,* Erscheinungsdatum seines letzten epistemologischen Werkes, und er versucht, die *Materie* (la matière) als ein gemeinsames Thema aller dieser Werke vorzustellen.[60] *François Dagognet* beschäftigt sich mit dem *„Problem der Einheit"* der Philosophie Bachelards. Er greift eine Formulierung Bachelards aus dem Vorwort des Werks *PN (1980, S. 17)* auf, um die Wirkung des doppelten Charakters der Philosophie Bachelards in der gegenwärtigen theoretischen Diskussion zu betonen. Er versucht auf eigene Verantwortung, eine *Einheit* oder zumindest eine *Verbindung (la non-déchirure)* zwischen den beiden Aspekten der Philosophie Bachelards zu schaffen.[61]

---

[58] Vgl. Canguilhem, Georges, Études d'histoire et de philosophie des sciences, Paris 1983, S. 193: *„Mais peut-être faut-il voir ici dans l'ouvrage épistémologique de 1949, l'influence des images travaillées dans l'ouvrage de 1948, la Terre et les rêveries de la Volonté."*

[59] Vgl. Quillet, Paul: Bachelard, Paris 1964, S. 25: *„Les savants n'ont pas tort: Bachelard n'est pas un chercheur. Il a vis-à-vis des savants la même position que vis-à-vis des poètes: celle d'un lecteur."*

[60] Vgl. Gilles-Gaston Granger: Janus Bifrons, Revue Internationale de Philosophie, 38, Nr. 150, 1984, S. 260: *„On observera que l'ensemble de ses ouvrages ont un thème commun, qui est la matière; il n'est pas douteux que Bachelard ait voulu cette fois offrir deux examens ouvertement parallèles de l'activité constructive de l'esprit dans l'univers du concept, de l'activité coordonnante de la poésie dans l'univers de l'image."*

[61] Vgl. Dagognet, François: Le problème de l'unité, in: Revue Internationale de Philosophie 38, Nr, 150, 1984, S. 245: *„La philosophie de Gaston Bachelard soulève et réveille une double question, qui inquiète tout historiens des pensées."*

Im folgenden komme ich auf einen interessanten Artikel von *Clervence Ramnoux* zu sprechen, in dem er den Entwicklungsprozeß, bzw. das Problem der Dualität des Denkens Bachelards kurz und präzise dargestellt hat. Der Autor seinerseits unterscheidet auch zwei Seiten (versants) und eine Konversion, die zwischen ihnen stattgefunden hat. Bachelard hat nie versucht, diese beiden Seiten seines Werkes einander näher zu bringen. Er hat sogar willentlich den Unterschied zwischen ihnen akzentuiert. Er lehnt Kompromisse ab und bevorzugt Antithesen vor den Synthesen. Diese Art, den Unterschied zu proklamieren ist ein methodisches Prinzip bei Bachelard geworden.[62] *Ramnoux* schließt jede Art von Interpretationen aus, welche die *Konversion* des Werkes Bachelards durch psychische Ursachen erklären und seinen Widerspruch zu überwinden versuchen, weil Bachelard selbst psychische Kausalität ablehnt, und er sich dieses Widerspruchs bewußt war.[63] *Ramnoux* geht in seiner Analyse von der Betrachtung der *Terminologie* des Werkes Bachelards aus und unterscheidet folgende Aspekte: *Freudsche analytische, Jungsche analytische, phänomenologische, aber keine linguistische,* und schließlich *"ontologische"* Terminologie. Bachelard geht von einer Terminologie zur anderen durch Konversionen über. Anhand dieser Terminologien unterscheidet der Autor Phasen, die diesen Terminologien entsprechen.[64]

Die Spannung zwischen den Kommentatoren des Werkes Bachelards resultiert also aus der Frage nach dem Hintergrund der Konversion des Denkens Bachelards von der epistemologischen zur poetischen Reflexion. Die Frage stellt sich folgendermaßen:

Dazu auch S. 252: „*Nous ne risquons quère, à pläder la thèse de l'unité dans le Bachelardisme.*"

[62] Vgl. Ramnoux, Clervence: Bachelard à sa table d'écriture, in: Revue Internationale de Philosophie 38, Nr. 150, 1984, S. 219, 220: „*Il y a deux versant de l'oeuvre de Bachelard et, entre les deux, une „conversion" (...) Non que Bachelard ait jamais chercher à rapprocher les deux versants. Il fut plutôt homme à exagérer les differences, et agrandir les failles. Il refusait les compromis; il préférait les antithèses aux synthèses. Faire saillir les différences était devenu pour lui article de méthode.*"

[63] Ebenda., S. 220.

[64] Ebenda., S. 222: „*Il est donc vrai que l'on peut discerner dans l'oeuvre de Bachelard des „phases", rien que dans la seconde, la poétique, et sans même chercher entre l'oeuvre poétique et l'oeuvre scientifique d'autre pont que lui même en personne. Il est vrai que l'on peut spécifier ces phases par la prédominance d'un type de vocabulaire: analytique freudien, analytique jungien, phénoménologique, jamais „linguistique" mais „langagier", et langagier poétique, et, tout à fait à la fin „ontologique", avec un retour à la tradition.*"

Wie ist Bachelard – der rationalistische Philosoph – der Philosoph der Träumerei geworden?[65]

Dominique Lecourt greift eine berühmte Formulierung aus dem vorletzten Werk Bachelards *(PR, 1960)* auf, um das *Verhältnis* zwischen den wissenschaftlichen und den poetischen Werken am Beispiel des Verhältnisses des Tages und der Nacht zu verstehen. Er geht von der These des *Dynamismus* in Bachelards Denken aus und versteht ihn als einen *„Verknüpfungspunkt"*, der den Dynamismus der Bewegung wissenschaftlicher Konzepte und den Dynamismus der produzierenden Einbildungskraft der Bilder verbindet. Er lehnt aber die Idee der Einheit des Werkes Bachelards ab. Er akzentuiert dagegen einen zwischen den beiden *Seiten (versants)* des Werkes Bachelards existierenden unbeugsamen *(irréductible)* Widerspruch, der den latenten Widerspruch der Epistemologie Bachelards manifestiert.[66] Dieser Dynamismus darf nicht als eine *Dialektik* der bei den gegensätzlich divergenten Positionen Bachelards verstanden werden.[67] Dieser umstrittenen Frage widmet *D. Lecourt* sein Werk über Bachelard *(1974)*. Er geht sogar so weit, zu betonen, daß die Konversion zur Poetik als Resultat des Versagens der Bachelardschen Epistemologie zu verstehen ist. Dieses Versagen resultiert daraus, daß Bachelard *„Gefanger"* einer *„epistemologischen Illusion"* geblieben ist.[68] Mit dem Begriff der epistemologischen Illusion bezeichnet *Lecourt* die *„Verkleidung"* wissenschaftlicher Probleme (durch philosophische Thesen), die sich aus der histori-

---

[65] Vgl. Gohau, Gabriel: Bachelard en France, in: IL Protagora 24, Nr. 5, 1984, S. 209:
„*Comment le philosophe de la pensée rationnelle et de l'activité de l'homme éveillé est devenue le philosophe des rêveries et des débordements nocturnes?*"

[66] Vgl. Lecourt, Dominique: Bachelard ou le jour et la nuit, Paris 1974, S. 32,33:
„*... il semble qu'une thèse unique sur le dynamisme de la pensée soit le trait d'union qui les relie: dynamisme du mouvement des concepts scientifiques et dynamisme de l'imagination productrice des images poétiques.*"
Dazu auch S. 146: „*... L'irréductible contradiction qui subsiste, en définitive, entre les deux versants de cette oevre n'est que la manifestation visible de la contradiction obscure qui travaille son dispositif épistémologique.*"

[67] Vgl. Poulet, Georges: „*En un mot, il ya, chez Bachelard, contraste absolu entre deux positions divergentes, mais pas le moindre soupçon de dialektik. Le conflit des thèses contraires n'a nullement pour effet ici d'aboutir à une synthèse conciliatrice.*" Georges Poulet: Bachelard et la concience de soi, Revue de Métaphysique et de Morale, 1(1965), S. 7.

[68] Vgl. Dominique Lecourt: a. a. O., Kap. III: „*L'illusion épistémologique bachelardienne*", S. 93-117.

schen Entwicklung wissenschaftlicher Praxis erheben. Die Probleme, welche die Formulierung materialistischer Thesen ermöglichen, sind ihrerseits von idealistischen Thesen verdeckt. Die epistemologische Illusion fügt sich in das Gebiet der *„Psychoanalyse der objektiven Erkenntnis"* ein. Die Intervention des *dialektischen Materialismus* in der Epistemologie dient seiner Meinung nach dazu, die in der epistemologischen Illusion verdeckten wissenschaftlichen Probleme herauszustellen. *Lecourt* versucht anhand dieses Begriffs, das ganze Denken Bachelards zu interpretieren und zu kritisieren. Das Ziel seiner Interpretation besteht darin, Grundlagen eines begrenzten und kontradiktorischen Materialismus Bachelards zu enthüllen.

Anders als die Kritik von *Lecourt* lehnt *Michel Vadée* die Aufteilung des Gesamtwerkes Bachelards ab. In der Einleitung seines Werkes über Bachelard *(1975)* setzt er sich kritisch auseinander mit *Lecourt* hinsichtlich seiner Interpretation des Denkens Bachelards, soweit *Lecourt* auf den Unterschied von *„zwei Bachelards"* besteht.[69] *Vadée* versucht auf Grund einer vollständigen marxistischen Lektüre des Gesamtwerkes Bachelards und der Berücksichtigung des historischen und ideologischen Kontextes seines Denkens festzustellen, daß das Gesamtwerk Bachelards eine *Einheit* besitzt, so daß man zwischen dem *epistemologischen* und dem *literarischen Werk* nicht trennen kann. In seiner Interpretation geht er von der Behauptung aus, daß es bei Bachelard eine Philosophie gebe, die unter dem *„Deckmantel der Epistemologie"* auftritt, die sein Gesamtwerk strukturiert. *Vadée* macht den Nachweis der Existenz eines *neuen Idealismus (epistemologischer Idealismus)* Bachelards und seiner Bedeutung zur Aufgabe seiner Studie über Bachelard. Die schärfste Kritik der Philosophie Bachelards ist von den *marxistischen Kritikern* ausgeübt worden, insbesondere von *Lecourt* und *Vadée*, die seine Epistemologie im Interesse ihrer marxistischen Einstellung zu interpretieren versuchten. Ich komme zu einem späteren Zeitpunkt auf das Wesen und den

---

[69] *„Bedeutet das nicht, das Gesamtwerk mit Hilfe einer Theorie des Nichtvorhandenseins und der Verlagerung willkürlich zu zerlegen, ihm jeden inneren Zusammenhang abzustreiten, es weiterhin in zwei „Seiten" aufzuteilen, wie es fast alle Kommentatoren und Anhänger Bachelards bis heute tun? (...) Bedeutet es nicht, die gute Epistemologie positiv herauszulesen und die böse Theorie der Einbildungskraft in die spiritualistische Hölle zu verweisen?"* Vadée, Michel: a. a. O., S. 15.

Hintergrund dieser Kritik zu sprechen, wenn ich auf die Einstellung des neuen Marxismus zur Epistemologie Bachelards eingehen werde.

Die Trennung der epistemologischen und der poetischen Reflexion läßt nicht daran zweifeln, daß Bachelard die eine der anderen vorgezogen hat. Die Vernunft und die Einbildungskraft existieren gleichzeitig, oder sie folgen aufeinander in Form der Aufeinanderfolge des Tages und der Nacht. Diese doppelte Reflexion dient dazu, „*die Postulate der Vernunft und die Befehle (les décrets) der Einbildungskraft*„ zu relativieren.[70]

---

[70] Vgl. Starobinski: la double légitimité, S. 234: „*Parlant de "totale séparation", Bachelard nous invite à accépter l'existence simultannée (ou l'alternence rythmée à la manière des jours et des nuits) d'une raison qui ne cesse de se purifier et d'une imagination qui revendique de plus grands bonheurs. Cette science constitutive, ce double exclusivisme ont pour effet de relativiser les postuls de la raison et les décrets de l'imagination ...Ce que Bachelard nome "double situation" ne sucite pour lui nulle satisfaction. Rien ne paraît lui avoir été plus étrnger que la recherche d'un principe unificateur.*"

II. DAS EPISTEMOLOGISCHE WERK G. BACHELARDS

> *„La science n'a pas la philosophie qu' elle merite."*
>
> *G. Bachelard: MR, S. 20*

Eine Frage, die in jeder Wissenschaftsphilosophie zu beantworten ist, ist vor allem die Frage, inwiefern die Verknüpfung zwischen dem philosophischen und dem wissenschaftlichen Geist möglich ist. Anders gefragt, kann es grundsätzlich eine Philosophie der Wissenschaft geben? Bedeutet die Rede von einer Philosophie der Wissenschaft nicht eine Zusammenstellung von zwei entgegengesetzten Denkformen?

„Das epistemologische Werk Bachelards" entstand, wie ich anfangs erklärt habe, im Rahmen der zeitgenössischen französischen Philosophie als eine Aufforderung zur Erneuerung der philosophischen Positionen, damit sie dem gegenwärtigen Stand der Wissenschaft adäquat sein sollen. Unter dem *„epistemologischen Werk"* verstehe ich das, was Bachelard geschrieben hat, um den Charakter der philosophischen Position, die er zu begründen versucht hat, und deren Grundlagen auszudrücken. Der epistemologische Aspekt des Werkes Bachelards ist weniger bekannt als der literarische Aspekt. Dies zeigt sich deutlich im Erscheinungsdatum der ins Deutsche übersetzten Werke.[71] Das epistemologische Werk Bachelards läßt sich am deutlichsten durch die Art des *Verhältnisses* der Epistemologie zur *Wissenschaft* und zur *Philosophie* zugleich charakterisieren. Bachelard geht von der Analyse des aktuellen Standes der Wissenschaft und ihrer Geschichte aus und überprüft das Verhältnis zwischen Philosophie und Wissenschaft. Er gelangt bald zu der Überzeugung, daß zwischen den beiden Disziplinen eine *Kluft* existiert, welche die Wissenschaftsphilosophie bisher nicht überwinden konnte. Er sagt: *„So bleibt die Philosophie der Wissenschaften nur allzu oft auf die beiden Extreme des Wissens beschränkt: auf die Untersuchung der allzu allgemeinen Prinzi-*

---

[71] Meines Wissens sind nur fünf von zwanzig Werken Bachelards ins Deutsche übersetzt. Die Übersetzung der *PF, 1959*, der *PE, 1960* und der *FC*, *1988* (Werke der zweiten Schaffensperiode), erschienen vor der Übersetzung der *FES* und der *PN, 1978*, und des *NES,1988* (Werke der ersten Schaffensperiode). *Kopper* hat schon auf diesen Punkt hingewiesen. Er sagt: *„Gaston Bachelards*

pien durch die Philosophen und auf die Untersuchung der allzu partikulären Ergebnisse durch die Wissenschaftler. Sie erschöpft sich im Kampf gegen die beiden konträren epistemologischen Hindernisse, die jedes Denken beschränken: das Allgemeine und das Unmittelbare." [72]

Laut Bachelard soll die Wissenschaftsphilosophie also *„eine zweipolige Philosophie"* sein, die der Wissenschaft *„ein dialektisches Vorgehen"* liefert, das ihr die Betrachtung der Probleme unter *zwei* verschiedenen philosophischen Gesichtspunkten ermöglicht *(PN, S. 20)*. Das ist genau die Philosophie der Wissenschaft, welche die Wissenschaft braucht, und die Bachelard *„fehlt"*.[73] Dieses *„epistemologisches Werk"* zeigt sich also auf *zwei Ebenen*: auf philosophischer und wissenschaftlicher Ebene. Auf der *ersten Ebene* werde ich untersuchen, inwiefern einerseits seine epistemologische Position allen Bezeichnungen entspricht, wodurch er sie kennzeichnet, auf welche Weise sich seine Position andererseits als *eine philosophische Synthese*[74] verstehen läßt, die sich durch einen neuen Charakter von den traditionellen Positionen abgrenzt und das Verstehen des aktuellen Zustandes der Wissenschaften ermöglicht. Auf der *zweiten Ebene* werde ich auf entscheidende Merkmale der Auffassung Bachelards von *Wissenschaftsgeschichte* hinweisen. Dabei werde ich untersuchen, inwieweit seine Auffassung eine Darstellung des wirklichen Fortschritts der Wissenschaften ermöglicht und die herrschenden Geschichtsauffassungen erneuert oder sogar überholt.

Die Art des Verhältnisses der Epistemologie zu den Wissenschaften und zu den herrschenden Philosophien versuche ich in *zwei* Punkten festzulegen:
1. Starke *Bindung* zwischen der wissenschaftlichen Tätigkeit und der philosophischen Aktivität.

---

zahlreiche Schriften erscheinen in Frankreich in ständig neuen Auflagen, in Deutschland ist dieser Philosoph kaum bekannt. ", in: G. Bachelard: Die Philosophie des Nein, S.167.
[72] Ebenda., S.19.
[73] Ebenda.
[74] Vgl. *„Der synthetische Charakter der Philosophie des Nein"*, in: Bachelard: Die Philosophie des Nein, S. 155.

2. Laut Bachelard läßt sich die Philosophie nur durch ihr *Verhältnis* zu den Wissenschaften ergänzen und durch ihre *Aufgabe* bestimmen.[75]

---

[75] Im Werk Bachelards legt D. Lecourt Bachelards Philosophie nur durch ihren Einwand oder Vorwürfe gegen die wissenschaftliche Erkenntnis fest: „*dans le texte de Bachelard, la philosophie n'est jamais présente en personne, jamais exposée pour elle-même. On ne la voit paraître qu'en acte dans les objections ou les reproches qu'elle fait à la connaissance scientifique.*" D. Lecourt: L'epistemologie historique de Gaston Bachelard, S. 31.

TEIL A: EPISTEMOLOGIE

II.1. Epistemologie und Wissenschaft

Auf dieser Ebene *(Wissenschaftlicher Ebene)* betrachtet Bachelard die Neuheit der wissenschaftlichen Theorien nicht bloß als Erscheinung der wissenschaftlichen Revolution, sondern als Aufforderung zur Begründung einer neuen epistemologischen Position, die durch diese Theorien erbrachte neue Erkenntniswerte und epistemologische Werte aufzeigt. Er geht von der historischen Überzeugung aus, daß die Wissenschaft aus der Philosophie entstand und die Wissenschaft ihre Philosophie schafft. Er überprüft aufgrund dieser Überzeugung das Verhältnis, welches die traditionellen Philosophien zwischen der Philosophie und den Wissenschaften etabliert haben, um die *Aufgabe* der Wissenschaftsphilosophie und die Voraussetzungen für ihre Verwirklichung festzulegen. Er gelangt zu folgendem Ergebnis, *„daß uns eine Philosophie der Wissenschaften fehlt"*, die den Wissenschaften *adäquat* sein soll, ohne aber ihre Aufgabe als Intervention in die Wissenschaften zu verstehen *(PN, S. 19)*. Er geht sogar soweit, zu proklamieren, daß *„die Wissenschaft keine Philosophie hat, die sie verdient"*, d.h. die ihr angemessen wäre. *(MR, S. 20)*

Welche Aufgabe schreibt Bachelard seiner Philosophie der Wissenschaften zu? Diese Philosophie muß *drei* Aufgaben erfüllen:
1. Manifestation epistemologischer Werte der zeitgenössischen Naturwissenschaften, welche die wissenschaftliche Revolution zum Vorschein brachte. Zur Erfüllung dieser Aufgabe muß dem Philosophen der Wissenschaften die Aktualität der Wissenschaften bewußt sein, d.h. er muß *„das Band"*, das Philosophie und Wissenschaften verbindet, begreifen. Genauer gesagt, *des dialektischen Verhältnisses* zwischen Philosophie und Wissenschaften muß er sich bewußt sein.
2. Psychoanalyse der objektiven Erkenntnis: Der Philosoph der Wissenschaften muß den Entwicklungsprozeß der wissenschaftlichen Erkenntnis analysieren, um die an der Entwicklung der wissenschaftlichen Erkenntnis hinderlichen sogenannten Erkenntnishindernisse aufzudecken. Die Analyse geht von dem aktuellen Stand der Wissenschaft-

en bis in ihre Vergangenheit zurück. Diese *rekurrente* Analyse verlangt einen ständigen Rückgriff auf die Wissenschaftsgeschichte. Die historische Rekurrenz ist der entscheidende Charakterzug der Geschichtsauffassung Bachelards, der ich ein eigenes Kapitel widmen werde.

3. Offenbarung der Rückwirkung wissenschaftlicher Erkenntnis auf die geistige Struktur: Als Wissenschaftler hat Bachelard selbst die Wirkung der wissenschaftlichen Revolution erlebt. Dieser Wirkung, die nicht nur die Entwicklung des wissenschaftlichen, sondern auch des philosophischen Denkens betrifft, ist sich Bachelard bewußt.

II.2. Epistemologie und Philosophie

Aufgrund seiner wissenschaftlichen und philosophischen Bildung und anders als die zeitgenössischen Philosophen konnte Bachelard die von den revolutionären wissenschaftlichen Theorien gestellten philosophischen Fragen verstehen. Dabei muß betont werden, daß die wissenschaftliche Revolution kein Bereich der Bachelardschen Intervention ist. Sein Interventionsbereich ist die Philosophie, insbesondere die Philosophie der Wissenschaften, die das wissenschaftliche Denken (Prinzipien, Grundlagen und Ergebnisse) zum Gegenstand der Untersuchung nimmt. Bachelard strebt danach, eine philosophische Position zu begründen, die eine *doppelte Aufgabe* erfüllen soll. Einerseits soll sie den gegenwärtigen Wissenschaften *adäquat* sein, andererseits soll sie ihre zeitgenössischen Philosophien *kritisieren* und *überschreiten*. Seine Vorstellung von Wissenschaftsphilosophie beruht auf der *Polemik* gegen die herrschenden einheitlichen Philosophien und Epistemologien. Er versucht den Charakter seiner philosophischen Position zu bestimmen, indem er sie von den traditionellen Philosophien abgrenzt und sie durch verschiedene Kennzeichnungen bestimmt. Zur Charakterisierung seiner Position überprüft er die *Aufgabe* der Wissenschaftsphilosophie und die *Voraussetzungen* für die Verwirklichung dieser Aufgabe. Welche Aufgabe schreibt er seiner Philosophie der Wissenschaften zu und welche Bedingungen stellt er für die Erfüllung dieser Aufgabe?

II.3. Aufgabe der Wissenschaftsphilosophie

Zur Untersuchung der Aufgabe der Wissenschaftsphilosophie, wie sie Bachelard bestimmt, und den erforderlichen Bedingungen zu ihrer Realisierung sind zuerst *zwei Punkte* zu besprechen: In welchem Sinne läßt sich die Epistemologie als philosophische Reflexion der Wissenschaft verstehen, und was ist, nach Bachelard, der Charakter des gegenwärtigen wissenschaftlichen Denkens? Der erste Punkt hilft mir herauszustellen, was Bachelard unter Epistemologie versteht. Nach der Untersuchung des zwei-ten Punktes kann ich die besonderen Bedingungen aufzeigen, die sich aufgrund der neuen radikalen Entwicklungen der zeitgenössischen Wissenschaften dem gegenwärtigen Wissenschaftsphilosophen stellen.

Bachelard betont, daß die Wissenschaftsphilosophie *keine philosophische Intervention in die Wissenschaft* sein darf. Dadurch widerspricht er den zu seiner Zeit in Frankreich herrschenden traditionellen Philosophien. Diese Philosophien haben von der Intervention in die Wissenschaften ausgehend ihre Aufgabe bestimmt. Sie haben wissenschaftliche Ergebnisse für ideologische Interessen interpretiert.[76] Als Beispiel für diese Philosophien, mit denen er sich polemisch auseinandergesetzt hat, nenne ich kurz zwei Richtungen, deren starken Einfluß in Frankreich Bachelard miterlebt hat: die Philosophie *Meyersons, Bergsons* und den *Positivismus (Comte).*[77] Schon in seiner These der *Doktorarbeit (1928)* hat Bachelard *Meyerson* mit einem Kapitel „*Rektifikation und Wirklichkeit"* (Rectification et Réalité) geantwortet. Um ihm auf die „*relativistische Deduktion"* (Déduction relativiste) zu antworten, schreibt er sein Werk *VIR (1929).* Bis zu seinem letzten Werk *(MR, 1953)* deutet Bachelard auf ihn. *Meyerson* stellt seine Schrift „*Identität und Realität"* als ein epistemologisches Werk vor. Er meint, daß das Denken dasselbe bleibe, sowohl in der wissenschaftlichen als auch in der allgemeinen Erkenntnis. Nach *Bergson* besteht die Aufgabe der Philosophie bei der Reflexion der Wissenschaften darin, daß sie die Grenzen der wissenschaftlichen Erkenntnis feststel-

---

[76] Vgl. Althusser, Louis: Philosophie et philosophie spontanée des savants, Paris Maspero 1967.
[77] Zu seiner Debatte mit Meyerson und dem Positivismus verweise ich auf das Werk von Georges Mourélos : L'épistémologie positive et la critique mayersonienne, Paris 1962.

len muß, um Raum für die Metaphysik zu schaffen. Im Gegensatz zu diesen Positionen schlägt Bachelard eine epistemologische Position vor, die nicht den Charakter einer *ideologischen Intervention* in die Wissenschaften hat. Sollte die Wissenschaftsphilosophie Intervention in die Wissenschaften sein, dann macht sie die Übertragung ideologischer Werte auf den wissenschaftlichen Bereich zu ihrer Aufgabe: das, was die Entwicklung dieses Bereichs behindert.

Zunächst versuche ich zu erklären, auf welche Weise die Wissenschaftsphilosophie Bachelards keine Intervention in die wissenschaftliche Arbeit ist. Er fragt sich vor allem, ob man notwendigerweise apriorische philosophische *Kategorien* braucht, um den Entwicklungsprozeß des wissenschaftlichen Denkens und seine Ergebnisse zu verstehen, ob man zu diesem Verständnis eine allgemeine philosophische Position als Ausgangspunkt benötigt. Er antwortet auf diese Frage in seinen beiden Werken *NES (1934)* und *PN (1940)*. Er sagt: *„Es ist daher sinnvoll, so meinen wir, die Wissenschaftsphilosophie ohne vorgefaßte Meinungen und auch ohne die allzu engen Zwänge des traditionellen philosophischen Vokabulars anzugehen."* [78]

Eine grundlegende Voraussetzung für das Verstehen des Entwicklungsprozesses des wissenschaftlichen Denkens besteht also darin, daß diese Entwicklung in sich verstanden werden muß. Die objektive Feststellung der epistemologischen Ergebnisse zeitgenössischer wissenschaftlicher Theorien darf also nicht anhand vorgegebener philosophischer Positionen, oder eines philosophischen Systems durchgeführt werden. Dadurch schließt Bachelard jedes vorgegebene und geschlossene philosophische System aus. Zum Verstehen des Entwicklungsprozesses des wissenschaftlichen Denkens warnt er in der *PN* vor der Verwendung solcher philosophischen Systeme, indem er zugleich die negativen Ergebnisse dieser Verwendung aufzeigt.[79] Das unten angeführte lange

---

[78] Bachelard. G.: NES, S. 8.
[79] *„Die Verwendung philosophischer Systeme auf Gebieten, die weit entfernt von ihrem geistigen Ursprung sind, ist immer ein heikles, oft ein enttäuschendes Unterfangen. Bei einer solchen Übertragung werden die philosophischen Systeme unergiebig und trügerisch; sie verlieren ihre Fähigkeit, geistige Zusammenhänge zu stiften (...) Daraus sollte man eigentlich folgern, daß ein philosophisches System zu keinen anderen Zielsetzungen verwandt werden darf als zu denen, die es sich selbst setzt. Demnach bestände das schwerwiegendste Vergehen gegen den philosophischen Geist darin, diese innerste Zielsetzung zu verkennen, diese geistige Zielstzung, die einem philosophischen System Leben, Kraft und Klarheit gibt. Besonders dann, wenn man versucht, Probleme der*

Zitat deutet auf einen wichtigen Charakterzug der *Aufgabe* des Wissenschaftsphilosophen hin wie sie Bachelard jedoch ablehnt. Jene Aufgabe, die dazu neigt, philosophische Systeme zu verwenden, um das wissenschaftliche Denken zu verstehen. Die Erfüllung dieser Aufgabe bereitet Schwierigkeiten, die im Widerspruch zwischen dem Charakter des wissenschaftlichen Denkens und dem Charakter jener philosophischen Systeme bestehen. Bachelard ist sich des Unterschiedes der Natur der beiden Denkformen bewußt: der *Geschlossenheit* des traditionellen philosophischen Denkens und der *„Offenheit"* des wissenschaftlichen Denkens. Da die traditionellen philosophischen Systeme diesen Unterschied nicht feststellen konnten, konnten sie dann die Kluft zwischen Philosophie und Wissenschaft nicht überbrücken oder überwinden. Aufgrund dieses Unterschiedes birgt die Verwendung philosophischer Systeme auf wissenschaftlichen Gebieten Gefahren, die nicht nur das wissenschaftliche, sondern auch das philosophische System selbst betreffen. Die Gefahr jener Verwendung besteht auch in der Sprache, in der der Philosoph die wissenschaftlichen Ergebnisse ausdrückt, weil die philosophische Sprache diese Ergebnisse nicht auszudrücken vermag. Bachelard gibt zahlreiche Beispiele dafür, wie die Begriffe des *Wirklichen, der Zeit, des Raumes* und des *Dings* von den Philosophen und den Wissenschaftlern unterschiedlich verwendet werden, um die Unvereinbarkeit der Tätigkeit des Philosophen und des Wissenschaftlers aufzuzeigen. Laut Bachelard muß sich die Wissenschaftsphilosophie also mit den wissenschaftlichen Ergebnissen an sich beschäftigen, ohne sie ideologisch im Interesse solcher philosophischen Systeme zu interpretieren. Dies ist nach Bachelard der erste Charakterzug der Aufgabe des Wissenschaftsphilosophen: *Wissenschaftsphilosophie sei keine (ideologische) Intervention in die Wissenschaften.*

Bachelard lehnt auch einen anderen Charakterzug der Aufgabe des Wissenschaftsphilosophen ab, nämlich die *Begründung einer allgemeinen Erkennnistheorie* als Versuch, die Objektivität der wissenschaftlichen Erkenntnis und ihre Grenzen zu etablie-

---

Wissenschaft durch metaphysische Überlegungen zu erhellen, wenn man daran geht, Theoreme und Philosopheme zu mischen, sieht man sich vor der Notwendigkeit, eine notgedrungenerweise auf ein bestimmtes Ziel gerichtete, geschlossene Philosophie auf ein offenes philosophisches Denken anzuwenden. Man läuft dann Gefahr, alle Welt zu verprellen: die Wissenschaftler, die Philosophen und die Historiker." PN. S. 17.

ren. Einen solchen Versuch gab es schon bei *Kant* in seiner *„Kritik der reinen Vernunft".* Alle philosophischen Systeme, die eine Erkenntnistheorie begründet haben, behaupten, daß sie eine endgültige Lösung für das Problem der Erkenntnis angeboten hätten. Vergleicht man aber beispielsweise die *kantische Erkenntnistheorie* mit der *Relativitätstheorie,* stellt man fest, daß die Relativitätstheorie das überschritten hat, was *Kant* als endgültige Lösung für das Problem der objektiven Erkenntnis und deren *Grenzen* konstatiert hat. Aus diesem wissenschaftlichen und methodischen Grunde versucht Bachelard, keine Erkenntnistheorie zu begründen. Dadurch verzichtet er auf eine der wichtigsten Aufgaben der traditionellen Philosophien: *Begründung allgemeiner Erkenntnistheorien.* In seiner kritischen Studie über Bachelards Epistemologie hält *Dominique Lecourt* diese These deshalb für *revolutionär.*[80] Bachelard beschränkt sich auf die Kritik derjenigen Philosophien, welche wissenschaftliche Ergebnisse ideologisch ausnutzen, ohne daß er die Erkenntnistheorie ausdrücklich ablehnt oder ohne eine eigene alternative Erkenntnisteorie vorzuschlagen.

Im Laufe der Begriffsbestimmung der Epistemologie Bachelards habe ich bis jetzt nur negative Bestimmungskriterien vorgestellt, die Bachelard selbst nicht als Definition seiner Epistemologie angibt. Er beschränkt sich aber nicht nur auf Ablehnung dessen, was nach ihm keine Epistemologie sein darf, sondern schlägt eine alternative Auffassung dazu vor. Seine Auffassung akzentuiert *drei* grundlegende Aufgaben der Wis-

---

[80] *„En quoi cette thèse est-elle révolutionaire? Pourquoi est-elle lourde d'implications philosophiques? Car on pourrait, à bon droit, m'objecter que Bachelard n'est certes pas le premier philosophe à caractériser la connaissance scientifique par son objectivité. C'est même le caractère qui lui est le plus traditionnellement reconnu. L'exemple de la philosophie kantienne, pour ne prendre que celui-là, offre le type d'une philosophie idéaliste dont toutes les questions, dans le domaine de la connaissance, sont commandées par celle de savoir à quelles conditions une connaissance objective est possible (...) Et si l'on veut tout de suite mesurer la distance qui sépare le travail de Bachelard de la philosophie kantienne que j'évoquais à l'instant, on notera (...): qu'il faut à Kant toute une théorie, qui occupe dans son entier un livre aussi important que la Critique de la raison pure, pour résoudre une question que Bachelard, pour sa part, résout d'une proposition (...) dans leur période bourgeoise classique, les philosophies idéalistes comportent toutes, à titre de pièce maîtresse, une „théorie de la connaissance„ qui est toujours directement ou indirectement une théorie du fondement de la science. J'avais laissé entrevoir que ces théories étaient le lieu même où s'effectue l'opération de détournement des sciences au profit de ces philosophies, détournement couvert par les déclarations d'„adéquation„ de la philosophie aux sciences. Mais par quel mécanisme théorique interne ce „détournement„ s'effectue-t-il? Ne ne le savons pas encore."* Lecourt: Bachelard, le jour et la nuit, S. 67-68.

senschaftsphilosophie. Sie muß erstens epistemologische Werte aufzeigen, zweitens die Rückwirkung wissenschaftlicher Erkenntnisse auf die Struktur des Geistes untersuchen und drittens die objektive Erkenntnis anhand der psychoanalytischen Methode analysieren. Diese drei Aufgaben hängen miteinander zusammen, weil sie alle innerhalb des wissenschaftlichen Denkens ausgeübt werden müssen.

II.3.1. Entfaltung epistemologischer Werte

Bachelard bestimmt *die erste Aufgabe* in der Einleitung seines *1951* erschienenen Werkes *ARPC*, in dem er *„die Aufgaben der Wissenschaftsphilosophie,,* beschreibt.[81] Epistemologische Werte sind für ihn keine allgemeinen Werte für die Wissenschaft, sondern zahlreiche Werte, die in ständiger *Erneuerung* mit der Entwicklung der Wissenschaft zusammenhängen. Dies bedeutet auch, daß diese Werte keine philosophischen Werte sind und daß der Philosoph die wissenschaftlichen Ergebnisse nicht außerhalb der wissenschaftlichen Tätigkeit beurteilen darf. [82] Die Aufgabe der Wissenschaftsphilosophie besteht also nur darin, daß sie wissenschaftliche Ergebnisse an sich verstehen muß, und sie sie nicht ideologisch vereinnahmen darf. Da Bachelard erstens die Wissenschaftsphilosophie nicht als philosophische (ideologische) Intervention in die Wissenschaft versteht, und er zweitens die Aufgabe des Wissenschaftsphilosophen als Entfaltung epistemologischer Werte versteht, führt er eine neue philosophische Position ein, die sich von seinen zeitgenössischen Philosophien hinsichtlich ihrer Einstellung zum Verhältnis der Wissenschaft zur Philosophie unterscheidet.

---

[81] *„La philosophie des sciences a la charge de mettre en évidence les valeurs de la science. Elle doit refaire, à toutes les périodes du développement de la science, la traditionnelle dissertation sur la valeur de la science."* (Die Philosophie der Naturwissenschaften trägt die Last, die Werte der Naturwissenschaft evident zu machen. Sie muß für alle Epochen der wissenschaftlichen Entwicklung den traditionnellen Aufsatz über den Wert der Naturwissenschaft neu schreiben; Bachelard, G: ARPC, S. 10.)

[82] Eine Bestimmung der epistemologischen Werte und der ersten Aufgabe der Wissenschaftsphilosophie sind auf den Seiten 47- 48 der ARPC (1951) zu lesen: *„Dans le destin des sciences les valeurs rationnelles s'imposent, Elles s'imposent historiquement. L'histoire des sciences est menée par une sorte de nécessité autonome. La philosophie des sciences devrait prendre systématiquement pour tâche la détermination et le classement hiérarchique des valeurs épistemologiques."*

Die Erfüllung der Aufgabe des Wissenschaftsphilosophen hängt von einer grundlegenden Bedienung ab, nämlich der Wissenschaftsphilosoph muß der gegenwärtigen Entwicklung der Wissenschaft bewußt sein. Diese Bedingung zeigt sich nach Bachelard auf zwei Ebenen. Auf der ersten Ebene muß er bei der Untersuchung einer wissenschaftlichen Theorie methodisch die traditionelle Aufgabe der Wissenschaftsphilosophie überschreiten, die nach *Quellen und dem absoluten Anfang* dieser Theorien sucht. In diesem Falle versteht sich ihre Aufgabe bloß als Tätigkeit eines *Wissenschaftshistorikers*, der sich mit Ideen als Tatsachen und nicht mit Tatsachen als Ideen, wie es nach Bachelard sein soll, beschäftigt. Wodurch unterscheidet sich die Aufgabe des *Epistemologen* von der des *Wissenschaftshistorikers*? Die Antwort Bachelards lautet: „*Hier wird sichtbar, was die Arbeit des Epistemologen von der des Wissenschaftshistorikers unterscheidet. Der Wissenschaftshistoriker muß die Ideen als Tatsachen nehmen. Der Epistemologe muß die Tatsachen als Ideen nehmen, indem er sie in ein Denksystem einfügt. Eine Tatsache, die von einer Epoche falsch interpretiert wurde, bleibt für den Historiker eine Tatsache. In der Sicht des Epistemologen ist sie ein Hindernis, ein Konter-Gedanke.*" [83]

Auf der zweiten Ebene besteht die Bedingung der Achtung vor der gegenwärtigen Wissenschaft darin, daß der Wissenschaftsphilosoph ihre neuen bzw. revolutionären Charaktere in Betracht ziehen muß. Einer dieser Charakterzüge ist die neue Vorstellung vom wissenschaftlichen Gegenstand. Er ist nicht mehr ein gegebener, sondern ein durch Instrumente konstituierter Gegenstand.[84] Der zweite Charakterzug ist „*die außerordentliche Wichtigkeit des modernen Buches*" in der gegenwärtigen wissenschaftlichen Erkenntnis.[85] Den dritten Charakterzug nennt Bachelard den gesellschaftlichen Charakter der gegenwärtigen Wissenschaft. Damit meint er, daß die wissenschaftliche Tätigkeit eine kollektive Tätigkeit sei. Jene Tätigkeit, die nicht durch einzelne Wissenschaftler, sondern durch die Zusammenarbeit einer Gruppe von Wissenschaftlern durchgeführt wird. Zusammenarbeit einerseits zwischen *Theoretikern* und andererseits

---

[83] Bachelard, G.: Die Bildung des wissenschaftlichen Geistes, Frankfurt/M. 1987, S. 51.
[84] Vgl. Ders., Noumène et microphysique, Recherches philosophiques, I, 1931 (wiederabgedruckt in *Études*, 1970).
[85] Ders., ARPC, 1951, S. 6-7.

zwischen *Technikern* und schließlich zwischen Theoretikern und Technikern. Dies ist die Tätigkeit, die in dem sogenannten *„szientifischen Gemeinwesen"* *(Cité scientifique)* ausgeübt werden muß.[86]

Diese miteinander zusammenhängenden Charakterzüge sind diejenigen, die als epistemologische Werte aufgezeigt werden müssen.[87] Dabei steht der Wissenschaftsphilosoph vor der Auswahl. Entweder bevorzugt er sein philosophisches System oder die wissenschaftlichen Ergebnisse. Im ersten Falle interpretiert er die wissenschaftlichen Ergebnisse nur, um Begriffe, Theorien und Prinzipien seines philosophischen Systems zu rechtfertigen und zu legitimieren. Mit dieser Entscheidung fügt er seine Aufgabe in den Rahmen der traditionellen Auffassung der Wissenschaftsphilosophie, die Bachelard ablehnt. Im zweiten Falle interpretiert er die wissenschaftlichen Ergebnisse nicht, um sie für sich zu vereinnahmen, sondern, um das philosophische System, anhand epistemologischer Werte richtigzustellen. Das ist genau die Aufgabe, die Bachelard der Wissenschaftsphilosophie zuschreibt. Die Einstellung des Wissenschaftsphilosophen zur Wissenschaft ermöglicht ihm auf diese Art das Verstehen des Entwicklungsprozesses der Wissenschaftsgeschichte und des Verhältnisses des Philosophen zu dieser Geschichte. Nach Bachelard muß der *epistemologische Vektor* von wissenschaftlichen Ergebnissen zu den philosophischen Positionen, und vom Rationalen zum Realen weisen und nicht umgekehrt: *„Zumindest die Richtung des metaphysischen (epistemologischen) Vektors ist, so meinen wir, klar erkennbar. Er weist ohne Zweifel vom Rationa-*

---

[86] Ebenda., S. 7-9.
[87] Ebenda., S.10: *„Objectivité rationnelle, objectivité technique, objectivité sociale sont désormais trois caractères fortement liés. Si l'on oublie un seul de ces caractères de la culture scientifique moderne, on entre dans le domaine de l'utopie. Une philosophie des sciences qui ne veut pas être utopique doit essayer de formuler une synthèse de ces trois caractèrs. En particulier, c'est sans doute à elle qu'appartient la tâche de montrer l'importance du caractère inter-subjectif, du caractère historique et social, en réaction même contre les propres habitudes de la pensée philosophique."* (Rationale Objektivität, technische Objektivität, soziale Objektivität sind von nun an drei eng miteinander verknüpfte Merkmale. Wenn man ein einziges dieser drei Merkmale der modernen scientifischen Kultur vergißt, betritt man das Reich der Utopie. Eine Philosophie der Naturwissenschaften, die nicht utopisch sein will, muß versuchen, eine Synthese dieser drei Charakteristika zu formulieren. Insbesondere kommt sicherlich ihr die Aufgabe zu, die Relevanz des intersubjektiven, des historischen und sozialen Merkmales aufzuzeigen, als Reaktion gerade gegen die eigenen Gewohnheiten des philosophischen Denkens.)

len zum Realen und keineswegs in die entgegengesetzte Richtung, wie es alle Philosophen von Aristoteles bis Bacon behauptet haben." [88]

Anhand dieser Auffassung von Wissenschaftsphilosophie will Bachelard eine *offene* bzw. *dialektische philosophische* Position begründen. Diesen Punkt werde ich ausführlich im dritten Kapitel erläutern. Dies war eine kurze Darstellung der ersten Aufgabe der Wissenschaftsphilosphie, die keinerlei philosophische Intervention in die Wissenschaft sein darf.

II.3.2. Untersuchung der Rückwirkung wissenschaftlicher Erkenntnis auf die geistige Struktur

Er beschreibt die zweite alternative Aufgabe ausführlich in der *PN (S. 22)*, deren Untertitel lautet: *„Versuch einer Philosophie des neuen wissenschaftlichen Geistes".* Er fragt sich: *„Wie will man da nicht sehen, daß eine Philosophie, die dem in ständiger Entwicklung begriffenen wissenschaftlichen Denken wirklich angemessen sein will, die Rückwirkung der wissenschaftlichen Erkenntnisse auf die geistige Struktur in Betracht ziehen muß?"* [89]

Die Rückwirkung dieser revolutionären Einstellung der gegenwärtigen Wissenschaft erscheint erst dann, wenn man das Problem der wissenschaftlichen Neuheit auf *„der eigentlich psychologischen Ebene"* darstellt. Die zweite Aufgabe widerspricht der traditionellen Aufgabe der Wissenschaftsphilosophie, nämlich der Begründung einer Erkenntnistheorie. Er versteht sie als Untersuchung der Rückwirkung der Entwicklung der Wissenschaft auf die Struktur des Geistes. Diese Aufgabe gründet sich auf einen

---

[88] Bachelard, G.: NES, S. 9-10.
Der Begriff *„ Vecteur épistémologique"* wurde als *„ metaphysischer Vektor"* übersetzt. Bachelard grenzt aber die Epistemologie von der Metaphysik ab.

[89] Bachelard antwortet selbst auf seine Frage auf derselben Seite: *„So stoßen wir dann gleich zu Anfang unserer Überlegungen zur Rolle einer Philosophie der Wissenschaften auf ein Problem, das, wie uns scheint, von den Wissenschaftlern ebenso falsch gestellt scheint wie von den Philosophen: das Problem der Struktur und der Entwicklung des Geistes. Auch hier finden wir den gleichen Gegensatz: der Wissenschaftler glaubt, von einem noch unstrukturierten und kenntnislosen Geist auszugehen; der Philosoph dagegen setzt meistens einen konstituierten Geist voraus, der mit allen Kategorien versehen ist, die zum Verständnis des Wirklichen unabdingbar sind".*

der entscheidendsten epistemologischen Erkenntniswerte, die Bachelard aus der gegenwärtigen Wissenschaft zieht, nämlich: Die Struktur des Geistes ist keine ständige, sondern eine durch Rückwirkung wissenschaftlicher Erkenntnisse entwickelte Struktur. *„Die Struktur des Geistes wird variabel, sobald das Wissen eine Geschichte hat."* [90] Das Wesen des wissenschaftlichen Geistes ist nun dadurch gekennzeichnet, daß der Geist *„eine Berichtigung des Wissens"* und *„eine Erweiterung des Rahmens der Erkenntnis"* ist. Die Struktur des Geistes ist also Bewußtsein seiner *„eigenen historischen Irrtümer"* *(NES, S. 171)*. Allgemein ausgedrückt, die Wissenschaftsgeschichte ist somit bloß Geschichte der Irrtümer der Wissenschaft.

Da die epistemologischen Werte nicht nur den Entwicklungsprozeß wissenschaftlicher Erkenntnis, sondern auch die geistige Struktur beeinflussen, versucht Bachelard bei der Untersuchung der zweiten Aufgabe der Wissenschaftsphilosophie, epistemologische Werte als *psychische Werte* aufzuzeigen. Wie schon erwähnt ist Bachelard nicht der erste Philosoph, der sich mit dem Problem der Erkenntnis beschäftigt hat. *Kant*, als Beispiel für jene Philosophen, hat sich mit dem *Denken* befaßt, um seine *Natur und Grenzen* festzustellen. Laut Bachelard genügt es nicht, diese Philosophien in einzelnen Punkten richtigzustellen, sondern sie müssen überschritten werden, weil sie am apriorisch gegebenen ständigen Geist festhalten.

Zur genaueren Kennzeichnung der philosophischen Position Bachelards vergleiche ich sie mit der Philosophie *Brunschvicgs*.[91] Für diesen Philosophen ist die Philosophie eine Reflexion des Denkens über sich selbst. Betrachtet das Denken die Geschichte der Wissenschaft, der Philosophie und des Denkens im allgemeinen, erkennt es sich selbst im Laufe des Entwicklungsprozesses der Wissenschaft und der Philosophie. Dadurch, daß er die Untersuchung der Aktivität und nicht der Natur des Denkens zum Gegenstand seiner Philosophie nimmt und nicht von einem apriorisch gegebenen ständigen

---

[90] Ders., NES, S. 171.
[91] Leon Brunschvicg *(1869-1944)* war Bachelards zeitgenössischer rationalistischer Philosoph und Lehrer. Die beiden haben die gegenwärtige wissenschaftliche Revolution erlebt, von der Bachelard ausgeht.

Geist ausgeht, steht er Bachelard näher. Er hat sicherlich auf ihn gewirkt, aber Bachelard hat diese (positive) Wirkung überwunden.

Durch seine Auffassung der Aufgabe der Wissenschaftsphilosophie widerspricht Bachelard nicht nur der Auffassung der traditionellen Philosophien, sondern er versetzt diese Philosophien selbst in Verwirrung. *„Daher muß eine These wie die unsere, die von der Erkenntnis als einer Entwicklung des Geistes ausgeht und die Varianten hinsichtlich der Einheit und der zeitlosen Gültigkeit des ich denke akzeptiert, den Philosophen in Verwirrung versetzen."* [92]

II.3.3. Psychoanalyse der objektiven Erkenntnis

Die dritte Aufgabe der Epistemologie nennt Bachelard die Psychoanalyse der objektiven Erkenntnis. Diese Aufgabe widmet Bachelard sein Werk *FES*. In diesem Zusammenhang sagt ausdrücklich *„In jedem Fall ist die Aufgabe der Wissenschaftsphilosophie ganz klar: sie muß die Interesse einer Psychoanalyse (der objektiven Erkenntnis) unterziehen."* [93] Die beiden ersten genannten Aufgaben der Wissenschaftsphilosophie versteht er als *Bewußtsein* der wissenschaftlichen *Revolution* (Physik, Mathematik) und die letzte Aufgabe als *Bewußtsein* der psychoanalytischen *Methode*. Bei der dritten Aufgabe hat der Wissenschaftsphilosoph die Tätigkeit des Wissenschaftlers zu analysieren, um die verborgenen und dynamischen Erscheinungen dieser Tätigkeit zu erhellen. Sie sind dynamisch, weil sie diese Tätigkeit negativ beeinflussen und sie dadurch den Wissenschaftler daran hindern, die objektive Erkenntnis zu erreichen. In manchen Fällen, in denen die Realisierung der objektiven Erkenntnis unmöglich oder schwer ist, treten Hindernisse auf, die Bachelard *„epistemologische Hindernisse"*

Vgl. auch Dagognet, François: Brunschvicg et Bachelard, in: Revue de Métaphysique et de Morale, 70, 1965, S. 43-54.
[92] G. Bachelard, PN, S. 24.
[93] *„Beitrag zu einer Psychoanalyse der objektiven Erkenntnis"* ist Untertitel des Werkes *„Die Bildung des wissenschaftlichen Geistes"* (1938), das Bachelard der letzten Aufgabe der Epistemologie widmet (S. 43).

nennt.[94] Der Begriff des epistemologischen Hindernisses läßt sich deutlich verstehen, wenn ich später die Auffassung Bachelards von *Wissenschaftsgeschichte* behandeln werde. Bachelard ist aber nicht der einzige Philosoph, der die psychischen Bedingungen der Erkenntnis untersucht hat. Auch *Piaget* hat solche Untersuchungen unternommen. Er hat die Entwicklung wissenschaftlicher Begriffe anhand der genetischpsycho-logischen Methode analysiert.[95] Ich werde auf die Bedeutung und die Rolle der psychoanalytischen Methode im Denken Bachelards nicht weiter eingehen, ich verweise aber auf eine Studie von *Anne Marie Denis,* die sich mit der *„Psychoanalyse der Vernunft bei Bachelard"* beschäftigt.[96]

Ich habe in diesem einleitenden Kapitel darauf hingewiesen, daß das, was ich als *„epistemologisches Werk"* Bachelards bezeichne, sich auf zwei Ebenen zeigt. Die erste Ebene habe ich schon erwähnt, auf der Bachelard versucht, seine epistemologische Auffassung und ihre Aufgabe und die erforderlichen Bedingungen zur Realisierung dieser Aufgabe darzustellen. Im folgenden gehe ich auf *die zweite Ebene* ein, auf der Bachelard versucht, die Natur seiner philosophischen Position aufzuzeigen, die dem gegenwärtigen Stand der Wissenschaften adäquat sein muß. Diese Position bezeichnet er durch unterschiedliche Kennzeichnungen, die ich im folgenden ausführlich zu erklären habe. Bachelard überträgt das Band, das die Wissenschaftsphilosophie mit der Wissenschaft verknüpft folgendermaßen ins Philosophische: *„Da die Wissenschaft nie abgeschlossen ist, bleibt die Philosophie der Wissenschaften stets mehr oder minder eklektisch, offen, vorläufig."* [97]

---

[94] Bachelard widmet der Definition des epistemologischen Hindernisses das erste Kapitel seines Werkes FES, S. 46.
[95] Vgl. Piaget, Jean: Introduktion à l'Epistémologie génétique, Tome I, Ch. I, Paris 1950.
[96] Denis, Anne Marie: Psychanalyse de la raison chez Gaston Bachelard, in: Revue Philosophique de Louvain 61, 1963, S. 644-663.
[97] Bachelard, G.: PN, S. 18

II.4. Eklektizismus epistemologischer Instrumente

Die Philosophie Bachelards läßt sich nun durch ihr Verhältnis und ihre Einstellung zur gegenwärtigen Wissenschaft charakterisieren. Die erste Kennzeichnung seiner Philosophie ist der *Eklektizismus*. Dies bedeutet für Bachelard, daß es zum Verstehen des wissenschaftlichen Denkens nicht notwendig ist, von einer der entgegengesetzten traditionellen Positionen auszugehen. Weder vom *Rationalismus* für sich allein, noch vom *Realismus* für sich allein, sondern von beiden zugleich. *„Beginnt man über wissenschaftliches Handeln nachzudenken, bemerkt man also, daß Realismus und Rationalismus einander beständig in der Rolle des Ratgebers abwechseln. Keiner von beiden vermag für sich allein wissenschaftliche Beweisführung zu gewährleisten (...) Die Epistemologie muß daher genau am Kreuzungspunkt zwischen Realismus und Rationalismus ansetzen. Nur dort vermag sie die neue Dynamik dieser beiden gegensätzlichen Philosophien zu erfassen, die zweifache Bewegung, vermöge deren die Wissenschaft das Wirkliche vereinfacht und die Vernunft kompliziert."* [98]

Diese beiden Positionen stehen im wissenschaftlichen Denken nicht in einem gegensätzlichen Verhältnis wie in den traditionellen Philosophien, sondern in einem *komplementären Verhältnis*. Im Gegensatz zu den traditionellen Philosophien versteht Bachelard seine Position als Eklektizismus „*der Mittel*", und nicht der „*Zielsetzungen*". Er stellt den Philosophen folgende Frage: *„Ist es beispielsweise ein Sakrileg, ein solch wunderbares epistemologisches Instrument wie die Kantsche Kategorie herauszugreifen und deren Interesse für die Organisation des wissenschaftlichen Denkens aufzuzeigen?"*. [99]

Bachelard war sich darüber im Klaren, daß der *Eklektizismus der Mittel* und der *Zielsetzungen* stets von den Philosophen verwechselt worden sind. Er vermeidet deshalb eine solche Mischung der beiden Begriffe, indem er sie deutlich voneinander abgrenzt.[100] Er fordert die Philosophen auf, beim Nachdenken über die Wissenschaft auf

---

[98] Ders., NES, S.15-16.
[99] Ders., PN. S.26.
[100] Bachelard akzentuiert den Eklektizismus der epistemologischen Instrumente am Beispiel der kantschen Kategorie. Er sagt: „*Wenn auch ein Eklektizismus der Zielsetzungen alle Systeme ungerechtfertigterweise miteinander verwirrt, so scheint es doch, daß ein Eklektizismus der Mittel für eine*

die Idee eines einzigen und ständigen Standpunktes zu verzichten. *„Wir werden daher die Philosophen auch bitten, mit dem Ehrgeiz zu brechen, immer nur nach einem einzigen und noch dazu nach einem starr fixierten Punkt zu suchen, um von ihm aus die Gesamtheit einer solch weiten und in so raschem Wandel begriffenen Wissenschaft wie der Physik zu beurteilen."* [101]
Bachelard versteht seine philosophische Position als *„Poliphilosophie"* (Polyphilosophie), in der die gegensätzlichen philosophischen Positionen aufgefordert sind, in ein *komplementäres* Verhältnis zu treten. *(RA, S. 7)*

Zur genaueren Unterscheidung des *Eklektizismus der Mittel* von dem der *Zielsetzungen* lassen sich zahlreiche Beispiele nennen. *Marx* lehnt die Zielsetzungen der *Hegelschen* Philosophie ab, scheut sich aber nicht, den *Hegelschen* Begriff der *Dialektik* aufzugreifen, um ihn zur Analyse der Wirklichkeit zu verwenden. *Althusser* vertritt eine andere philosophische Position als die Bachelards, dennoch übernimmt er den Begriff des epistemologischen Bruches Bachelards, um den Entwicklungsprozeß des Denkens *Marx'* zu analysieren und zu verstehen.[102] Der Eklektizismus Bachelards resultiert sich aus seiner polemischen Auseinandersetzung mit seinen zeitgenössischen Philosophien. Seine Kritik aber betrifft einige Philosophien, vor allem die *materialistischen* Richtungen, nicht. Dies bedeutet, daß sein Eklektizismus beschränkt ist, weil er im Grunde bloß Eklektizismus zwischen den traditionellen bzw. den zeitgenössischen rationalistischen Positionen ist.

Philosophie der Wissenschaft zulässig ist, die alle Aufgaben des wissenschaftlichen Denkens angehen will, die über die verschiedenen Theorietypen Rechenschaft geben will, die die Tragweite ihrer Anwendung ermessen will und die vor allem die je sehr verschiedenen, selbst die gewagtesten Verfahren des Entdeckens hervorheben will." PN. S. 26.
[101] Ebenda.
[102] Marx, Karl: Das Kapital. Kritik der politischen Ökonomie, in drei Bänden, Hamburg 1867, 1885, 1894.
Althusser, Louis: Lire le Capital, Paris 1968.

II.5. Angewandter Rationalismus

Der eklektische Charakter der Philosophie Bachelards hilft ihm bei der Abgrenzung seiner rationalistischen Position von dem absoluten Rationalismus. Zu diesem Zweck fügt er seiner Philosophie eine neue Bezeichnung bzw. einen *dialektischen Charakter* hinzu. Er nennt sie „*angewandten Rationalismus*".[103] Grundlegung seines Rationalismus hat er erst in seinem Werk *RA (1949)* schematisiert. Dabei stellt er den Rationalismus auf *vier* Grundlagen: *Wiederbeginn, Offenheit, Spezialisation* und *Axiomatisation*. Diesen vier Charakterzügen widmet er seine Sitzung von *1950*, in der Bachelard die endgültige Form seiner Wissenschaftsphilosophie schematisch darstellt.[104] Diesen vier Charakterzügen bleibt er auch in seinen letzten epistemologischen Werken, *ARPC (1951)* und *MR (1953)* treu. Daraus lassen sich deutlich „*zwei Bachelard*" unterscheiden: der *Rationalist* und der *Nichtrationalist*. Folgende Frage beschäftigt nun einen Kommentatoren des Rationalismus Bachelards: „*Wie und warum ist Bachelard Rationalist geworden?*"[105] Im folgenden werde ich auf diese Frage, die Bachelard selbst nicht beantwortet hat, nicht eingehen. Aus seinem Werk *ER (1942)* kann man nur erfahren, *wann* er Rationalist geworden ist. Dabei betont er selbst, daß er versucht, Rationalist zu werden.[106] Bachelard hat sich in seinen ersten epistemologischen Werken nicht mit dem Thema des Rationalismus, sondern mit dem Problem wissenschaftlicher Erkenntnisse und der Wissenschaftsgeschichte beschäftigt. In seinen Thesen *(1928)* fügt Bachelard seine Epistemologie in den Rahmen des herkömmlichen Problems der Philosophie, in den Rahmen des Widerspruchs zwischen *Idealismus* und *Realismus* ein. Die Kritik dieser beiden Positionen charakterisiert seine Untersuchungen bis *1940*. Die Grundlage seiner Kritik zieht er aus seiner Auseinandersetzung

---

[103] Die Kennzeichnung seiner Philosophie als „*Angewandter Rationalismus*" gilt als Titel des Werkes Bachelards *RA* (1949).
[104] Bachelard, G.: „*De la nature du rationalisme*", Société Française de Philosophie, Séance du 25.03.1950, S. 50,53,55,58 (wieder abgedruckt in L'Engagement rationaliste, Paris 1972, S. 45-88).
[105] Vgl. Pariente, Jean-Claude: Rationalisme et ontologie chez Gaston Bachelard, in: Bulletin de la Société Française de Philosophie 79, Nr. 1, janvier-mars, 1985, S. 1.
[106] Bachelard: EER, 1942, S. 10: „*Rationaliste? Nous essayons de le devenir.*" *(Rationalist? versuchen wir eben erst zu werden.)*

mit der Wissenschaftsgeschichte, insbesondere aus der Betrachtung des gegenwärtigen wissenschaftlichen Denkens.

Laut *Pariente* ist der Rationalismus die *„philosophische Formel"*, die es Bachelard erlaubt, sich von verschiedenen Schwierigkeiten nach und nach zu befreien. Der Rationalismus hat von einer Seite her die aus der Antinomie des Realismus und des Idealismus ständig resultierenden Schwierigkeiten überwunden. Dieser Aufgabe widmet er seine beiden Thesen, insbesondere den *ECA*. Er hat von der anderen Seite den Raum für eine Theorie der *Einbildungskraft* freigehalten.[107] Nach Bachelard „ *le rationalisme est une philosophie qui n'a pas de commencement; le rationalisme est de l'ordre du recommencement.* "[108] Der Rationalismus ist also eine Philosophie, die tätig ist, die *sich erweitert* und die ihre Anwendungsformen *vervielfältigt*.[109] Eine entscheidende Beschreibung seines Rationalismus befindet sich am Anfang seines Werkes *RA (S. 4)*, insbesondere in seiner *philosophischen Topologie*, in der sich sein angewandter Rationalismus und sein technischer *(konstituierter)* Materialismus zeigen. Der Rationalismus kann nur *„se régionaliser"*, *spezialisiert* und *angewandt* werden. Durch diese Charakterzüge unterscheidet sich dieser Rationalismus von dem traditionellen Rationalismus. Dieser Unterschied läßt sich deutlich am Beispiel des Verhältnisses zwischen der Idee und der Wirklichkeit feststellen. Die Idee im angewandten Rationalismus ist keine *apriorische* oder transzendentale Idee im *platonischen* Sinne, wobei ihre Anwendung als Niederlage angesehen wurde. Der angewandte Rationalismus unterscheidet sich auch von der empirischen Philosophie, welche die Idee bloß als Ergebnis der Erfahrung oder als Spiegelung der Wirklichkeit versteht.[110]

---

[107] Pariente, a. a. O., S. 8.
[108] *(Der Rationalismus ist eine Philosophie, die keinen Beginn hat; der Rationalismus gehört dem Wiederbeginnen an.)* Bachelard, G.: RA, S. 122-123.
[109] Ebenda., S. 82: *„Le rationalisme est une philosophie qui travaille, une philosophie qui veut s'étendre, qui veut multiplier ses application. On considère trop souvent la philosophie rationaliste comme une philosophie qui résume, comme une philosophie qui réduit la richesse du divers à la pauvreté de l'identique." (Der Rationalismus ist eine Philosophie, die Tätig ist, eine Philosophie, die sich erweitern, ihre Anwendungsformen vervielfältigen will. Allzu oft wird die rationalistische Philosophie als eine Philosophie aufgefaßt, die zusammenfaßt, eine Philosophie die den Reichtum der Verschiedenheiten auf die Armut des Gleichartigen reduziert.)*
[110] Ebenda., S. 122: *„Cette thèse du rationalisme actif s'oppose à la philosophie empirique qui donne l'idée comme un résumé de l'expérience en détachant l'experience de tous les a priori de la*

Bei einer philosophischen Betrachtung der Doppelbewegung (Wechsel zwischen dem Empirismus und dem Rationalismus), die das gegenwärtige wissenschaftliche Denken lebt, ist weder die Rede von einem „*absoluten*" Rationalismus, noch von einem „*absoluten*" Empirismus, sondern von *beiden zugleich.* Diese beiden Positionen stehen dann in wechselseitigem und *komplementärem* Verhältnis zueinander. Komplementarität ist nun dann möglich, wenn der Rationalismus angewandt, und der Realismus verstanden werden muß: „*Der Empirismus braucht das Verstehen, der Rationalismus die Anwendung. Ein Empirismus ohne klare, koordinierte, deduktive Gesetze kann weder gedacht noch gelehrt werden; ein Rationalismus ohne faßbare Beweise, ohne Anwendung auf die unmittelbare Wirklichkeit vermag nicht völlig zu überzeugen.*"[111]

Durch seine Anwendung unterscheidet sich der angewandte Rationalismus von formellem, abstraktem und universellem Rationalismus. Dieser Rationalismus muß also in seiner Anwendung *konkret, offen* und *dialektisch* sein.[112]

---

préparation. Elle s'oppose aussi à la philosophie platonicienne qui professe que les idées déclinent en s'appliquant aux choses."
(Diese These des aktiven Rationalismus stellt sich der empiristischen Philosophie entgegen, welche die Idee als Ergebnis der Erfahrung darstellt und dabei die Erfahrung von einem jeden a priori der Vorbereitung ablöst. Sie setzt sich auch der platonischen Philosophie entgegen, welche verkündet, daß die Ideen verfallen, wenn sie sich den Dingen applizieren.)

[111] Bachelard: PN, S.20.
[112] Ders., RA, S. 4: „*C'est par ses applications que le rationalisme conquiert ses valeurs objectives. Il ne s'agit donc plus, pour juger la pensée scientifique, de s'appuyer sur un rationalisme formel, abstrait, universel. Il faut atteindre un rationalisme concret, solidaire d'expériences toujours particuliéres et précises. Il faut aussi que ce rationalisme soit suffisamment ouvert pour recevoir de l'expérience des déterminations nouvelles. En vivant d'un peu près cette dialectique, on se convainc de la réalité éminente des champs de pensée. Dans ces champs épistémologiques s'échangent les valeurs du rationalisme et de l'expérimentalisme.*" (Allererst durch seine Anwendungen erobert der Rationalismus objektive Werte. Es handelt sich also, wenn das wissenschaftliche Denken beurteilt werden soll, nicht mehr darum, sich auf einen formalen, abstrakten und universalen Rationalismus zu stützen. Erreicht werden muß ein konkreter Rationalismus, den Experimenten verpflichtet, die immer partikular und präzis sind. Dieser Rationalismus muß auch offen genug sein, um die Erfahrung neuer Determinierungen zu empfangen. Wenn man diese Dialektik ein wenig erlebt, überzeugt man sich von der überragenden Realität gedanklicher Felder. Auf den Epistemologischen Feldern findet ein Austausch zwischen den Werten des Rationalismus und denen des Experimentalismus statt)

II.6. Reorganisation der Erkenntnis: Berichtigung der Konzepte

Der neue Rationalismus unterscheidet sich von dem traditionellen Rationalismus auch durch seinen *dynamischen* Charakter. Er ist sowohl Idealismus, als auch Realismus, weil er ein angewandter Rationalismus ist. Er hält nicht an absoluten und ständigen Konzepten und Prinzipien fest, sondern er *dialektisiert* sie ständig und stellt sie ständig zur *Diskussion*. Er setzt sogar den Geist selbst in *Krise (ER, 1972, S. 27)*. Diese Charakterzüge des angewandten Rationalismus entsprechen dem konstruktiven Charakter der *„Philosophie des Nein"*: der *Dialektisierung* der Grundbegriffe, der *ständigen Diskussion* gesammelter Ergebnisse und der *ständigen polemischen* Auseinandersetzung der Vernunft. *(PN, S. 155)*. Diese Tätigkeit ist das, was Bachelard *„Konstitution der Erkenntnis"* nennt. Vor der Konstitution muß aber die nicht wissenschaftliche Erkenntnis bzw. der nicht wissenschaftliche Geist zerstört werden. *„Es gibt [für Bachelard] nur ein Mittel, die Wissenschaft voranzubringen: und dies besteht darin, der bereits konstituierten Wissenschaft unrecht zu geben, das heißt: ihre Konstitution ändern." (PN, S. 45)*. Eine Änderung der Konstitution der Wissenschaft bedeutet Zerstörung bereits konstituierter Wissenschaft, um sie auf erweiterter *axiomatischer* Basis neu zu gestalten. Diese Änderungen treten durch *Krisen* auf. Wie kommen aber Krisen zustande? Die Vernunft selbst provoziert Krisen, und es ist ihre Aufgabe, Krisen zu provozieren. Wissenschaftliche Krisen lassen sich in der Wissenschaftsgeschichte nach dem Verständnis Bachelards deutlich im dialektischen Verhältnis zwischen Erkenntnishindernissen und epistemologischen Brüchen verstehen. Bei seinen historischen Untersuchungen legt Bachelard den Akzent nicht auf die großen Perioden des Wissens, sondern auf den *Übergang* durch epistemologische Brüche von einer Periode zur anderen. Er geht von der Transformation des Sinns der Konzepte, von der *Reorganisation* des Wissens aus.

Zur genaueren Bestimmung des Begriffs der Reorganisation der Erkenntnis verweise ich auf einen Aufsatz von Bachelard, den er der Definition des Rationalismus widmet.[113] Das rationalistische Denken ist stets bereit, nicht nur *wiederzubeginnen* oder *wiederherzustellen*, sondern zu *reorganisieren*.[114] Die Begriffe des Wiederbeginns, der Wiederherstellung und der Reorganisation hängen mit dem Begriff der *„Rekurrenz"* zusammen, den er innerhalb seiner Auffassung von Wissenschaftsgeschichte verwendet. Bachelard formuliert eine rückläufige (rekurrente) Geschichte als *„eine Geschichte, die von der Finalität der Gegenwart erhellt wird, eine Geschichte, die von den Gewißheiten der Gegenwart ausgeht und in der Vergangenheit die fortschritt-lichen Gestaltungen der Wahrheit entdeckt."* (ARPC, S. 26).

Der gegenwärtige wissenschaftliche Geist muß sich in die Vergangenheit wenden, um die dort vorhandenen *„epistemologischen Werte"* bzw. rationalistischen Werte zu enthüllen. Die Rekurrenz des Denkens hat - worauf Bachelard in seinen beiden Thesen von *1928* bestanden hat - die Reorganisation der Erkenntnis zum Ziel, die sich auf eine *Dialektik* der Gegenwart und der Vergangenheit und des Neuen und Alten stützt.

Solange die Erkenntnisse nur *annähernd* sein müssen und die *Irrtümer* dem Erkenntnisakt selbst immanent sind, muß das wissenschaftliche Denken seine Konzepte *rektifizieren* und seine Prinzipien *reorganisieren*. Laut Bachelard gibt es keine erste Wahrheit, sondern nur erste Irrtümer.[115] Dieser Charakter des neuen Rationalismus leitet zwei andere erforderliche Charaktere ein, nämlich: *Offenheit* und *Dialektik*.[116]

---

[113] G. Bachelard: *„De la nature du rationalisme"*, 1950 (wiederaufgenommen in: ER. 1972. S. 45): „..., *je crois que si nous devions définir le rationalisme, il faudrait le définir comme une pensée clairement recommencée, et chaque jours recommencée. On ne peut pas fonder aujourd'hui sur hier, si l'on est rationaliste."* Er fügt noch eine weitere Definition auf der Seite 52 hinzu: *„Aussi ne peut-on pas être rationaliste aujourd'hui d'un seul coup: il faut travailler. La philosophie rationaliste est essentiellement une philosophie qui travaille, une philosophie au travaille. Par conséquent, il ne peut pas se faire que, dans cette tâche de réorganisation."*
[114] G. Bachelard: ER, S. 50.
[115] Vgl. Ders., *Idéalisme discursif*, Recherches philosophiques, IV, 1934, S. 22 (wiederabgedruckt in Études, 1970).
[116] Ders., ER, S. 52. *„Il me semble, par conséquent, que vous sentez que si vous admettez cette tâche essentielle de recommencement, vous êtes obligé de chercher des ouvertures, des dialectiques, des événements."*

II.6.1. Offenheit: Offene Philosophie

Rektifikation der Konzepte und Reorganisation der Prinzipien bedeutet, daß die *„Wissenschaft nie abgeschlossen ist"*. Dementsprechend muß der Rationalismus, wie ich schon erwähnt habe, notwendigerweise *„offen"* und *„eklektisch"* sein.[117]

Die offene Philosophie ist, nach Bachelard, *„Bewußtsein eines Geistes"*, der bei seinen grundlegenden Betrachtungen den revolutionären Charakter der gegenwärtigen Wissenschaften in Betracht zieht, der seine Prinzipien dialektisiert und seine Erklärungsmethoden entwickelt ohne Bestimmung einer zu allem und jedem geeigneten Erklärungsmethode. Der neue Rationalismus *„ist denn die Philosophie der wissenschaftlichen Physik (...) sie ist die einzige offene Philosophie. Jede andere Philosophie setzt ihre Prinzipien als unantastbar, ihre Grundwahrheiten als total und unveränderlich. Jede andere Philosophie rühmt sich ihrer Geschlossenheit."* [118]

II.6.2. Dialektik: Dialektischer Rationalismus

Die dritte Bezeichnung, wodurch Bachelard seinen Rationalismus abgrenzt, ergänzt die zweite *(Offenheit)*. Er nennt seinen Rationalismus *dialektischen Rationalismus*. In manchen Diskussionen verwendet er mehrfach die beiden Begriffe der *Offenheit* und der *Dialektik* mit derselben Bedeutung.[119]

Die *Dialektik* Bachelards läßt sich keinesfalls im philosophischen, sondern nur im wissenschaftlichen Sinne verstehen. Sie hat, wie ich später im Kapitel III zu erklären habe, mit der *Hegelschen* oder mit der traditionellen Auffassung von Dialektik nichts

---

[117] Ebenda.
[118] Ders., PN, S. 22. Eine ausführliche Charakterisierung des offenen Charakters des neuen Rationalismus ist im Vorwort dieses Werkes vorhanden.
[119] Ders., ER, S. 53: *„ Voilà donc, par conséquent, pour la discussion que je vous propose, un concept de plus, ou même deux: le concept de rationalisme ouvert et le concept de rationalisme dialectque."*

zu tun. Sie bedeutet, daß der rationalistische Philosoph seine Prinzipien und Begriffe gemäß der wissenschaftlichen Entwicklung ständig überprüfen und entwickeln muß. Ein rationalistischer Philosoph ist nur dann ein *Dialektiker*, wenn er an der Wissenschaft, wie sie ist, festhält, von ihrer Entwicklung lernt, und eine lange Vorbereitung in Kauf nimmt.[120] Auf die Erläuterung dieser beiden Charaktere werde ich im dritten Kapitel zurückkommen.

II.6.3. Regionaler Rationalismus

Bachelard kennzeichnet den Rationalismus durch sein *Anwendungs-* und *Extensionsvermögen*. Bei der Anwendung betrachtet und achtet er auf die einzelnen Sektoren der wissenschaftlichen Erfahrung. Er stellt die Bedingungen heraus, unter denen diese besonderen Sektoren einerseits eine *Autonomie,* andererseits eine *Autopolemik erhalten.* Jene Polemik zwischen den früheren und den neuen Erfahrungen. Sie erhalten also einen kritischen Wert, der auf die früheren Erfahrungen, und einen Einwirkungswert, der auf die neuen Erfahrungen angewendet werden muß.[121] In dieser Polemik spricht Bachelard aber den neuen Erfahrungen den Vorrang zu, weil der Epistemologe allein von unserer Zeit her *„die Irrtümer der Vergangenheit des Geistes"* beurteilen kann.[122] Wie gesagt, der angewandte Rationalismus unterscheidet sich von den traditionellen Rationalismen dadurch, daß er kein allgemeiner ist, sondern zahlreiche spezielle Rationalismen beinhaltet, die jeder für sich jeweils mit einem Bereich der Wissenschaft beschäftigt sind. Bachelard nennt ihn *„regionalen Rationalismus" (Rationalisme régional).*[123] Der Rationalismus muß also *„régional"* sein, weil die Wissenschaften

---

[120] Bachelard stellt dem rationalistischen Philosophen bestimmte Aufgaben: *„Il faut que le rationaliste s'attache à la science telle qu'elle est, il faut qu'il s'instruise de l'évolution de la science humaine, et il faut par conséquent qu'il accepte une longue préparation pour recevoir la problématique de son temps."* ER, S. 53

[121] Vgl. Bachelard, G.: RA, S. 121-122.

[122] *„Vor allem muß man sich darüber im Klaren sein, daß die neue Erfahrung nein zur alten Erfahrung sagt, denn ohne dies handelt es sich ganz eindeutig nicht um eine neue Erfahrung. Aber diese Nein ist niemals endgültig für einen Geist, der seine Prinzipien in einen dialektischen Prozeß zu bringen vermag."* Ders., PN, S. 24.

[123] Vgl. das 7. Kap. des RA (1994), S. 119-137: *„Les rationalismes régionaux,,* (Die regionalen Rationalismen).

hinsichtlich ihres rationalistischen Grades unterschiedlich sind und es keine allgemeine Untersuchung der Grundlagen der Wissenschaften gibt, sondern jede Wissenschaft für sich im Rahmen ihres Rationalismus untersucht werden muß. Er ist, um den Ausdruck Bachelards zu verwenden, kein Rationalismus „*aller Zeiten und aller Länder.*" *(RA. S. 132)*. Das Anwendungs- und Extensionsvermögen des Rationalismus fordern eine Betrachtung der einzelnen Sektoren der wissenschaftlichen Erfahrungen und der Bedingungen ihrer Autonomie sowie ihrer Autopolemik. Die Anwendung des Rationalismus bedeutet, ihn aufzuteilen, „*um ihn mit dem Material zu verknüpfen, das er formt, mit den Phänomenen, die er regelt, mit der Phänomenotechnik, die er begründet*".[124] Aus dieser Aufteilung des Rationalismus erhebt sich ein philosophisches Problem, jenes des Zusammenhangs zwischen dem *allgemeinen* Rationalismus und den verschiedenen *regionalen* Rationalismen.

Mit der Kennzeichnung seines Rationalismus als angewandten Rationalismus erhebt er Einwände gegen den „*fixistischen Rationalismus*", der einen für alle Erfahrungen gültigen allgemeinen Rationalismus *a priori* annimmt. Gegen diesen allgemeinen Rationalismus spricht er von regionalen Rationalismen. Das Problem besteht im Prinzip darin, daß Bachelard die Autonomie und den Konsensus der regionalen Rationalismen zugleich zu bewahren versucht. Um diese Schwierigkeit zu überwinden, läßt er die Begründung einer Form von allgemeinem Rationalismus zu, den er den *integralen* Rationalismus oder den *integrierenden* Rationalismus nennt. Dieser Rationalismus muß *a posteriori* nach der Untersuchung verschiedener regionaler Rationalismen begründet werden. Aus diesem Rationalismus entsteht ein *Konsensus*, oder genauer: ein hochgradiger Konsensus, der nun in der *Gelehrtenrepublik* (Cité *savante*) vorhanden ist.[125]

Kurzum, der neue Rationalismus muß *angewandt, regional, integrierend* und besonders: *dialektisch* sein. „*Le rationalisme intégral doit donc être un rationalisme dia-*

---

[124] G. Bachelard: RA, S. 131.
[125] Ein solches Problem der Spezialisierung und der Einheit der Wissenschaften gab es schon bei *A. Comte* in seiner Klassifikation der Wissenschaften.

lectique qui décide de la structure où doit s'engager la pensée pour informer une experience. "[126]

II.7. Rationaler Materialismus

Ein letzter Begriff, wodurch Bachelard seine Philosophie kennzeichnet, ist der *„rationalistische Materialismus"*. Wie Bachelard seinen angewandten Rationalismus von den traditionellen rationalistischen Philosophien unterscheidet, unterscheidet er auch seinen rationalistischen Materialismus von den traditionellen materialistischen Philosophien. Er sieht ihn im Gegensatz zu diesen Philosophien, die ohne Berücksichtigung der aus der zeitgenössischen Wissenschaft bestimmten Charakterzüge der *Materie* von einer allgemeinen Bedeutung der *Materie* ausgehen. Er kritisiert *ironisch* den *„Materialismus der Philosophen"*, den er als *„Materialismus ohne Materie"* bezeichnet.[127] Aus dem unten angeführten Zitat *(MR, S. 3)* lassen sich die allgemeinen Charakterzüge der materialistischen Position, die Bachelard zu überschreiten versucht und die Charakterzüge der materialistischen Philosophie, die er zu entwickeln versucht, zugleich festzustellen. Der erste Charakterzug der materialistischen Philosophie, die er ablehnt, besteht darin, daß sie ein *allgemeiner* Materialismus ist. Sie begreift also den Entwicklungsprozeß der Wissenschaft nicht. Der zweite Charakter bezieht sich auf die Stütze dieser Position, nämlich auf die *primäre Erfahrung*.[128] Diese Philosophie verringert den Abstand zwischen der ersten Beobachtung und der Theorie und nimmt eine *Kontinuität* zwischen Beobachtung und Erfahrung an. Der letzte Charakterzug besteht

---

[126] *(Der integrale Rationalismus muß also ein dialektischer Rationalismus sein, der über die Struktur entscheidet, in die ein Gedanke sich einfügen muß, um Erfahrung zu gestalten;* G. Bachelard: RA, S. 133.)

[127] Bachelard: MR, S. 3: *„Nous auron donc à insister longement sur l'inefficacité d'un materialisme massif, d'un materialisme immobilisé. Il nous faudra aussi souligner le manque de puissance d'éxpériences qui est la marque d'un matrialisme immédiat, matérialisme tout de souite satisfait par ses premières expériences. C'est ce matérialisme massif, ingénu, périmé qui sert de cible aux critiques faciles de la philosophie idéaliste. Nombreux sont ainsi les philosophes qui s'exercent contre un fantôme démodé. Comparé à la connaissance actuelle des diverses instances du matérialisme scientifique (...) on peut bien dire que le matérialisme philosophique traditionnel est un matérialisme sans matière, un matérialisme tout métaphorique, une philosophie dont les métaphores ont été l'une après l'autre déracinés par les progrès de la science."*

[128] Ders., FES, S. 54: *„Die primäre Erfahrung, oder genauer gesagt, die erste Beobachtung ist immer ein erstes Hindernis für die wissenschaftliche Bildung."*

darin, daß diese materialistische Philosophie wirkungslos gegenüber der idealistischen Kritik bleibt. Verliert sie ihre Aufmerksamkeit für die Entwicklung der Wissenschaft, dann wird sie Thema der Kritik idealistischer Philosophen sein, sogar von diesen überwunden werden. Ganz im Gegenteil dazu versucht Bachelard, einen Materialismus zu entwickeln, der sich im Zusammenhang mit der Wissenschaft *konstituieren* läßt, der ihre ersten Erfahrungen durch Vielfältigkeit und Wiederholung der Erfahrungen korrigiert, der aufzeigt, *„daß zwischen Beobachtung und Erfahrung nicht Kontinuität, sondern ein Bruch besteht." (FES, S. 54)*. Wissenschaftlich gesehen betrachtet er die Materie in ihre Formung nicht als Wesen, sondern wie sie sich durch Erfahrungen der zeitgenössischen *Chemie* aufzeigt.[129] In Anlehnung an die Chemie kündigt Bachelard einen anderen Unterschied zwischen seinem Materialismus und dem traditionellen Materialismus an, indem er der Materie den Vorrang über die Form gibt. Die Materie liefert sich selbst die Form, und die Form wird der Materie nicht transzendental sein.[130] Der Philosoph muß auf die natürliche Materie verzichten, um sich mit der technischen Materie zu beschäftigen, weil in der Physik und Chemie nicht die Rede von einem natürlichen, sondern von einem *technischen* Phänomen ist.

Zur genaueren Bestimmung der materialistischen Position Bachelards scheue ich mich nicht, mich auf die Philosophien, die er kritisiert und zu überschreiten versucht, zu berufen. Er kritisiert im Wesentlichen seine zeitgenössische *idealistische* Strömung, die sich nach und nach von der Wissenschaft distanziert: *Brunschvicg, Bergson* und die phänomenologische Epistemologie. Die spirituellen Philosophien kritisiert er schärfer als den Rationalismus *Brunschvicgs*, den er in manchen Stellen rechtfertigt. Er kritisiert also die rationalistische Strömung, die sich von *Descartes* auf *Brunschvicg* erstreckt. Diese Richtung sei nach Bachelard nicht in der Lage, dem Stand der Wissen-

---

[129] Bachelarsd: MR, S. 4: *„Il nous paraît donc nécessaire d'étudier vraiment le matérialisme de la matière, le matérialisme instruit par l'énorme pluralité des matières différentes, le matérialisme expérimentateur, réel, progressif, humainemet instructeur."*

[130] Ders., MR, S. 16: *„Comment ne pas poser, devant, de tels phénomènes, la primauté de la matière sur la forme? C'est alors la matière qui se donne une forme, la matière qui manifeste directement ses puissances de déformation. La matière sort d'elle-même des prisons de la forme."*

schaft adäquat zu sein. Die Epistemologie Bachelards läßt sich deshalb in das allgemeine Problem der Philosophie einfügen, nämlich in die *Antinomie* zwischen dem *Materialismus* und dem *Spiritualismus*. Die Philosophen haben stets versucht, diesen Widerspruch zu überwinden. Bachelard seinerseits versucht, durch seine Auffassung von Philosophie als *„rationalistischen Materialismus"* und als *„dialektischen Rationalismus"* dazu beizutragen. Er faßt diese Überwindung in seinem Werk *MR (1953)* als *Dialektik* eines Materialismus und einer bedingten Vernunft zusammen.[131] Ohne Anlehnung an den Begriff der *Dialektik*, den er am Anfang seiner These *(ECA, 1927)* eingeführt und in den nachfolgenden Werken entwickelt hat, gelingt es ihm nicht, eine *Versöhnung* zwischen den entgegengesetzten traditionellen philosophischen Strömungen zu realisieren. In seinem Werk *(ARPC, 1951, Einleitung)* gibt er seiner Philosophie einen versöhnlichen Charakter, indem er den Philosophen auffordert, das philosophische und das wissenschaftliche Denken zu versöhnen.[132] *„Anwendung", „Offenheit", „Dialektik", „Reorganisation"* und *„Spezialisation"* sind die entscheidenden Charakterzüge der gegenwärtigen Wissenschaft, deren epistemologische Entfaltung von Bachelard als Aufgabe der Wissenschaftsphilosophie angesehen wird. Dies waren eine Reihe von Kennzeichnungen, wodurch Bachelard seine rationalistische Position von den traditionellen Philosophien unterscheidet und abgrenzt. Er nennt sie *„die nichtcartesische Epistemologie"* [133]. Mit dieser Bezeichnung meint er nicht *Descartes*, sondern jede philosophische Position, die sich an der *cartesischen* Philosophie orientiert. Anhand eines Vergleiches zwischen Bachelard und *Descartes* versuche ich, die Rationalismen, die Bachelard kritisiert, und die besonderen Charakterzüge des Rationalismus Bachelards aufzuzeigen. Im Gegensatz zu *Descartes* geht Bachelard nicht von einer einzigen klaren Wahrheit aus, um eine Wissenschaftsphilosophie zu entwickeln.[134] Anders als die Behauptung der traditionellen rationalistischen Philosophien

---

[131] Vgl. Voisin, Marcel: Gaston Bachelard et le matérialisme, in: Les Cahiers Rationalistes, Nr. 324, Paris 1976, S. 246.
[132] Vgl. Canguilhem, Georges: Sur une épistemologie concordataire, in: Hommage à Gaston Bachelard, Paris 1957.
[133] *„Die nichtcartesische Epistemologie"* ist das 6. Kap. des Werkes, NES. 1934, S. 135.
[134] Bachelard kritisiert die traditionellen rationalistischen Philosophien am Beispiel von Descartes. Er sagt ausdrücklich: *„... der Philosoph [ist] wohl vorbereitet, um hinsichtlich der Wissenschaft eine klare, behende, eingängige Philosophie zu entwickeln, die aber eine Philosophenphilosophie bleibt. In solchen Fällen genügt eine einzige Wahrheit, um Zweifel, Unwissen, Irrationalismus zu*

gibt es für Bachelard hinsichtlich der gegenwärtigen Wissenschaft keine einfache und absolute, sondern eine *komplexe* Wahrheit.

Bachelard ist sich im Klaren, *„daß uns eine Philosophie der Wissenschaften fehlt, die uns zeigen könnte, unter welchen subjektiven und zugleich objektiven Bedingungen allgemeine Prinzipien zu partikulären Ergebnissen, zu verschiedenen Fluktuationen führen und die zu zeigen vermöchte, unter welchen Bedingungen partikuläre Ergebnisse zu Verallgemeinerungen Anlaß geben, die sie vervollständigen zu dialektischen Schritten, die neue Prinzipien hervorbringen."* [135] Er betont, daß diese Philosophie, die der gegenwärtigen Wissenschaft fehlt, sowohl mit den rationalistischen, als auch mit den realistischen oder materialistischen Philosophien nichts zu tun hat. Ferner ist sie nicht bloß eine *Synthese* dieser beiden philosophischen Richtungen, sondern eine durch besondere Merkmale charakterisierte philosophische Position. Weder der Rationalismus noch der Realismus gilt als Philosophie der zeitgenössischen Wissenschaft. Bachelard präsentiert seinen *angewandten Rationalismus* als Überschreitung der traditionellen Rationalismen, die sich zur Zeit Bachelards in einer aus der wissenschaftlichen Revolution resultierenden *Krise* befinden. Bei dieser Überschreitung erheben sich folgende Fragen: hat Bachelard die Philosophie der Wissenschaft entwickelt, die die *„Wissenschaft verdient"*, und die ihr *„fehlt"*? Hat es wirklich in der Wissenschaftsphilosohie Bachelards die rationalistische Philosophie gegeben, die den wissenschaftlichen Ergebnissen adäquat sein wollte? Hat der Rationalismus Bachelards eine *Revolution* in der Philosophie etabliert, indem er epistemologische Werte von dem Bereich der Wissenschaft auf den der Philosophie übertragen hat? Auf diese Fragen werde ich erst dann antworten, wenn ich das epistemologische Werk Bachelards vollkommen er-

---

überwinden (...) Das Bewußtsein der Identität des Geistes in seinen verschiedenen Erkenntnissen verschafft für sich allein die Garantie für eine zeitlos gültige, grundsätzliche, definitive Methode. Wie sollte man angesichts eines solchen Erfolges die Forderung erheben, daß der Geist zu modifizieren ist und daß man sich auf die Suche nach neuen Erkenntnissen zu machen hat? Für den Philosophen gehen alle Methodologien, mögen sie in den verschiedenen Wissenschaften noch so verschieden und beweglich sein, letztendlich auf nur eine ursprüngliche Methode zurück, auf eine allgemeine Methode, die alle Wissenszweige mit ihren Informationen beliefert, die alle Objekte auf die gleiche Art und Weise behandeln muß." Bachelard: PN, S. 23-24.
[135] Ebenda., S. 19-20.

hellend bearbeitet habe und wenn ich seine Auffassung von *Wissenschaftsgeschichte* darstellen werde.

II.7.1. Rationaler Materialismus und Marxismus

Angesichts der materialistischen Philosophie ist die Position Bachelards nicht deutlich umgrenzt, so daß man nicht eben einfach feststellen kann, welche Philosophien er kritisiert und zu überschreiten versucht. Er nennt sie manchmal *traditionelle materialistische Philosophie*, *Materialismus der Philosophen*, *naive materialistische Philosophie* oder *naiven Realismus* und manchmal sogar *empiristische Philosophie*. Diese mannigfaltigen Bezeichnungen bedeuten, daß Bachelard mehrere unterschiedliche Philosophien im Namen der realistischen und materialistischen Philosophien kritisiert. Er kritisiert sie und bezeichnet sie als „*naiv*", weil sie von der *Substanz* als Wesen und vom Wesen als Gegenstand der Wissenschaft sprechen. Laut Bachelard sind diese philosophischen Strömungen von der gegenwärtigen Wissenschaft überschritten worden. Die Wissenschaft versteht die Materie in ihren Wandlungen und Formierungen.

Bei seiner Kritik der rationalistischen Philosophien stellt Bachelard *Descartes* als Muster bzw. Beispiel vor, aber gegenüber den materialistischen philosophischen Richtungen äußert er seine Einstellung nicht. Darüber hinaus kritisiert er die dialektische materialistische Position *Engels* nicht, weil sie auch die traditionellen materialistischen Philosophien in ihrem mechanischen Charakter kritisiert hat. Diese Position enthält einige Elemente einer Theorie der Wissenschaftsgeschichte, die Bachelard in seine epistemologische Analyse mit einbeziehen könnte. Dieser *doppelte* Charakter der Einstellung Bachelards zu den idealistischen rationalistischen Philosophien und zu den materialistischen Philosophien ist ein bedeutender Charakterzug, um die Position und Zielsetzung der Epistemologie Bachelards im Rahmen der französischen Philosophie zu verstehen. Er ergänzt deutlich seine philosophische Position und seine philosophischen Ziele im Vorwort der „*Philosophie des Nein*". [136]

---

[136] Bachelard, G.: PN, S. 21: „*Da wir im übrigen in diesem einleitenden Kapitel unsere philosophische Position und unsere philosophische Zielsetzung so deutlich wie möglich machen wollen, müssen wir ergänzend hinzufügen, daß nach unserer Auffassung eine der beiden metaphysischen*

Seine philosophische Auffassung hat denn Anlaß zur Diskussion und zu Kritik seiner Epistemologie gegeben. Recht bemerkenswert ist, daß seine Kritiker und seine Kommentatoren meistens zeitgenössische Denker sind, und seine Schüler aus unterschiedlichen Bereichen der Erkenntnis, insbesondere aus den *neuen marxistischen* Strömungen sind.

II.7.2. Epistemologie Bachelards und neuer Marxismus

Innerhalb der philosophischen Position Bachelards ist die rationalistische Position bevorzugt, vielleicht vermeidet er deshalb jede Analyse der Entwicklung wissenschaftlichen Denkens, bei der die Entwicklung wissenschaftlicher Erkenntnis unter objektiven bzw. materiellen Bedingungen vorausgesetzt ist. Aus diesem Grunde sucht er innerhalb des Erkenntnisaktes selbst Faktoren der Entwicklung und der *Stagnationen* wissenschaftlicher Erkenntnis, die er „*epistemologische Brüche*" und „*Erkenntnishindernisse*" nennt. Für den wissenschaftlichen Geist Bachelards „*ist jede Erkenntnis die Antwort auf eine Frage, hat es keine Frage gegeben, kann es auch keine wissenschaftliche Erkenntnis geben. Nichts kommt von allein. Nichts ist gegeben. Alles ist konstruiert.*" [137]

Auf welche Frage antwortet die *annähernde* Erkenntnis Bachelards? Wodurch ist sie konstituiert? Eine konstituierte objektive Erkenntnis kann es in der Epistemologie Bachelards nicht geben, weil es keine Frage der *gesellschaftlichen Konstruktion* der Erkenntnis gegeben hat. In seiner „*Psychoanalyse der objektiven Erkenntnis*" zieht Bachelard nur die psychischen (subjektiven) Bedingungen in Betracht ohne Berücksichtigung objektiver Bedingungen. Dieser Art, objektive Erkenntnis durch subjektive Bedingungen zu analysieren „*läuft Gefahr*", seine Kommentatoren, Kritiker und Anhänger „*zu verprellen*".

Richtungen höher bewertet werden muß: und zwar die, die vom Rationalismus zur Erfahrung hin verläuft. Anhand dieser epistemologischen Bewegung werden wir die Philosophie der zeitgenössischen Physik zu erklären versuchen. Wir werden also die in jüngster Zeit deutlich gewordene Überlegenheit der mathematischen Physik im Sinne eines Rationalismus erklären."
[137] Bachelard, G.: FES, S. 47.

Bereits im einleitenden Kapitel habe ich schon zahlreiche *Interpretationsformen* und Kritiken des Werkes Bachelards eingeführt, denen ich im Laufe der Bestimmung des epistemologischen Werkes Bachelards begegnet bin. Darum beschränke ich mich an diesem Punkt nur auf *marxistische Tendenzen*, die ich anfangs als ideologisch eingeordnet habe. Bekanntlich sind *D. Lecourt* und *M. Vadée* die berühmtesten Kommentatoren Bachelards, die sich jahrelang mit seinem Denken beschäftigt haben. Sie sind beide *Marxisten*. Sie gehen aber von entgegengesetzten Thesen aus und sie gelangen zu entgegengesetzten Schlußfolgerungen. Die Interpretation *D. Lecourts* versteht sich, wie der Titel seines Werkes über Bachelard *(1974)* andeutet, als „*Essay des dialektischen Materialismus*" Bachelards. Er geht von der Aufteilung des Gesamtwerkes Bachelards zwischen dem epistemologischen und dem literarischen Werk aus, indem er die Epistemologie von der Theorie der Einbildungskraft absondert *(1974, S. 33-34)*. Er behauptet, daß es materialistische Thesen in der Epistemologie Bachelards gebe, die es ermöglichen, Bachelards materialistische Position in der Epistemologie bzw. in der Erkenntnistheorie aufzudecken. Epistemologie sei aber für ihn bloß „*Ablösung*" oder „*Aufarbeitung*" klassisch-idealistischer Philosophie. Diese Epistemologie verdeckt materialistische philosophische Thesen, die aus der allgemeinen *Reorganisation* der Wissenschaft (Physik) resultieren. *Lecourt* geht noch weiter und meint, daß Bachelards Epistemologie einen *Widerspruch* in ihrer wesentlichen theoretischen Grundlage verberge: Den Widerspruch zwischen Ablehnung jeder Art philosophischer *Beurteilung* von Wissenschaft und dem Versuch, eine der Wissenschaft *angemessene* Philosophie zu realisieren. Dieser Widerspruch führt *Lecourt* zu der Behauptung, daß Bachelard eine „*Nichtphilosophie*" ankündige, weil er sich einerseits von dem herrschenden *Idealismus* des 20. Jahrhunderts. abgrenzt, sich andererseits aber keine *materialistische* Philosophie gegen diesen Idealismus entwickeln kann. Trotz dieses Versagens der Epistemologie Bachelards, das er zum Aus-druck zu bringen versucht, scheut sich *Lecourt* nicht, Bachelard als *dialektisch materialistischen* Philosophen einzustufen oder ihn zumindest auf den Boden des dialektischen Materialismus zu stellen. An diesem Punkt sind die Interpretation von *Lecourt* und die von *Vadée* einander total entgegengesetzt. *Vadée* setzt sich mit Bachelards Denken in seinem historischen und ideologischen Kontext auseinander. Er lehnt deshalb die Idee der Absonderung der Epistemologie von der Philosophie ab. Er beschäftigt sich mit den epistemologischen Thesen Bachelards, um ihre *„grundlegenden philosophischen Voraussetzungen"*, und nicht nur ihre materialistischen oder idealistischen Charakterzüge innerhalb der Erkenntnistheorie aufzudecken. *Vadée* wendet sich einem Problem des Bachelardschen Denkens zu, das *Lecourt* in seiner Interpretation nicht einbezieht, nämlich der Existenz einer Philosophie Bachelards und ihrer Bedeutung. Er greift eine zentrale Stelle des *ACA*[138] auf, um *idealistisch* philosophische Thesen aufzuzeigen, die das Gesamtwerk Bachelards strukturieren und die sich hinter der Epistemologie verbergen. *„Es ist schwer, den Idealismus in seine Grenzen zu weisen, er verbreitet sich zwangsläufig über das ganz Feld der Epistemologie."* Mit diesem Zitat neigt *Vadée* dazu, die Aufmerksamkeit auf einen *„neuen rationalistischen Idealismus"* Bachelards zu lenken, den *Lecourt* nicht in Betracht gezogen hat.[139] Er schreibt der Bachelardschen Epistemologie eine Bedeutung zu, durch die er sie von dem alten epistemologischen Idealismus (dem *Positivismus*, dem *Neukantianismus* und *Empiriokritizismus*) unterscheidet. Er nennt sie *„neuen epistemologischen Idealismus"*.[140] Diese Epistemologie sei bloß eine Abwandlung des traditionellen Idealismus. Sie ist von einer Philosophie beherrscht, die im Grunde idealistisch bleibt, obwohl sie sich von dem herrschenden Spiritualismus abgrenzt. Sie ist übrigens von der metaphysischen Methode beherrscht. Der metaphysische Charakter dieser Epistemologie führt *Vadée* zur Untersuchung eines *„Hauptwiderspruchs"* der Philosophie Bachelards, der auf dem *Gegensatz* zwischen seiner Metaphysik und seiner Analyse der wissenschaftlichen Theorien und ihrer Geschichte beruht. Dieser Widerspruch öffnet ein Hintertürchen für mögliche idealistische Interpretationen seiner Epistemologie (so auch die von *Vadée*).

Im Laufe meiner Auseinandersetzung mit der Epistemologie Bachelards bin ich auf das Problem der Bestimmung des epistemologischen Werkes von Bachelard gestoßen, jenes Problem der Doppelung (Zweidimensionalität) und der Einheit seines Werkes.

---

[138] Bachelard, G.: ECA, S. 246.
[139] *„Das Weglassen des rationalistischen Idealismus ist unseres Erachtens der Grund für alle Irrtümer, die D. Lecourt dann unterlaufen."* Vadée, M.: Epistemologie oder Philosophie? S. 15.
[140] Ebenda., S. 173 *„Bachelards Philosophie bzw. sein Denken (auf das Wort kommt es uns hier wenig an) hat den Sinn, ein neuer epistemologischer Idealismus zu sein."*

Mir scheint, alle Interpretationen und alle philosophischen Forschungen über Bachelards Denken überschneiden sich heute in diesem Problem. In diesem Zusammenhang habe ich kurz zwei Typen der Interpretationen (*Lesarten*) unterschieden. Die eine versucht, Bachelards Denken auf den Boden der dialektisch materialistischen Philosophie zu stellen, die andere versucht im Gegenteil, es auf den Boden der idealistischen Philosophie zu stellen. Die beiden Interpretationsmöglichkeiten sind zunächst einander entgegengesetzt, aber sie entsprechen dem Doppelcharakter des Denkens Bachelards. Dabei versuche ich nicht, eine der beiden Interpretationsformen zu rechtfertigen, sondern nur, auf das Problem und die Schwierigkeiten einer objektiven Auseinandersetzung mit Bachelards Denken hinzuweisen. *Vadée* hat bereits in der Einleitung seiner Interpretation *(S. 9)* auf dieses Problem hingewiesen. Trotz aller Vorbehalte gegenüber Bachelard vermerkt *D. Lecourt* den revolutionären Charakter seines Werkes hinsichtlich der Art des Denkens und der Geschichtsschreibung der Wissenschaften in Frankreich. Der Entwurf dieser Revolution ist in den letzten epistemologischen Schriften, insbesondere in *ARPC (1949)* und in seinem Aufsatz *L'Actualité de l'histoire des sciences (1951)* angekündigt. Dieser Entwurf ist von seinen Nachfolgern *Canguilhem (1955)* und *Foucault (1961, 1963)* durchgeführt worden.[141] Erläuterungsbedürftig ist nur der zweite Aspekt dieser Revolution, nämlich die *Geschichtsschreibung,* der erste Aspekt, die Denkart Bachelards, ist hinreichend erläutert. Im nächsten Teil dieses Kapitels werde ich in die Auffassung von *Wissenschaftsgeschichte* Bachelards und in ihr spezifisches Problem eindringen.

---

[141] Vgl. D. Lecourt, a. o. O., S. 11-12.

Teil B: Wissenschaftsgeschichte

II.8. Epistemologie und Wissenschaftsgeschichte

Bachelards Epistemologie läßt sich nur in ihrem *Verhältnis* zur Wissenschaft abgrenzen und nur durch ihre *Aufgabe* bestimmen. Daher ist die Feststellung des Verhältnisses dieser Epistemologie zur Wissenschaftsgeschichte von größter Wichtigkeit. Bachelard widmet seiner neuen Auffassung von Wissenschaftsgeschichte *zwei* Texte: Das erste Kapitel des Werkes *ARPC* und den Aufsatz „*L'actualité de l'histoire des sciences*". [142] Bachelard hat aber diese Konzeption bereits in seiner zusätzlichen Doktorthese von *1927, EEPP: „La propagation thermique dans les solides"* verwendet. Diese These wird als „*wissenschaftshistorische Studie*" angesehen, in ihr akzentuiert Bachelard übrigens „*das Bündnis zwischen Wissenschaftsgeschichte und Wissenschaftstheorie*" [143]

Bevor ich das Verhältnis der beiden Disziplinen erkläre, muß ich zuerst nach der Bedeutung der Wissenschaftsgeschichte fragen, um dieses Verhältnis zu ergänzen und die Charakterzüge zu untersuchen, wodurch sich Wissenschaftsgeschichte von den anderen Historien unterscheidet. Schließlich werde ich versuchen, das Problem des Fortschritts in dieser Geschichte zu untersuchen. Im folgenden sind *drei* Themen zu behandeln:
1. Was versteht Bachelard unter „*Wissenschaftsgeschichte*"?
2. Das *Verhältnis* der Epistemologie zur Wissenschaftsgeschichte.

---

[142] Das erste Kapitel der *ARPC (1951, S. 21- 49)* lautet: Les récurences historiques. *Epistemologie et histoire des sciences.* La dialectique onde-corpuscule dans son développement historique.
„*L'actualité de l'histoire des sciences*", Aufsatz der Conférence du Palait de la Découverte, 1951 ist wieder abgedruckt in „L'Engagement rationaliste", 1972.
[143] Nach dem Tode von *Abel Rey* erhielt G. Bachelard *1940* den Lehrstuhl für Geschichte und Philosophie der Wissenschaften an der Sorbonne sowie die Leitung des Institut d'Histoire des Sciences et des Techniques der Universität von Paris, den er bis *1954*, bis zu seiner Emeritierung im *70.* Lebensjahr innehatte. Diesen Lehrstuhl und die Leitung dieses Instituts übernahm *Georges Canguilhem*, geb. *1904*. Canguilhem hat bereits mit der „*Geschichte der Wissenschaften im epistemologischen Werk Gaston Bachelards*" in einem früheren Aufsatz *(1963)* die Aufmerksamkeit auf die Originalität von Bachelards Konzeption der Wissenschaftsgeschichte in ihrem Bezug auf Episte-

3. Die *Natur des Fortschritts* in der Wissenschaftsgeschichte.

Bachelard illustriert seine Konzeption der Wissenschaftsgeschichte in seiner *These* von 1927. Er sagt ausdrücklich in *ARPC (S. 24)*: „*Le point de vue moderne détermine alors une nouvelle perspective sur l'histoire des sciences, perspective qui pose le problème de l'efficacité actuelle de cette histoire des sciences dans la culture scientifique. Il s'agit en effet de montrer l'action d'une histoire jugée, d'une histoire qui se doit de distinguer l'erreur et la vérité, l'inerte et l'actif, le nuisible et le fécond.*"

(Der moderne Gesichtspunkt bestimmt also eine neue Perspektive auf die Geschichte der Naturwissenschaften, eine Perspektive, die das Problem der aktuellen Wirksamkeit jener Geschichte in der szientifischen Kultur stellt. Es handelt sich in der Tat darum, das Wirken einer beurteilten Geschichte aufzuzeigen, einer Geschichte, die verpflichtet ist, Irrtümer und Wahrheit, Träges und Wirksames, Schädliches und Fruchtbares zu unterscheiden.)

Alle Neuheit an Bachelards Auffassung von Wissenschaftsgeschichte ist im oben angeführten Zitat enthalten. Ebenso wie in seiner Auffassung von Epistemologie ergänzt Bachelard Wissenschaftsgeschichte in ihrem Bezug auf die Wissenschaften und bestimmt sie durch ihre Aufgabe.

II.8.1. G. Bachelards Konzeption der Wissenschaft und der Wissenschaftsgeschichte

Seine Auffassung von Wissenschaftsgeschichte hängt von seiner Konzeption der Wissenschaft in ihrem Verhältnis zur Philosophie ab. Er formuliert diese Konzeption ausgehend von den Ergebnissen der gegenwärtigen wissenschaftlichen Revolution. Da die Philosophie den Wissenschaften adäquat sein soll, soll die Wissenschaftsgeschichte auch ihrerseits den Wissenschaften adäquat sein. Wissenschaft und ihre Geschichte lassen sich gegenwärtig nicht voneinander trennen.

---

mologie gelenkt. Dieser Aufsatz ist wieder abgedruckt in: Études d'histoire et de philosophie des sciences, Paris 1968, 5. Aufl. 1983, S 173-186.

Im Laufe der wissenschaftlichen Entwicklung am Anfang des *20. Jahrhunderts* haben Wissenschaft, ihr Gegenstand und ihre Methode neue Bedeutung erhalten. Die traditionelle Bedeutung der Wissenschaft ist aufgrund neuer wissenschaftlicher Erkenntniswerte überholt und durch eine neue Bedeutung ersetzt worden. Aufgrund seiner wissenschaftlichen und philosophischen Bildung war Bachelard die Wirkung der wissenschaftlichen Revolution auf das zeitgenössische Denken bewußt. Er hat zuerst diese Wirkung nicht nur beobachtet, sondern auch erlebt, und er hat dann versucht, sie auf das philosophische Denken zu übertragen. Die Beschäftigung mit diesen beiden Aspekten dieser Wirkung hält Bachelard für *Aufgaben* seiner Epistemologie, nämlich das Aufzeigen der epistemologischen Werte und die Untersuchung der Rückwirkung wissenschaftlicher Erkenntnisse auf die Struktur des Geistes. Diese beiden Aufgaben, die Bachelard als Bewußtsein der wissenschaftlichen Revolution beurteilt, hängen mit der dritten Aufgabe zusammen, die Bachelard als Bewußtsein der psychoanalytischen Methode versteht.

Bei der *„Psychoanalyse der objektiven Erkenntnis"* stößt Bachelard auf entscheidende Fragen und Probleme der Wissenschaft und ihrer Geschichte. Hier zeigt sich der Beitrag Bachelards zur Theorie der Wissenschaft und zur Wissenschaftsgeschichte. Er hat eine *neue* und *revolutionäre* Konzeption der Geschichte der Wissenschaften vorgeschlagen, dessen Grundgedanke der Begriff des *„Bruches"* ist.[144] *Das Erkenntnishindernis, der epistemologische Bruch* und *die Dialektik* bilden meines Erachtens den Kern der Auffassung Bachelards von Wissenschaftsgeschichte. Bachelard zog diese Konzepte nicht aus seiner Betrachtung der Wissenschaftsgeschichte im Allgemeinen, sondern im Wesentlichen aus den gegenwärtigen Zeiten des wissenschaftlichen Denkens, in denen *„die wissenschaftlichen Erkenntnisse explodieren."* *„Le philosophe ne va pas plus loin. Il croit inutile de vivre les temps nouveaux, les temps où précisément*

---

[144] *„Bruch und Diskontinuität"* seien eine von *M. Vadée* festgestellte Kennzeichnung von Bachelards Konzeption der Geschichte der Wissenschaft: *„Bachelard formuliert sie im wesentlichen im Kapitel II von „L'Activité rationaliste de la physique contemporaine", aber sie liegt schon 1934 in „Le Nouvel esprit scientifique" und dann in „La Philosophie du non" vor."* M. Vadée: Epistemologie oder Philosophie?, S. 140.

les progrès scientifiques éclatent de toute part, faisant nécessairement "éclater" l'épistémologie traditionnelle ". [145]

Er betrachtete dann die Epoche, die er „*vorwissenschaftlichen Zustand*" (Klassische Antike - 18. Jh.) nennt, in der er sämtliche Hindernisse untersuchte, die das wissenschaftliche Denken daran hinderten, die objektive Erkenntnis zu erreichen.

Wie schon erwähnt, entsteht Bachelards Epistemologie aus der *Polemik* gegen alle gegenwärtigen Philosophien. Hinsichtlich seiner Auffassung von Wissenschaftsgeschichte polemisiert er gegen alle Philosophien, die von einer *Kontinuität* in der Wissenschaftsgeschichte sprechen. Diese Philosophien sprechen nicht nur von der Kontinuität innerhalb der Wissenschaftsgeschichte, sondern von der Kontinuität zwischen dieser Geschichte und der Geschichte des Denkens schlechthin. Ein Vertreter dieser Auffassung von Wissenschaftsgeschichte ist *E. Meyerson*. Er betrachtet das wissenschaftliche Denken als Kontinuität der allgemeinen Erkenntnis und die gegenwärtigen wissenschaftlichen Theorien als Kontinuität der herkömmlichen Theorien. Eine solche Auffassung finden wir im Prinzip auch bei *A. Comte* in seinem „*Dreistadiengesetz*". Bachelard lehnt diese kontinuierliche Auffassung von Wissenschaftsgeschichte ab. Entweder hat sie den Entwicklungsprozeß der Wissenschaft nicht berücksichtigt oder hat sie den Entwicklungsprozeß der Wissenschaftsgeschichte wegen ihrer Beschäftigung mit der Begründung allgemeiner Erkenntnistheorie nicht begriffen. Im Gegensatz dazu ist die Wissenschaftsgeschichte für Bachelard keine Reihe von Problemen, wobei die einen zu den anderen führen, sondern eine Reihe von *Hindernissen, Verwirrungen, Stagnationen* und *Regressionen* einerseits, und von *Revolutionen, Brüchen* und qualitativen *Sprüngen* andererseits. Es gibt also keinen mechanischen Übergang von einer Ebene zu anderer bei der Aufstellung und Lösung von Problemen. Bekanntlich widmet Bachelard dem Begriff des *Erkenntnishindernisses* das Werk *FES*. Dieser Begriff bezeichnet Erscheinungen der Trägheit, Verwirrung, Stagnation und Regression, die im

---

[145] *(Der Philosoph geht nicht weiter. Er hält es für unnütz, die neuen Zeiten zu erleben, Zeiten, in denen gerade überall die wissenschaftlichen Erkenntnisse explodieren und notwendigerweise die traditionelle Epistemologie zum „Explodieren" bringen; G. Bachelard: MR, S. 210.)*

Entwicklungsprozeß der Wissenschaft auftauchen.[146] Mit dem Begriff des *Epistemologischen Bruches* bezeichnet Bachelard qualitative Sprünge, die in der Wissenschaftsgeschichte stattfinden und Erscheinungen wissenschaftlicher Revolutionen, die aufgrund der Entstehung gewisser wissenschaftlicher Theorien in dieser Geschichte erscheinen. Dieser Bruch ist ein positives Moment in der Konstruktion wissenschaftlicher Erkenntnis. Anhand dieses Begriffs unterscheidet Bachelard drei große Perioden des wissenschaftlichen Denkens:

- *Der vorwissenschaftliche Zustand* (Klassische Antike -18. Jh.).

- *Der wissenschaftliche Zustand* (Ende des 18.- Beginn des 20. Jh.).

- *Zeitalter des neuen wissenschaftlichen Geistes* (Beginn ab 1905 mit Einsteinscher Relativitätstheorie).[147]

In *RA (S. 102)* fügt er diesen drei Perioden eine *vierte Periode* hinzu, in der die Trennung der allgemeinen und der wissenschaftlichen Erkenntnis stattgefunden hat. Entsprechend dem Konzept des Erkenntnishindernisses unterscheidet er zwei Aspekte des wissenschaftlichen Bruchs:

- Der Bruch zwischen *allgemeiner* und *wissenschaftlicher Erkenntnis*.

- Der Bruch *innerhalb der wissenschaftlichen Erkenntnis selbst*.

Dialektik bezeichnet in diesem Zusammenhang das dialektische Verhältnis in der Wissenschaftsgeschichte zwischen Brüchen und Hindernissen einerseits, und das *„Integralverhältnis"* innerhalb der wissenschaftlichen Tätigkeit zwischen Theorie und Praxis, Rationalismus und Empirismus, dem a priori und a posteriori, dem Konkreten und dem Abstrakten etc. Bachelard besteht ausdrücklich darauf, *„daß das zeitgenössische wissenschaftliche Denken sich ständig zwischen den epistemologischen Werten, dem a*

---

[146] G. *Bachelard*: FES, Kap.1, S. 46: *„Sucht man nach den psychologischen Voraussetzungen des wissenschaftlichen Fortschritts, so gelangt man bald zu der Überzeugung, daß das Problem der wissenschaftlichen Erkenntnis unter dem Begriff des Hindernisses angegangen werden muß. Und dabei geht es nicht um eine Betrachtung äußerer Hindernisse wie der Komplexität und Flüchtigkeit der Erscheinungen, auch nicht um, eine Klage über die Schwäche der Sinne und des menschlichen Geistes: im Erkenntnisakt selbst, in seinem Innersten, erscheinen - aufgrund einer Art funktioneller Notwendigkeit - Trägheit und Verwirrung. Dort werden wir Ursachen für Stagnation und sogar Regression aufzeigen, dort die Trägheitsursachen aufdecken, die wir Erkenntnishindernisse nennen werden."*
Desgleichen auf den Seiten 59, 103, 140, 147, 158, 225, 306.
[147] Ebenda., S. 39.

priori und dem a posteriori, zwischen den experimentellen und den rationalen Werten hin und her bewegt."[148]

Gibt es überhaupt ein solches Verhältnis zwischen den beiden epistemologischen Werten: der *„Kontinuität"* und der *„Diskontinuität"* und bewegt sich das wisseschaftliche Denken hin und her zwischen der Kontinuität und der Diskontinuität?

Das oben angeführte Zitat zeigt den dialektischen Charakter des wissenschaftlichen Denkens auf, das Bachelard in seinem Werk *NES* illustriert hat. Daraus erhebt sich entsprechend die Frage, ob die Wissenschaftsgeschichte selbst *dialektisch* sein soll. Bereits bei der Charakterisierung der Epistemologie Bachelards, insbesondere bei dem dritten Charakterzug (Reorganisation der Erkenntnis), bin ich auf entscheidende Grundgedanken von Bachelards Konzeption der Wissenschaftsgeschichte gestoßen. An dieser Stelle verweise ich nun auf ein im vierten Untertitel des dritten Kapitels angeführtes Zitat *(PN, S. 45)*, in dem Bachelard die *Reorganisation des Wissens* und die Rekonstruktion der Konzepte als Aufgabe seiner Epistemologie akzentuiert. Die Reorganisation des Wissens ist erst dann möglich, wenn der Epistemologe den Begriff der *„Rekurrenz"* annimmt. Dieser Begriff ermöglicht Bachelard eine *neue* Konzeption der Geschichte als einer rückläufigen *(rekurrenten) Geschichte, „une histoire qu'on éclaire par la finalité du présent, une histoire qui part des certitudes du présent et découvre, dans le passé, les formations progressives de la verité."* (Eine Geschichte, die von der Finalität der Gegenwart erhellt wird, eine Geschichte, die von den Gewißheiten der Gegenwart ausgeht und in der Vergangenheit die fortschrittlichen Gestaltungen der Wahrheit entdeckt; ARPC, S. 26.)

Die Rekurrenz des Denkens hat also ein bestimmtes Ziel, nämlich Reorganisation eines durch eine aktuelle Entdeckung aufgeklärten und zweckvoll gestalteten vergangenen Korpusses von Konzeptionen. Diese Rekurrenz kann aber nicht einmalig betrieben werden, sondern sie wird unablässig betrieben. *„Die epistemologische Rekurrenz"* hat also *„die Reorganisation der Werte der Geschichte"*[149] zur Aufgabe. Die Rekurrenz

---

[148] Ders., PN, S. 19.
[149] Ders., ARPC, S. 47.

bedeutet nicht, eine Vergangenheit ins Leben zu rufen, sondern sie zu „*beurteilen*". Diese Rekurrenz hat die „*Haltung eines offenen, rekurrenten Zweifels an der Vergangenheit sicheren Wissens zu bewahren.*"[150] „*Urteil*" und „*Rekurrenz*" sind zwei Grundbegriffe, die mir bei der Suche nach einer Definition der Bachelardschen Konzeption der Wissenschaftsgeschichte helfen. Was versteht Bachelard unter „*Wissenschaftsgeschichte*", und wie verstehen wir „*Bachelards Wissenschaftsgeschichte*"? Die Antwort auf die erste Frage ist zum Teil einfach, Bachelard antwortet selbst darauf. Die Antwort auf die zweite Frage ist aber schwierig und umstritten zugleich. Sie führt zum Kern des Problems der Wissenschaftsgeschichte: Das Problem ihrer Definition, ihres Gegenstandes und ihres Verhältnisses zu den anderen „*Historien*". Dieses Problem ist immer noch Thema der Diskussion zwischen den Historikern der Wissenschaften. *Canguilhem* hat sich jahrelang mit diesem Problem beschäftigt. Er fragt zunächst einmal nach der Bedeutung dessen, was Historiker „*Wissenschaftsgeschichte*" nennen und dann nach ihrem Gegenstand.[151] Er schlägt eine Konzeption der Wissenschaftsgeschichte vor, die im Prinzip Bachelards Konzeption ergänzt und ihre Originalität gegenüber der traditionellen Wissenschaftsgeschichte festhält: „*Wenn die Wissenschaftsgeschichte darin besteht, die Varianten in den aufeinanderfolgenden Ausgaben eines Traktats aufzuzählen, ist Bachelard kein Wissenschaftshistoriker. Wenn die Wissenschaftsgeschichte darin besteht, den schwierigen und widersprüchlichen, ständig erneuerten und berichtigten Aufbau des Wissens sichtbar – und zugleich einsehbar – zu machen, dann ist Bachelards Epistemologie nichts anderes als Wissenschaftsgeschichte.*"[152]

Der Epistemologe *M. Serres* geht sogar soweit und leugnet die Existenz irgendeiner solchen Wissenschaftsgeschichte.[153]

---

[150] Ders., NES, S. 163.
[151] „*Es ist also nicht müßig, zunächst einmal nach der Vorstellung zu fragen, welche sich jene von der Wissenschaftsgeschichte machen, die behaupten, sie zu betreiben.*"
Canguilhem fügt hinzu: „*Aber eine grundlegende Frage, die aufgeworfen werden müßte, ist noch kaum gestellt worden: die Frage nach dem Wovon. Wovon ist Geschichte der Wissenschaften eigentlich die Geschichte?*" Georges Canguilhem, Wissenschaftsgeschichte und Epistemologie, herausg. von Wolf Lepenies, Frankfurt/M. 1979, S. 22.
[152] Ebenda., S. 11.
[153] „*Alle Welt spricht von einer Geschichte der Wissenschaften. Als ob es sie gäbe. Ich jedenfalls kenne keine.*" Ebenda., S. 54.

Welchen Wert legt Bachelard auf die Geschichte der Wissenschaften? Laut ihm kann Wissenschaftsgeschichte keine Geschichte wie die anderen Historien sein.[154] Wodurch unterscheidet sich nun diese Geschichte von den anderen? Um diese Frage zu beantworten, setzt er sich *polemisch* mit den herrschenden Auffassungen von Wissenschaftsgeschichte auseinander, indem er von der Überzeugung ausgeht, daß die Wissenschaftsgeschichte eng mit der Aktualität der Wissenschaft verknüpft ist. Er sagt: *„L'histoire des sciences, qu'on le veuille ou non, a une forte attache avec l'actualité de la science."* (Die Geschichte der Naturwissenschaften, ob man nun will oder nicht, eine starke Bindung an die Aktualität der Wissenschaft hat.) Der Historiker ist aufgefordert, diese Geschichte häufig zu reorganisieren. Er sagt nachdrücklich: *„Il faudra que l'histoire des sciences soit souvent refaite, soit souvent reconsidérée"* (*Die Geschichte der Wissenschaften muß oft neu geschrieben und bedacht werden*).[155] Der Unterschied liegt in ihrem *Gegenstand* und in ihrer *Aufgabe*. Seine Gegner auf dieser Ebene (der Wissenschaftsgeschichte) sind die Vertreter der *kontinuistischen* Auffassung der Geschichte der Wissenschaften (*Empiristen, Positivisten, Spiritualisten und Evolutionisten*). Diesen Unterschied und das Thema dieser Polemik werden wir deutlich im nächsten Abschnitt über die *„Natur des Fortschritts in der Wissenschaftsgeschichte"* sehen.

Bachelard fängt zunächst damit an, die Wissenschaftsgeschichte *ex negativo* zu bestimmen, d.h. er definiert zuerst das, was keine Geschichte der Wissenschaften sein sollte: *„Je crois que l'histoir des sciences ne saurait être une histoire empirique. Elle ne saurait être décrite dans l'émiettement des fais puisqu'elle est essentiellement, dans ses formes élévées, l'histoire du progrès des liaisons rationnelles du savoir."* [156]

Sie sollte auch keine Geschichte der Reiche und der Völker sein oder eine einfache *registrierende* Geschichte, welche die Akten der Akademien sammelt und registriert,

---

[154] G. Bachelard: L'actualité de l'histoire des sciences, in: ER, S. 138: *„L'histoire des sciences ne peut être tout à fait une histoire comme les autres."*
[155] Ebenda., S. 142, 144.
[156] *(Ich glaube, die Wissenschaftsgeschichte sollte keine empirische Geschichte sein. Sie sollte nicht in der Zerkrümelung der Fakten geschrieben werden, ist sie doch in ihren gehobeneren Formen wesentlich die Geschichte des Fortschritts in den rationalen Verknüpfungen des Wissens; Ebenda.)*

die den objektiven Bericht der Tatsachen für ihre Aufgabe hält. Diese Aufgaben und diese Akten bilden für Bachelard keine Wissenschaftsgeschichte. Bedeutet dies, daß er versucht, Wissenschaftsgeschichte als *Wissenschaft* zu begründen? An dieser Stelle kann diese Frage noch nicht beantwortet werden.

Bachelard definiert den spezifischen Charakter der Wissenschaftsgeschichte durch die Natur ihres Gegenstandes und ihre Aufgabe. Solange es keine Einheit, sondern eine Vielheit der Wissenschaften gibt, gibt es keine einheitliche Epistemologie, sondern regionale Epistemologien. Entsprechend spricht Bachelard nicht von einer „*Wissenschaftsgschichte*", sondern von „*Geschichte der Wissenschaften*". Ebenso wie der Gegenstand der Wissenschaften ist der Gegenstand der Geschichte der Wissenschaften kein vorgegebene, sondern ein konstituierter Gegenstand. Allgemein formuliert bilden die sukzessiven Werte der Fortschritte des wissenschaftlichen Denkens den Gegenstand dieser Geschichte, und die Bestimmung dieser Werte bildet ihre Aufgabe: „*Autrement dit, le progrès est la dynamique même de la culture scientifique, et c'est cette dynamique que l'histoire des sciences doit décrire. Elle doit décrire en jugeant, en valorisant, en enlevant toute possibilité à un retour vers des notions erronées.*"[157]
Soll der Historiker „*einer*" Wissenschaft *Richter* über die Wahrheitswerte dieser Wissenschaft sein, erhebt sich die Frage, *wie* und *wo* er seine Aufgabe ausführt. Dem Historiker stellt Bachelard bestimmte Bedingungen: „*L'historien des sciences, pour bien juger le passé, doit connaître le présent; il doit apprendre de son mieux la science dont il se propose d'écrire l'histoire.*" (*Der Historiker der Naturwissenschaften muß, um die Vergangenheit zu beurteilen, die Gegenwart kennen; er muß nach allen Kräften die Wissenschaft erlernen, deren Geschichte zu schreiben er sich vornimmt; L'actualité de l'histoire des sciences, S. 142.)* D.h. ein Historiker muß ein Wissenschaftler sein oder er muß zumindest über eine wissenschaftliche Bildung verfügen. Dies bedeutet, daß sich jeder Wissenschaftshistoriker nur mit einer bestimmten Wissenschaft beschäftigen muß, die er genau kennt. Diese Voraussetzungen kann nur derjenige Hi-

---

[157] *(Anders gesagt, der Fortschritt ist die Dynamik der wissenschaftlichen Kultur, und diese Dynamik ist es, welche die Geschichte der Naturwissenschaften zu beschreiben hat. Sie muß beschreiben,*

storiker erfüllen, der den aktuellen Stand der Wissenschaften im Blick hat. Aufgrund dieser Voraussetzungen wertet Bachelard alle wissenschaftsgeschichtlichen Arbeiten ab, die den revolutionären und spezifischen Charakter der zeitgenössischen Wissenschaften nicht in Betracht ziehen oder sogar nicht begreifen können. Aus diesem Grunde kritisiert er alle seine Vorgänger und lehnt ihre Auffassungen von Wissenschaftsgeschichte ab. Der positivistischen Auffassung der Wissenschaftsgeschichte stellt Bachelard die Aufgabe einer Epistemologie entgegen, die die Fakten der Wissenschaftsgeschichte als *„Ideen"*, d.h. als *„Werte"* auffaßt.[158] Bei dieser Kritik geht es Bachelard nicht nur darum, diese Auffassungen an bestimmten Punkten richtigzustellen, sondern sie zu überschreiten. Zu diesem Zweck verwendet er den Begriff der *„Rekurrenz"*, bzw. der *„rekurrenten Geschichte"*, die dieselbe Wichtigkeit hat wie der Begriff des *„Bruchs"* in der Epistemologie.

In einem nächsten Schritt stellt er die *Aufgabe* der Geschichte der Naturwissenschaften heraus und grenzt sie von den anderen Disziplinen, insbesondere von der der Epistemologie ab, die sich ihr nähert. Im folgenden zitiere ich eine Passage aus *ARPC (S. 24)*, in der Bachelard sein Verständnis von Geschichte und ihre grundlegende Aufgabe zugleich deutlich aufzeigt: *„Il s'agit en effet de montrer l'action d'une histoire jugée, d'une histoire qui se doit de distinguer l'erreur et la vérité, l'inerte et l'actif, le nuisible et le fécond."* (Es handelt sich in der Tat darum, das Wirken einer beurteilten Geschichte aufzuzeigen, einer Geschichte, die verpflichtet ist, Irrtum und Wahrheit, Träges und Wirksames, Schädliches und Fruchtbares zu unterscheiden.)
Aus diesem bedeutsamen Zitat, das ich hier erneut aufgreife, zeigt sich der *dialektische Charakter* der Geschichte der Naturwissenschaften, der sich durch eine Dialektik mehrerer historischer Werte bestimmt (Irrtum/ Wahrheit, Träges/ Wirksames, Vergangenheit/ Gegenwart etc.) Diese Dialektik ergibt sich aus dem dialektischen Verhältnis zwischen *„Erkenntnishindernissen"* und *„Brüchen"* im Entwicklungsprozeß der Wissenschaften. Ihren Charakter werde ich später bei der Behandlung des Begriffs des Fort-

---

indem sie beurteilt, indem sie wertet, indem sie jede Möglichkeit einer Rückkehr zu irrtümlichen Begriffen beseitigt; Ders., ARPC, S. 25.)
[158] G. Canguilhem: Wissenschaftsgeschichte und Epistemologie, S. 10.

schritts in der Wissenschaftsgeschichte erklären. Der Historiker ist deshalb verpflichtet, die *„Geschichte einer Wahrheit"* zu beschreiben, *„zu verstehen, doch zu beurteilen"*, indem er *„von den Gewißheiten der Gegenwart"*, von den gegenwärtigen Wissenschaften ausgeht. Er urteilt über das Vergangene im Namen der gegenwärtigen Werte. Von ihm werden Werturteile (*jugements de valeur*) über Gedanken (*pensées*) und Entdeckungen verlangt.[159] Bei dem oben angeführten Zitat erhebt sich auch die Frage, ob diese Aufgabe dieselbe in der Epistemologie wäre. Bachelard macht auf den *Unterschied* zwischen der Aufgabe der *Wissenschaftsgeschichte* und der der *Epistemologie* aufmerksam.[160] Dieser Unterschied wird sichtbar bei der Untersuchung des Verhältnisses der beiden Disziplinen.

Nicht nur *„die Existenz von Erkenntnishindernissen"*, sondern auch der *doppelte Charakter* der Wissenschaftsgeschichte selbst macht, wie *Canguilhem* behauptet, *„die Aufgaben des Epistemologen und die des Wissenschaftshistorikers verschieden"*. *„Normativität"* ist der erste Charakterzug, wodurch sie sich gegen die natürliche Feindschaft des Historikers wendet *(ARPC, 27), (FES, S. 50)*. Der zweite Charakterzug, wodurch die Wissenschaftsgeschichte, nach Bachelard, keine Geschichte wie die anderen sein wird, ist die *„Rekurrenz"*. Folge bzw. Ergebnis dieses doppelten Charakters sei, nach *D. Lecourt*, eine *„Disqualifikation"* derjenigen Arbeit, die darauf besteht, *„Vorläufer"* für alle wissenschaftlichen Entdeckungen zu suchen.[161] Aufgrund dieses doppelten Charakters unterscheidet Bachelard in der Wissenschaftsgeschichte zwischen *„veralteter"* und *„sanktionierter Geschichte"*, die in einem *dialektischen* Verhältnis zueinander stehen. Er sagt ausdrücklich: *„Il faut sans cesse former et reformer la dialectique d'histoire périmée et d'histoire sanctionnée par la science actuellement active."* (Die Dialektik zwischen der veralteten und der sanktionierten Geschichte muß

---

[159] Vgl. G. Bachelard: Actualité, S. 139, 141, und ARPC, S. 24, 26.
[160] *„Hier wird sichtbar, was die Arbeit des Epistemologen von der des Wissenschaftshistorikers unterscheidet. Der Wissenschaftshistoriker muß die Ideen als Tatsachen nehmen. Der Epistemologe muß die Tatsachen als Ideen nehmen, indem er sie in ein Denksystem einfügt. Eine Tatsache, die von einer Epoche falsch interpretiert wurde, bleibt für den Historiker eine Tatsache. In der Sicht des Epistemologen ist sie ein Hindernis, ein Konter-Gedanke."* Ders., FES, S. 51.
[161] G. Bachelard: RA, S. 153, dazu auch, D. Lecourt: L'épistémologie historique de Gaston Bachelard, Paris 1970, S. 76.

von der gegenwärtig aktiven Naturwissenschaft unablässig gestaltet und umgestaltet werden.)[162]

Dabei stellt sich die Frage nach der Natur der Dialektik in der Wissenschaftsgeschichte und nach ihrer Rolle in dieser Geschichte. Der Antwort auf diese Frage widme ich das dritte Kapitel meiner Arbeit.

Im folgenden Abschnitt muß zunächst das *Verhältnis* der Wissenschaftsgeschichte und der Epistemologie zueinander erläutert werden, weil sich die beiden Disziplinen nur schwer voneinander unterscheiden lassen.[163]

II.8.2. Verhältnis der Epistemologie zur Wissenschaftsgeschichte

Das Verhältnis der Epistemologie zur Wissenschaftsgeschichte ist das klarste und zugleich das komplexeste Verhältnis der Epistemologie zu einer der anderen Disziplinen, wobei sich die Wissenschaftsgeschichte ihr sehr nähert hinsichtlich des Gegenstandes und der Ziele. Sie beide beschäftigen sich mit wissenschaftlicher Erkenntnis. Der Historiker und der Epistemologe haben, wie *Canguilhem* sagt, ein *„Gemeinsames"*, nämlich *„die wissenschaftliche Kultur von heute."*[164] Von der anderen Seite ist das Verhältnis der Epistemologie zur Wissenschaftsgeschichte am komplexesten, weil es schwer ist, in der Praxis total zwischen den beiden Disziplinen zu unterscheiden. Bei der Erfüllung seiner Aufgabe und trotz seiner Bemühung, den Gegenstand seiner

---

[162] G. Bachelard: ARPC, S. 25. Auf derselben Seite illustriert Bachelard den Unterschied zwischen den beiden Arten der Wissenschaftsgeschichte: *„L'histoire de la théorie du phlogistique est périmée puisqu'elle repose sur une erreur fondamentale, sur une contradiction de la chimie pondérale(...) Les travaux de Black peuvent donc être décrits commes des éléments de l'histoire sanctionnée."* (Die Geschichte der Theorie vom Phlogiston ist erloschen (perimée), weil sie auf einem grundlegenden Irrtum beruht, auf einem Widerspruch in der Gewichtschemie (...) Die Arbeiten von Black können also als Elemente der sanktionierten Geschichte beschrieben werden.) Ebenda., S. 25, 26.

[163] Bekanntlich nennt D. Lecourt, in seinem Werk, *„L'Épistemologie historique de Gaston Bachelard"* (*1969*), die Epistemologie von Bachelard *„historische Epistemologie"*.
G. Canguilhem hat seinerseits versucht, in seinem früheren Artikel über *„Die Geschichte der Wissenschaften im epistemologischen Werk G. Bachelards"*, die beiden Disziplinen deutlich voneinander abzugrenzen und ihr Verhältnis festzustellen. Vgl. Études d'histoire et de philosophie des sciences, 1983, S. 178. Deutsch: Wissenschaftsgeschichte und Epistemologie, S. 11.

[164] G. Canguilhem, a. a. O., S. 11-12.

Arbeit abzugrenzen, übt der Historiker meistens die Tätigkeit des Epistemologen nebenbei aus. Es hat daher den Anschein, daß Wissenschaftsgeschichte oft in Begleitung des epistemologischen Aspektes ausgeübt wird, sei es, daß diese Vorstellung dem Historiker bewußt oder unbewußt ist, sei es implizit oder explizit. Daraus ergibt sich die Frage, ob der Epistemologe seine Aufgabe in Vollkommenheit erfüllen kann ohne Bezug auf die Wissenschaftsgeschichte, ohne daß er implizit oder explizit die Aufgabe des Historikers auszuüben?

Bachelards Epistemologie hat uns gelehrt, daß es keine von ihrer Geschichte getrennte wissenschaftliche Erkenntnis geben kann, die als ein charakteristischer und spezifischer Gegenstand der Epistemologie sein kann. Ohne einen ständigen Rekurs zur Wissenschaftsgeschichte gelang es Bachelard nicht, epistemologische Werte herauszustellen und aufzuzeigen. Daher das dringende Verlangen der Epistemologie nach der Unterstützung durch die Wissenschaftsgeschichte und umgekehrt, *„ohne Epistemologie,* wie Canguilhem behauptet, *wäre es unmöglich, zwei Arten von Wissenschaftsgeschichte zu unterscheiden."* *(Études., S. 26)* Wissenschaftsgeschichte sei nach Bachelard eine *„Schule"*, in der man zu beurteilen lernt.

Zur genaueren Bestimmung der Aufgabe und der Bedeutung der Wissenschaftsgeschichte Bachelards greife ich hier die Terminologie *Canguilhems* auf, in der er Wissenschaftsgeschichte als *„Tribunal"* bezeichnet, wo die Epistemologie die Tätigkeit des *Richters* ausübt, indem sie die *„Vergangenheit des Wissens"* beurteilt und die Geschichte *„Beurteilungskriterien"* liefert *(Études., S. 25-26)*.
Eine vollkommene Trennung oder Übereinstimmung zwischen Epistemologie und Wissenschaftsgeschichte kann es nicht geben. Gegeben ist nur die *Dialektik* des Unterschiedes und der Übereinstimmung ihres Verhältnisses. Das *komplementäre* Verhältnis der beiden Disziplinen bedeutet nicht, daß jede Disziplin die andere einschließen muß. Bachelard bestimmt dieses Verhältnis deutlich, indem er die Aufgabe dieser Disziplinen voneinander abgrenzt und illustriert. Er sagt ausdrücklich: *„Der Epistemologe muß daher die Dokumente, die der Historiker gesammelt hat, auslesen. Er muß sie aus der Sicht der Vernunft beurteilen, ja aus der Sicht der entwickelten Vernunft, denn allein*

von unserer Zeit her können wir die Irrtümer der Vergangenheit des Geistes richtig beurteilen." [165]

Trotz ihrer Gemeinsamkeit weisen sie *„unterschiedliche historische Funktionen"* auf. Die Aufgabe des Epistemologen fängt an dem Punkt an, wo die Aufgabe des Historikers endet. Die Aufgaben der beiden Disziplinen gehen daher in entgegengesetzte Richtungen. *„Der Historiker geht von den Anfängen aus und auf die Gegenwart zu (...) Der Epistemologe geht vom Aktuellen aus und auf seine Anfänge zurück."* [166] Der Epistemologe geht in seiner Aufgabe von seinem Bewußtsein der Aktualität der Wissenschaft aus und versucht, die Irrtümer des Geistes *„ aus der Sicht der entwickelten Vernunft"* zu berichtigen. Für Bachelard sei *„die Vernunft die Wissenschaft selbst"*, wie *Canguilhem (1968)* behauptet. Die Berichtigung bedeutet für ihn nicht, die Irrtümer des wissenschaftlichen Geistes, d.h. die *„Erkenntnishindernisse"* in Einzelheiten richtigzustellen, sondern sie durch *„epistemologische Brüche"* zu beheben. Seine Epistemologie ist also keine positivistische, sondern eine normative Epistemologie. Daraus ergibt sich sein strenges Urteil über alle positivistischen Auffassungen von Wissenschaftsgeschichte. Darin besteht also die Originalität von Bachelards Konzeption der Wissenschaftsgeschichte, nämlich in seiner *Polemik* gegen alle positivistischen Auffassungen von Wissenschaftsgeschichte. Die Epistemologie soll eine *„historische Epistemologie"* und die Geschichte soll eine *„epistemologische Geschichte"* sein. *Lecourt* behauptet in seinem Werk über Bachelard, daß Bachelards Epistemologie *„historisch"* sei und er der Auffassung sei, daß *„der Produktionsprozeß der Erkenntnis ein dialektischer Prozeß ist."* (1974, S. 77).

---

[165] G. Bachelard: FES, S. 51. In Anlehnung an das oben erwähnte Zitat ergänzt *G. Canguilhem* die Aufgaben der Epistemologie und der Wissenschaftsgeschichte folgendermaßen: *„Der Epistemologe muß die Entwicklung des wissenschaftlichen Denkens nachzeichnen und dafür muß er unter den vom Historiker gesammelten Dokumenten auswählen und muß sie beurteilen."* G. Canguilhem, a. a. O., S. 10.
[166] Ebenda., S. 12.

Wie schon oben erwähnt, sind „*Normativität*" und „*Rekurrenz*" zwei Charakterzüge, wodurch sich Bachelards Konzeption der Wissenschaftsgeschichte von den anderen Historien unterscheidet, und zwar nicht nur von den Historien der Wissenschaften, sondern von allen Historien schlechthin. Den ersten Charakterzug habe ich bereits erläutert. Er zeigt sich durch das Verhältnis zwischen Wissenschaftsgeschichte und Epistemologie. Der zweite Charakterzug stellt eine umstrittene Frage der Wissenschaftsgeschichte. Diese Frage läßt sich folgendermaßen formulieren: Inwieweit kann man mit Bachelard von „*Fortschritt*" in der „*rekurrenten Geschichte*" sprechen? Diese Charakterzüge sind Ergebnis der *neuen* Konzeption der Epistemologie Bachelards, die ich bereits im einleitenden Kapitel ausführlich erläutert habe. Kurzum, die Epistemologie muß eine „*historische Epistemologie*" (*Lecourt*) und die Geschichte eine „*epistemologische Geschichte*" sein.

II.8.3. Die Natur des Fortschritts in der Wissenschaftsgeschichte

Das Bündnis zwischen Epistemologie und Wissenschaftsgeschichte ermöglicht Bachelard seine Auffassung einer neuen Konzeption der Wissenschaftsgeschichte, jener der „*rekurrenten Geschichte*". Aus diesem Verhältnis ergibt sich ein epistemologisches Problem, in dem sich heute zahlreiche Studien überschneiden, nämlich das Problem der Natur des Fortschritts in der Wissenschaftsgeschichte. Worin besteht eigentlich dieses Problem? Meines Erachtens besteht es in der Natur der Wissenschaftsgeschichte selbst, in ihrem zweidimensionalen Charakter. In der rekurrenten Geschichte geht der Historiker von der „*Gewißheit der Gegenwart*" aus und kehrt in die Vergangenheit zurück, um den Entwicklungsprozeß des wissenschaftlichen Denkens zu beschreiben und zu beurteilen. Mit der Konzeption der rekurrenten Geschichte distanziert sich Bachelard von allen historischen Arbeiten seiner Zeit. Diese Konzeption entwickelt sich aus seiner *Polemik* gegen alle Vertreter der „*kontinuistischen*" Auffassung von Wissenschaftsgeschichte. Dieser Auffassung setzt er seine Konzeption der „*Diskontinuität*" entgegen, die er durch die Verwendung des „*Bruch-Begriffs*" in der Analyse der Vergangenheit der wissenschaftlichen Erkenntnis entwickelt hat. Mit der Einführung des Begriffs der Diskontinuität begründet Bachelard eine neue Perspektive in der Geschichtsschreibung, welche heute die meisten Historiker und Epistemologen vertreten, wie z. B. *Kuhn*, *Althusser* und *Foucault*.

Bevor ich in das Thema eindringe, möchte ich nun die Auffassungen von Wissenschaftsgeschichte, die er kritisiert, ablehnt und überschritten hat, kurz darstellen. In seinem epistemologischen Werk geht Bachelard davon aus, daß die Philosophie der Wissenschaft *„adäquat"* sein soll. Alles, was dieser These nicht entspricht, ist unter Bachelards Kritik geraten. Gemeint damit sind all die philosophischen Strömungen, in denen die Wissenschaft der Philosophie adäquat sein sollte. Bei diesen Philosophien dient Wissenschaft nun dazu, philosophische Prinzipien, Thesen und Theorien zurechtfertigen. Dies ist genau das, was Bachelard *„Intervention"* in die Wissenschaften nennt, wobei die Philosophie wissenschaftliche Ergebnisse einschließen. In Folge dieser Intervention hinterließen die traditionellen Philosophien hinsichtlich der Geschichte keine in sich schlüssige Theorie oder Auffassung von Wissenschaftsgeschichte. Sie ließen das Problem des wirklichen *„Fortschritts"* der wissenschaftlichen Erkenntnis bei Seite. Alles, was die unterschiedlichen Charaktere der Wissenschaften, ihre Krisen und ihre Revolutionen betrifft, blieb unberücksichtigt. Die Einstellung dieser Philosophien zu den Wissenschaften, sei es daß diese Einstellung *positivistisch, pragmatisch* oder *konventionalistisch* war, hinderte sie daran, eine Konzeption der Wissenschaftsgeschichte zu begründen. Die Gründe dafür bestehen darin, daß sie erstens die jeweilige Wissenschaft für eine *einheitliche* Disziplin hielten, zweitens daß sie davon ausgingen, daß die Wissenschaft harmonisch und *gradlinig* voranschreitet und drittens in der Art und Weise, wie die *Natur* der Wissenschaft aufgefaßt wurde:
1. Im Rahmen der Wissenschaftsphilosophie beschäftigten sich die Philosophen generell mit der wissenschaftlichen Erkenntnis, um nun daraus Beweise für ihre metaphysischen Thesen zu ziehen. Dabei lassen sich leicht Beispiele finden, die derartige metaphysische Interpretationen der Wissenschaft illustrieren. *Meyerson* beispielsweise versucht in seinem Werk *„Identität und Wirklichkeit" (1907)* zu beweisen, daß die *Ontologie* ein untrennbarer Teil der Wissenschaft sei und daß die Trennung der beiden Disziplinen unmöglich sei. Darüber hinaus sei Wissenschaftsgeschichte eine Geschichte wie alle anderen Historien, eine harmonische, *kontinuierliche* Geschichte, die keine

Hindernisse, Stagnationen und Brüche kenne. Diese Einstellung zur Wissenschaftsgeschichte kommt deutlich bei *L. Brunschwicg* zum Ausdruck, und sie ist ein Punkt, auf den sich Bachelards Kritik besonders konzentriert.

2. In der Wissenschaftsphilosophie reden die Philosophen über *„die"* Wissenschaft, und nicht über Wissenschaften, über *„die"* Methode und *„die"* Geschichte der Wissenschaft und über wissenschaftliche Erkenntnisse, als wenn sie einen einheitlichen oder ganzen *„Korpus"* bilden, der einen einzigen Gegenstand, eine einzige Methode und Geschichte hätte. Diese Tendenz, wissenschaftliche Erkenntnisse zu vereinigen, ist genau eine Aufgabe der traditionellen Philosophien, oder genauer gesagt, eine traditionelle Aufgabe der Wissenschaftstheorie schlechthin, die Bachelard ironisch ablehnt und überschreitet. *„Der Wissenschaftler, der heute Kosmologie und Theologie vereinigen wollte, erschiene reichlich prätentiös".*[167]

3. Wissenschaftsphilosophen beziehen sich in ihrer Auffassung von Wissenschaft auf die vom Empirismus eingeführte Auffassung: Sie halten wissenschaftliche Erkenntnisse für eine Weiterentwicklung der allgemeinen Erkenntnis. *Meyerson* z. B. sieht keinen Unterschied zwischen beiden Erkenntnisarten.[168] Dies waren kurz einige grundsätzliche Hindernisse, welche die Wissenschaftsphilosophie daran hinderten, eine *„objektive"* Auffassung von Wissenschaft zu etablieren, die ihr eine *„wirkliche"* Konzeption der Wissenschaftsgeschichte zu begründen ermöglicht hätte. Dieses Mangels, der eigentlich in der Art und Weise liegt, wie der Gegenstand der Wissenschaft verstanden wird, war sich Bachelard selbst bewußt. Bachelard lehnt die *positivistische* Auffassung vom Gegenstand der Wissenschaft ab, die diesen Gegenstand bloß als ein der Erfahrung vorgegebenes Objekt versteht. Im Gegenteil sind wissenschaftliche Gegenstände nicht das, was dem Wissenschaftler unmittelbar im Alltagsleben zur Verfügung steht, sondern das, was er selbst durch einen kritischen Prozeß und anhand entwickelter Instrumente konstituiert. Gegenstand der Wissenschaft ist, laut Bachelard, kein *„unmittelbares"* Objekt, sondern ein *„Surobjekt". „Das Surobjekt ist das Ergebnis einer kri-*

---

[167] G. Bachelard: Die Bildung, S. 50. Vgl. auch S. 49: *„Es wird häufig gesagt, die Wissenschaft sei auf Einheit bedacht, sie versuche Erscheinungen unter verschiedenen Gesichtspunkten zu identifizieren, sie suche in den Prinzipien und Methoden nach Einfachheit und Ökonomie."*
[168] Meyerson, Emile: Identité et Réalité, 5 ème éd. Paris 1951, S. 402, 414.

tischen Objektivation, einer Objektivität, die vom Objekt nur das beibehält, was sie zuvor der Kritik unterworfen hat." [169]

Wie wird aber dieses Objekt konstituiert? Bachelard antwortet folgendermaßen: *„Der Surrationalismus konstituiert in gewisser Weise durch seine Dialektik und durch Kritik ein Surobjekt." (PN, S. 159)*.

Anhand der Abgrenzung des Gegenstandes der Wissenschaft von nicht-wissenschaftlichen Gegenständen gelang es Bachelard, einen *„Bruch"* zwischen *„alltäglicher"* und *„wissenschaftlicher Erkenntnis"* zu etablieren. In *FES* hat Bachelard die *„Vergangenheit"* der wissenschaftlichen Erkenntnis in drei große Perioden eingeteilt. Im Grunde interessiert er sich nicht für das Problem der Periodisierung, sondern für den Gegensatz zwischen wissenschaftlicher und gewöhnlicher Erkenntnis. Er interessiert sich eher für das Studium der Entwicklung der *Etappen* einer Theorie, eines Problems und einer Problematik.[170] Bezugnehmend auf die Ergebnisse der zeitgenössischen wissenschaftlichen Ergebnisse und in Anlehnung an *A. Comte* fügt er dem *„Dreistadiengesetz"* von *Comte* eine vierte Periode hinzu. Die drei ersten Perioden entsprechen der Antike, dem Mittelalter, der Neuzeit, und die vierte entspricht der modernen Epoche, die einen *Bruch* zwischen der alltäglichen und der wissenschaftlichen Erkenntnis bewirkt.[171]

„Erkenntnishindernis", *„epistemologischer Bruch"* und *„Dialektik"* sind, wie schon angekündigt, drei Konzeptionen, welche die Konzeption der Wissenschaftsgeschichte Bachelards bilden. Die erste Konzeption wurde bereits anhand eines langen Zitates erläutert *(FES, S. 46)*[172], erläuterungsbedürftig sind nur die zweite und dritte Konzeption. Im Folgenden gehe ich auf den Begriff des Bruchs ein, der die Erläuterung der Entwicklung der wissenschaftlichen Erkenntnis und der Natur des Fortschritts

---

[169] G. Bachelard: PN, S. 159.
[170] Bachelard beschäftigt sich z. B. mit der Wärmeausbreitung in Festkörpern (EEPP), der Lehre von den Substanzen in der Chemie (PCCM), der Atomtheorie (IA) und der Theorie des Lichts (ARPC).
[171] Ders., RA, S. 102.
[172] Der Erläuterung des Begriffs des Erkenntnishindernisses widmet Bachelard sein Werk *„Die Bildung des wissenschaftlichen Geistes."*

in der Wissenschaftsgeschichte Bachelards ermöglicht. Die Auseinandersetzung mit dem Begriff der *Dialektik* habe ich mir für das dritte Kapitel vorbehalten. Mit „*Bruch*" bezeichnet Bachelard qualitative Sprünge, die in der Wissenschaftsgeschichte stattfinden und wissenschaftliche Revolutionen, die sich aufgrund der Entstehung wissenschaftlicher Theorien in dieser Geschichte vollziehen. „*Le développement scientifique n'est pas un développement simplement historique; une force unique le parcourt et l'on peut dire que l'ordre des pensées fécondes est une matière d'ordre naturel.*"[173]

Die Wissenschaftsgeschichte kennt nach Bachelard Perioden der Stagnation, des Stillstandes und der Regression einerseits, und Perioden des Fortschritts und der Übergangsperioden andererseits. Zwischen diesen entgegengesetzten Perioden besteht eine *Dialektik*, die Bachelards Auffassung von Wissenschaftsgeschichte charakterisiert. Diese dialektische Auffassung richtet Bachelard gegen die *kontinuierliche* Auffassung schlechthin, insbesondere die *Meyersons*. Er redet von der Kontinuität auf zwei Ebenen:

Auf der ersten Ebene gibt es Kontinuität zwischen alltäglicher und wissenschaftlicher Erkenntnis. Auf der zweiten Ebene gibt es Kontinuität zwischen dem neuen und dem alten wissenschaftlichen Denken.

Bachelard stellt den Begriff des Bruchs in mehreren Werken dar. Er behandelt ihn auf zwei Ebenen:

Es gibt einerseits einen epistemologischen Bruch zwischen der allgemeinen und der wissenschaftlichen Erkenntnis. Es gibt andererseits einen epistemologischen Bruch innerhalb der wissenschaftlichen Erkenntnis selbst, der sich bei der Entstehung neuer gegenwärtiger wissenschaftlicher Theorien in der *Mathematik* und *Physik* vollzieht, zwischen dem *neuen* und dem *alten* wissenschaftlichen Denken.[174] Der Bruch zwischen *alltäglicher* und *wissenschaftlicher* Erkenntnis zeigt sich durch folgende Charakterzüge:

---

[173] *(Die wissenschaftliche Entwicklung ist nicht einfach eine historische Entwicklung; eine einzige Kraft durchläuft sie und man kann sagen, daß die Ordnung der fruchtbaren Gedanken eine Ordnung natürlicher Art ist; G. Bachelard: Étude, S. 159.)*
[174] Die gegenwärtige wissenschaftliche Revolution zeigt sich nach Bachelard durch folgende wissenschaftliche Theorien: nichteuklidische Geometrien (Mathematik), relativistische Mechanik, und Quantenmechanik (Physik).

- Vertreter der kontinuistischen Auffassung von Wissenschaftsgeschichte neigen stets dazu, nach *Anfang* und *Ursprung* jeder wissenschaftlichen Theorie zu suchen.
- Jede neue wissenschaftliche Entdeckung wird von den Kontinuisten als Ergebnis vorausgegangener wissenschaftlicher Entwicklungen.
- Die kontinuistische Auffassung von Wissenschaftsgeschichte akzentuiert die Kontinuität zwischen *wissenschaftlicher* und *alltäglicher Sprache*.

Mit einem Wort, wissenschaftliche Erkenntnis unterscheidet sich von alltäglicher Erkenntnis durch die Natur ihres *Gegenstandes*. Hinsichtlich des Bruchs in der wissenschaftlichen Erkenntnis selbst kann man drei Bedeutungen des Bruchs unterscheiden. Er bedeutet erstens die Entstehung *umfassenden* wissenschaftlichen Denkens, d.h. der Bruch bedeutet nicht *Trennung* oder *Ablehnung* des vorherigen Denkens, sondern *Einschließung;* [175] Zweitens gründen sich die Theorien der gegenwärtigen Wissenschaft auf die *Nachprüfung* grundlegender wissenschaftlicher Begriffe der vorherigen Wissenschaft; Drittens bedeutet den Bruch der Übergang zum *völlig offenen* wissenschaftlichen Denken. Mit dem Begriff des epistemologischen Bruchs versucht Bachelard einerseits die Erscheinungen der Revolution in der Geschichte des wissenschaftlichen Denkens aufzuzeigen und andererseits eine Wahrheit zu erhellen, daß sich die Wissenschaftsgeschichte ausgehend von ihrer Gegenwart und nicht von ihrer Vergangenheit verstehen läßt.

Bachelard sei, wie *Lecourt* behauptet, aufgefordert, zwei Arten von kritischen Momenten zu unterscheiden: den *„Moment des Bruchs"*, in dem die Wissenschaft entsteht und sich von ihrer ideologischen Vergangenheit trennt und den *„Moment der Reorganisation"*, in dem die Wissenschaft nach ihrer Entstehung ihre Basis reorganisiert.[176] Mit der Verwendung des Bruch-Begriffs distanziert sich Bachelard von seinen Vorgängern und lehnt er ihren Gedanken der Entwicklung des menschlichen Denkens

---

[175] *„So umfaßt die nichteuklidische Geometrie die Euklidische Geometrie. Die nichtnewtonsche Mechanik umfaßt die Newtonsche Mechanik. Die Wellenmechanik umfaßt die relativistische Mechanik."* G. Bachelard: PN, S. 157.
[176] D. Lecourt: L'épistémologie historique de Gaston Bachelard, S. 77.

durch ununterbrochene Fortschritte ab. Solange sich die wissenschaftliche Wirklichkeit von der ersten Erfahrung unterscheidet, entwickelt sich die wissenschaftliche Erkenntnis durch ihre *Polemik* gegen die alltägliche Wirklichkeit. Die Entwicklung der Wissenschaften durchläuft also Perioden, Umbildungen ihrer Grundbegriffe und Theorien und eine Reorganisation ihrer Prinzipien. Wissenschaftsgeschichte ist deshalb keine statische, sondern *dynamische* Geschichte, für die es Perioden der „*Krise*", Revolutionen und tiefgreifende Umgestaltungen gibt. Sie schreitet durch Berichtigungen, Umschmelzungen und Brüche voran. Die wissenschaftliche Erkenntnis laut Bachelard, verursacht wirklich selbst ihre Hindernisse und verwirklicht auch selbst ihre Brüche durch ihre eigene Entwicklung. Dabei leugnet Bachelard jede außerhalb der Naturwissenschaften existierende Ursache, sowohl für Hindernisse als auch für Brüche. In Folge dieses reinen inneren Entwicklungsprozesses der Naturwissenschaften kann es keine historischen Entwicklungsgesetze geben. Diese Selbständigkeit der Geschichte akzentuiert Bachelard ausdrücklich: „*Dans le destin des sciences les valeurs rationnelles s'imposent. Elle s'imposent historiquement. L'histoire des sciences est menée par une sorte de nécessité autonome.*" *(Im Geschick der Naturwissenschaften setzen sich die rationalen Werte durch. Sie setzen sich historisch durch. Die Geschichte der Naturwissenschaften wird von einer Art selbständiger Notwendigkeit gelenkt; ARPC, 47.)*
Diese Notwendigkeit der Geschichte ist nur rückläufig, weil die Geschichte der Wissenschaften selbst rückläufig ist. Die historischen Rekurrenzen führen deshalb keineswegs zur historischen Kausalität und zum historischen Determinismus in der Geschichte.

Mit dieser Auffassung von Geschichte lehnt Bachelard die *evolutionistische* Geschichtsschreibung ab und stellt ihr die *dialektische* Ansicht entgegen, die er durch den Begriff des Bruchs ausdrückt. Welche *Bedeutung* und *Funktion* schreibt Bachelard dem Begriff der *Dialektik* in der Wissenschaftsgeschichte zu? Die Antwort auf diese Frage erfolgt erst nach der Antwort auf die Frage nach der Bedeutung der „*Dialektik im epistemologischen Werk Bachelards*".

Wie gesagt, *D. Lecourt* hält die Epistemologie Bachelards für *„historische"* Epistemologie, für die *„der Produktionsprozeß der Erkenntnis ein dialektischer Prozeß ist."* (1974, S. 77). *D. Lecourt* beschreibt die Aufgabe der *„historischen Epistemologie"* und die Notwendigkeit der *Dialektik* in der Wissenschaftsgeschichte in seinem Werk über die Epistemologie Bachelards folgendermaßen: *„Mais l'épistémologie historique nous enseinge déja que la science progresse par saccades, par mutations brusques, par réorganisations de ses principes: bref, par franches dialectiques. C'est pourquoi l'histoire des sciences devra elle-même être dialectique."* [177]

Spricht man in diesem Zusammenhang bei Bachelard von Dialektik, dann ist damit nur die Dialektik innerhalb des Entwicklungsprozesses der Wissenschaften selbst gemeint, ohne Berücksichtigung des Verhältnisses der Wissenschaften und der Gesellschaftsentwicklung. Diese neue Auffassung von Dialektik im *„Geschick der Naturwissenschaften"* erlaubt keine Vorstellung von einer Dialektik zwischen *Wissenschaft und Gesellschaft*, und zwischen *Wissenschaften* und *Ideologien*, und schließlich von einer *historischen* bzw. *materialistischen Dialektik* oder von einen *historischen Materialismus*.[178]

Vadée behauptet übereinstimmend mit *Lecourt*, daß die Epistemologie Bachelards historisch sei, aber er leugnet seine Behauptung, daß sich diese Epistemologie auf den

---

[177] *(Aber die historische Epistemologie lehrt uns schon, daß die Wissenschaft durch Stöße voran schreitet, durch plötzliche Mutationen, durch Reorganisationen ihrer Prinzipien: kurz, durch offene Dialektiken voran. Darum soll die Geschichte der Wissenschaften dialektisch sein;* Lecourt, a. a. O., S. 77.)

[178] Bachelards Auffassung von Wissenschaftsgeschichte läßt sich in die Diskussionen in der Wissenschaftsgeschichte zwischen den *Externalisten* und *Internalisten* einfügen. Der Externalismus ist nach *Canguilhem* eine Art der Geschichtsschreibung, die darin besteht, *„eine Reihe von Ereignissen (...) durch Bezugnahme auf ökonomische und gesellschaftliche Interessen (...) sowie auf religiöse oder politische Ideologien zu erklären (...) Der Internalismus, der von den Externalisten für Idealismus gehalten wird, meint, daß Wissenschaftsgeschichte nur bestehen kann, sofern man sich ins Innere des wissenschaftlichen Werkes versetzt, um zu analysieren, wie es den spezifischen Normen zu entsprechen sucht, die es als Wissenschaft und nicht als Technik oder Ideologie definieren."* Es hat daher den Anschein, daß sich Bachelard von den beiden Positionen, trotz einiger Gemeinsamkeiten mit dem Internalismus, distanziert, weil sie versuchen, *„den Gegenstand der Wissenschaftsgeschichte dem Gegenstand einer Wissenschaft anzugleichen."* G. Canguilhem, a. a. O., S. 27, 28.

Boden des historischen Materialismus stellen lasse.[179] Darf man aus diesem Zitat herauslesen, daß Lecourt „*nur durch ein Mißverständnis*" seine Schriften dem Versuch gewidmet hat, die Epistemologie Bachelards „*in die Nähe*" der Dialektiker und der Materialisten zu bringen? In diesem Zitat verbirgt sich die umstrittene Frage der *Interpretation* des Denkens Bachelards bei diesen beiden *Marxisten*, die ich anfangs bei der Auseinandersetzung mit seiner Epistemologie angedeutet habe. Der Anlaß für diesen Streit liegt in der Natur des Denkens Bachelards selbst, im zweidimensionalen Charakter seines Werkes und sogar in der Zweideutigkeit seiner Terminologie. Beispielsweise ist der *Bruch-Begriff* nach *M. Vadée „zweideutig und der Ort aller Widersprüche der Philosophie Bachelards, desgleichen der Ort vieler möglicher Interpretationen."* [180]

Dabei gehe ich auf diese Interpretationen nicht in Einzelheiten ein, sondern verweise nur darauf, daß die Interpreten des epistemologischen Werkes Bachelards meistens *Neomarxisten* sind und vom *marxistischen* Gesichtspunkt ausgehen, um das Denken Bachelards philosophisch und ideologisch zu interpretieren, entweder auf dem Boden des historischen Materialismus *(Lecourt)* oder auf dem der idealistischen Philosophie *(Vadée)*. *Vadée* stellt die Konzeption der Geschichte der Naturwissenschaften Bachelards in den Rahmen der klassischen *idealistischen* Problematik der französischen Philosophie hinein: „*Erstens: Diese Geschichte ist selbständig.*" „*Zweitens: Das Modell der Vernunft sind die Naturwissenschaften oder, genauer gesagt, das mathematische Denken.*" [181]
Er geht sogar soweit und leugnet die Existenz der Geschichte im epistemologischen Werk Bachelards.[182]

---

[179] „*Die Geschichte hat keinen Platz in der Epistemologie. Bachelards Epistemologie kann als historisch bezeichnet werden, sie kann aber nur durch Mißverständnis in die Nähe des historischen Materialismus gebracht werden.*" M. Vadée, a. a. O., S. 148.
[180] M. Vadée: Epistemologie oder Philosophie? S. 151. Dazu auch S. 148: „*Mit seiner These vom Bruch leugnet Bachelard also jede Notwendigkeit der historischen Entwicklung, und zwar in Abhängigkeit von seiner Auffassung von der Zeit und vom Geist.*" Ders., S.148.
[181] Ders., a. a. O., S.150.
[182] „*Die Geschichte hat, zu Ende gedacht, keine Wirklichkeit: sie ist ein reiner „Rückblick" aus der aktuellen Gegenwart auf die Vergangenheit.*" M. Vadée, a. a. O., S. 151.

Worum geht es nun bei Bachelard, wenn er an mehreren Stellen über die Geschichte der Naturwissenschaften redet? *Vadée* antwortet ganz eindeutig, indem er zugleich der Einstellung *Lecourts* zu Bachelards Konzeption der Wissenschaftsgeschichte widerspricht: *„Aber in Wirklichkeit handelt es sich ebensosehr um eine Polemik gegen den Gedanken, die Geschichte könne eine Wissenschaft sein".*[183]

Der Nachfolger Bachelards am Institut für Wissenschafts- und Technikgeschichte an der Sorbonne G. *Canguilhem* versucht, bezogen auf den Bereich der *Biologie,* die Fragestellungen, die bei Bachelard im Hintergrunde stehen, weiterzuentwickeln und die daraus resultierende Polemik ein für allemal zu beenden.[184] Er sagt mit aller Deutlichkeit: *„Die Wissenschaftsgeschichte ist keine Wissenschaft und ihr Gegenstand ist kein wissenschaftlicher Gegenstand".*[185]

Dies waren die Charakterzüge von Bachelards Konzeption der Wissenschaftsgeschichte, die er anhand der Epistemologie der gegenwärtigen Naturwissenschaften (vor allem der Physik) zu begründen versucht, und zugleich des zweiten Teils des epistemologischen Werkes von Bachelard.

Aus der Betrachtung dieses Werkes im Ganzen läßt sich feststellen, daß die Aufgabe seiner Epistemologie sich auf zwei Ebenen zeigt:

Auf der ersten Ebene stehen die drei methodologischen Aufgaben: *Die Entfaltung wissenschaftlicher Werte, die Psychoanalyse der Erkenntnis* und *die Untersuchung der Rückwirkung der wissenschaftlichen Ergebnisse auf die geistige Struktur.* Auf der zweiten Ebene steht die philosophische Aufgabe, die bei Bachelard implizit bleibt und die mit den drei anderen Aufgaben zusammenhängt. Diese Aufgabe besteht darin, daß

---

[183] Ebenda., S. 151,152.
[184] Anhand des Begriffs der „*regionalen Epistemologie*" Bachelards kann man vier epistemologische Strömungen unterscheiden:
   1. Epistemologie der *Mathematik* (Russel; Poincaré;)
   2. Epistemologie der *Naturwissenschaften* (Bachelard; Reichenbach;)
   3. Epistemologie der *Biologie* (G. Canguilhem; J. Monod; C. Bernard;)
   4 Epistemologie der *Humanwissenschaften,* insbesondere der *Sozialwissenschaften* und *Geschichtswissenschaft* (P. Bourdieu; Althusser; Foucault).
   Werke dieser Autoren sind im Literaturverzeichnis angegeben.
[185] G. Canguilhem: Wissenschaftsgeschichte und Epistemologie, S. 36.

Bachelard in Anlehnung an die gegenwärtige Wissenschaft eine zusammengesetzte philosophische Position zu entwickeln versucht, um den Konflikt der beiden traditionellen metaphysischen Positionen (*Rationalismus-Realismus*) zu überwinden. Es gibt also einen Unterschied zwischen den beiden Ebenen. Die ersten Aufgaben muß die Epistemologie erfüllen, die letzte Aufgabe aber will Bachelard anhand der Epistemologie lösen. Meiner Meinung nach widmet Bachelard der letzten Aufgabe sein epistemologisches Werk. Versteht sich sein dialektischer Rationalismus als *„philosophische Synthese"*, die den Rationalismus und den Realismus vereint? Auf diese Frage hat Bachelard deutlich an mehreren Stellen geantwortet. Seine Philosophie der Wissnschaft zeigt sich im weiteren Sinne als *Dialektik* des Rationalismus und des Realismus.[186]

Gelang es Bachelard wirklich anhand seines *dialektischen* und *angewandten Rationalismus* (seiner *dialogisierten Philosophie*), den traditionellen *Konflikt* der beiden wesentlichen metaphysischen Richtungen zu überwinden?

---

[186] *„Ainsi la philosophie de la science contemporaine telle qu'elle est issue des révolutions du début du siècle se présente comme une dialectique de rationalisme instruit et de réalité élaborée."* Bachelard, G.: ER, S, 134.

III. DIALEKTIK

> „*Ein einziges dialektisiertes Axiom reicht aus, um die ganze Natur zum Erklingen zu bringen.*"
>
> G. Bachelard: *PN, S. 158*

III.1. Problemstellung

Manche philosophische Konzeptionen sind seit der Entstehung der Philosophie rätselhaft und wichtig zugleich. Sie sind rätselhaft wegen der Wandlungen, Modifikationen, Einschränkungen und Erweiterungen, der sie sich im Laufe ihrer Entwicklung in verschiedenen Epochen unterzogen haben. Sie sind wichtig, weil sich die Philosophen nicht scheuen, sie in ihren philosophischen Systemen zu verwenden. Darüber hinaus wurden sie von Forschern in verschiedenen Bereichen verwendet. Sie wurden meistens sogar im Alltagsleben verwendet ohne daß ihre im Laufe der Entwicklung entstandene Rätselhaftigkeit beseitigt und ihre eigentliche Bedeutung erhellt wurde. In diesem Zusammenhang hat Bachelard völlig recht, wenn er die wissenschaftliche bzw. die objektive Erkenntnis von der alltäglichen Erkenntnis abgrenzt.

Eine der wichtigsten und komplexesten philosophischen Konzeptionen ist die Konzeption der *Dialektik*. Die Wandlungen, denen sich diese Konzeption unterzogen hat, ähneln den Umwandlungen, denen die Konzeption der Philosophie selbst unterzogen hat.[187] Seit ihrer Erscheinung bei *Heraklit* wurde die Konzeption der Dialektik in allen Epochen der Philosophie verwendet. In der gegenwärtigen Philosophie ist sie vor allem im *Marxismus* und im *Existentialismus* von größter Wichtigkeit.[188] *Sidney Hook* charakterisiert das Problem der historischen Wandlungen der Konzeption der Dialektik folgendermaßen: „*Few philosophers have ever employed the term in the same sense as*

---
[187] Hook, Sidney: Dialectic in Society and History, in: Readings in the Philosophy of science, New York 1952, S. 701.
[188] Am 07.12.1961 fand in Paris eine Kontroverse über die Dialektik zwischen Marxisten und Existentialisten statt, an der etwa sechstausend französische Intellektuelle teilnahmen.

any of their predecessors. Indeed, rarely is it the case that any philosopher has consistently adhered to any one meaning in his writings. What the dialectic is, therefore, can no more be adequately treated short of a history of its definitions in use from Plato to the present." [189]

Bezogen auf mein Thema ist eine solche Untersuchung nicht möglich, deshalb möchte ich nun darauf aufmerksam machen, daß *Hegel* aufgrund seiner umfassenden Auffassung von Dialektik im Mittelpunkt der historischen Entwicklung der Dialektik steht, zu dem das traditionelle dialektische Denken führt und aus dem das gegenwärtige dialektische Denken entsteht.

Zunächst versuche ich die Auffassung Bachelards von Dialektik in die Entwicklung der Dialektik nach *Hegel* einzuordnen. Bachelard selbst bestimmt den historischen Rahmen, in den seine Konzeption der Dialektik eingefügt und in dem sie verstanden werden soll und die Bereiche, in denen sie angewandt werden kann: *„Die Philosophie des Nein hat ebenfalls nichts mit einer apriorischen Dialektik zu tun. Ganz besonders gilt, daß sie kaum in den Bereichen der Hegelschen Dialektik angewandt werden kann."* [190] Nach *G. Canguilhem* leugnet diese Erklärung jeden Interpretationsversuch des Denkens Bachelards, der irgendeine Dialektik des *Denkens*, der *Geschichte* oder der *Natur* bestätigt.[191]

---

[189] *(Nur einige Philosophen haben diese Konzeption (Dialektik) in derselben Bedeutung verwendet, in der sie ihre Vorgänger verwendet hatten. Vielmehr stellt man fest, daß diese Konzeption selten von einem Philosophen harmonisch und in demselben Sinne in allen seinen Werken verwendet worden ist. Ausgehend davon fragt sich man: Was ist Dialektik? Dann ist die Antwort unmöglich ohne Untersuchung der historischen Entwicklung des Wortes „Dialektik" seit Platon bis zu unserem heutigen Tage;* Hook, Sidney: Dialectic in Society and History, in: Readings in the Philosophy of Science. Ed. by Herbert Feigl and May Brodbeck, New York 1953, S. 701.) André Lalande hat bereits in seiner Kritik des Wortes "Dialektik" auf ihr terminologisches Problem hingewiesen: „*Ce mot a reçu des acceptions si diverses qu'il ne peut être utilement employé qu'en indiquant avec précision en quel sens il est pris.*" *(Dieses Wort erhielt so verschiedene Bedeutungen, so daß sie nicht nützlich verwendet werden kann, wenn wir nicht genau andeuten, in welchem Sinne es genommen ist;* Vocabulaire technique et critique de la philosophie, Paris 1902, 11e éd. 1972, S. 227.)

[190] Bachelard, Gaston: PN, S. 155.

[191] „*Cette déclaration de Gaston Bachelard a désavoué, pour avant et pour après sa mort, toute tentative d'interprétation de sa pensée aux fins de confirmation de telle ou telle dialectique de l'Idée, de l'Histoire ou de la Nature.*" G. Canguilhem: Études., S. 196.

Sollte Bachelards Dialektik nichts mit Dialektik des Denkens zu tun haben, dann erhebt sich die Frage, weswegen sich Bachelard in seinen Werken *ECA (1927)* und *PN (1940)* auf *O. Hamelin* bezieht. In *ECA* bezieht er sich in seiner Polemik gegen die herrschenden Philosophien, insbesondere gegen *Meyerson*, auf die *„synthetische Dialektik"* Hamelins. Diese Dialektik war stets von *E. Meyerson, A. Lalande* und *L. Brunschwicg* abgelehnt und widerlegt worden. Seine Anlehnung an *Hamelin* bedeutet aber nicht, daß seine dialektischen Thesen völlig mit denen *Hamelins* übereinstimmen.[192] Seine Bezugnahme auf die Thesen *Hamelins* kommt in *PN* deutlich zum Ausdruck. Er sagt: *„Wenn die dialektischen Thesen Octave Hamelins auch noch weit von den konstruktiven Bedingungen der Philosophie der zeitgenössischen Naturwissenschaft entfernt bleiben, so trifft dennoch nicht weniger zu, daß sich mit ihr die philosophische Dialektik der naturwissenschaftlichen Dialektik annähert."* [193]

Aus dem oben angeführten Zitat Bachelards erheben sich zwei Fragen: Erstens, hat die *Philosophie des Nein* also *„nichts mit einer apriorischen"*, sondern mit einer *„synthetischen Dialektik"* zu tun? Zweitens, solange die *Philosophie des Nein „kaum in den Bereichen der Hegelschen Dialektik angewandt werden kann"*, bedeutet das, daß diese Philosophie weder mit den idealistischen Dialektiken vor *Hegel*, noch mit den materialistischen Dialektiken nach *Hegel* etwas zu tun hat? Auf diese beiden Fragen antworte ich momentan mit folgender Frage: Ist bei Bachelard also nicht von einer philosophischen, sondern von einer *wissenschaftlichen Dialektik* die Rede? Hinsichtlich seiner Stellung zur Dialektik der *Geschichte* und der *Natur* äußert sich Bachelard nicht, vielleicht deshalb kritisiert er den *Marxismus* und den *dialektischen Materialismus* nicht.

Wie schon erwähnt, sind *„Offenheit"*, und *„polemischer Dialog"* entscheidende Charakterzüge der *„Philosophie des Nein"*. Entscheidender noch ist die Bedeutung, die Bachelard dem Wort *„Nein"* in seinem Werk *„Die Philosophie des Nein"* zu-

---

[192] Ders., ECA, S.16, 246, 293.
[193] Ders., PN, S.156.

schreibt: *"Vor allem muß man sich darüber im Klaren sein, daß die neue Erfahrung nein zur alten Erfahrung sagt, denn ohne dies handelt es sich ganz eindeutig nicht um eine neue Erfahrung. Aber dieses Nein ist niemals endgültig für einen Geist, der seine Prinzipien in einen dialektischen Prozeß zu bringen vermag."* [194]

Auf den Zusammenhang zwischen der *"Philosophie des Nein"* und Dialektik, genauer gesagt, auf die Bedeutung der Dialektik in der *"Philosophie des Nein"* Bachelards komme ich zu gegebenem Zeitpunkt zurück, nachdem ich zunächst den Ort bzw. den historischen Rahmen seiner Dialektik in der Geschichte der Dialektik bzw. der Philosophie schlechthin feststellen werde. Bei meiner Auseinandersetzung mit dem epistemologischen Werk Bachelards, in der ich versucht habe, seine philosophische Position *(Philosophie des Nein)* von den anderen herrschenden philosophischen Positionen abzugrenzen und sie genau zu charakterisieren, habe ich bereits versucht, einige Stellen herauszugreifen, die sich als sichere Zugänge zur Auffassung von Dialektik Bachelards betrachten lassen. Ohne den Umweg über den Entwicklungsprozeß in Bachelards Denken und ohne die Auseinandersetzung mit seinem epistemologischen Werk wird die Beschäftigung mit seiner Dialektik, wenn man seine Ausdrücke verwenden darf, *"ein heikles, oft ein enttäuschendes Unterfangen"* sein *(PN, S. 17).*

"Dialektik", *"Erkenntnishindernis"* und *"epistemologischer Bruch"* bilden, wie schon erwähnt, die Auffassung von Wissenschaftsgeschichte Bachelards, die ich als zweiten Teil seines epistemologischen Werkes angesehen habe. Darum muß seine Konzeption der Dialektik nun in seinem epistemologischen Werk untersucht werden. Der Untersuchungsbereich im Hinblick auf die Konzeption seiner Dialektik ist klar: die Wissenschaftsgeschichte bzw. das wissenschaftliche Denken, und nicht das philosophische Denken und die Geschichte der Philosophie schlechthin. Bachelards Dialektik muß also innerhalb der historischen Entwicklungen der Dialektik untersucht werden, die ich *"Entwicklung der Dialektik nach Hegel"* nennen werde. Was ist aber der Gegenstand der Dialektik in diesen Epochen? Diese Frage stellt jeder Forscher, der

---

[194] Ders., PN, S. 24.

sich an das Problem der Dialektik annähert. *Rüdiger Bubner* hat sich mit der *„Sache der Dialektik"* beschäftigt und erhebt dieselbe Frage von der ersten Seite seines Werkes an. Er sagt: *„Seit es Dialektik gibt, kennt man die Frage, was eigentlich deren Sache sei."* [195]

III.2. Entwicklung der Dialektik nach Hegel

Mit „*Entwicklung*" ist nun der Prozeß der Dialektik nach *Hegel* gemeint. Meines Erachtens bilden drei Themen den Gegenstand des Entwicklungsprozesses der Dialektik nach dem Tode *Hegels*: *„Geist"*, *„Natur"* und *„Mensch"*.

Erstens: *„Dialektik des Denkens"* bzw. Dialektik im Bereich der *„reinen"* Vernunft.[196] Auf dieser Ebene lassen sich drei Dialektikformen unterscheiden: Die eine Form beschäftigt sich mit dem Denken von dem Gesichtspunkt des *Subjekts* aus bzw. mit dem Denken als *Vorstellung (Représentation)*, vor allem bei *O. Hamelin (1856-1907)*.[197] Die andere Form befaßt sich mit dem Denken von dem Gesichtspunkt des *Objekts* aus bzw. mit dem Denken als wesentlichem Charakterzug der *Existenz (Existence)*, wie es der Fall ist bei *John M. E. Mctaggart (1866-1925)*.[198] Die dritte Dialektikform bildet eine Synthese aus den beiden genannten Formen der Dialektik. Während sich *Hamelin* mit dem Denken von dem Gesichtspunkt der *Erkenntnis* aus beschäftigt, befaßt sich *Mctaggart* mit dem Denken von dem *ontologischen* Gesichtspunkt aus. Diese synthetische Position beschäftigt sich zugleich mit dem Denken von dem Gesichtspunkt des *Subjektes* und des *Objektes* aus. Dies zeigt sich deutlich in der *Dialektik der Teilnahme (Participation)* bei *L. Lavvelle (1883-1951)*.[199]

Zweitens: *Dialektik der Natur*. Dabei kann man auch drei Auffassungen von Dialektik feststellen: Die eine Auffassung stellt eine Dialektik der Natur fest: jene Auffassung derjenigen Philosophen, welche die *Dialektik der Natur* proklamieren und verteidigen.

---

[195] Bubner, Rüdiger: Zur Sache der Dialektik, Reclam, Stuttgart 1980, S. 3.
[196] *„Reine"* Vernunft bedeutet in diesem Zusammenhang keine Bezugnahme auf das Werk *Kants*, sondern nur: der Geist in seiner Unabhängigkeit von der Erfahrung.
[197] Hamelin, Octave: Essai sur les éléments principaux de la représentation, Paris 1907, 2 ème éd. 1925, S.1.
[198] Mctagaart, John Ellis: The nature of existence, London 1921, S. 3.
[199] Lavelle, Louis: La Dialectique du monde sensible, Paris 1954, 2 ème éd. 1954, S. 1-3.

Hier ist die *marxistische Strömung* (*Engels* und seine Nachfolger) zu nennen.[200] Die andere Auffassung *lehnt* die Existenz einer Dialektik der Natur ab (*Sartre* und *J. Hyppolite*).[201] Die dritte Auffassung von Dialektik vertritt ihrerseits auf eigene Art und Weise die Behauptung, daß es eine Dialektik der Natur gebe, aber nicht im Sinne der marxistischen Dialektik, wobei die Dialektik in der Natur selbst existiert. Eine Dialektik, die sich hauptsächlich auf naturwissenschaftliche Konzeptionen (über die Natur) stützt (*Gaston Bachelard*).[202] Diese Art von Dialektik ist der Schwerpunkt meiner Auseinandersetzung mit dem epistemologischen Werk Bachelards. Auf diesen Punkt werde ich unten ausführlich eingehen.

Drittens: *Dialektik des Menschen*. Diese Art von Dialektik bildet eine Synthese aus der Dialektik des Denkens und der Natur. Sie beschäftigt sich mit dem Menschen von drei verschiedenen Gesichtspunkten aus:

a. Der *Mensch von innen*, d.h. *Dialektik der Subjektivität* bzw. der *Gefühle (Feeling)*, *(S. Kierkegaard)*.[203]

b. *Der Mensch von außen (Karl Marx)*.[204]

c. *Der Mensch von innen und außen zugleich* bzw. *Versöhnung* zwischen Existentialismus und Marxismus wie der Versuch von *Sartre* in seinem berühmten Werk „*Kritik der dialektischen Vernunft*".

Dies waren kurz die drei Aspekte des Entwicklungsprozesses der Dialektik nach *Hegel*, nämlich: *Dialektik des Denkens (Geistes), der Natur* und *des Menschen*.

---

[200] Engels, Friedrich: Dialektik der Natur, Berlin: Dietz, 7. Aufl. 1973.
[201] Sartre, Jean Paul: Critique de la raison dialectique, Paris 1960, S. 123.
    - Controverse sur la dialectique, 1962, S. 25.
    Hyppolite, Jean: - Gaston Bachelard ou le romantisme de l'intelligence, in: Hommage à Bachelard, Paris 1957.
    - Etudes sur Marx et Hegel, Paris 1965.
[202] Die Hinzufügung der Dialektik von Bachelard im Rahmen der „*Dialektik der Natur*" wie sie *Engels* versteht ist eine umstrittene Frage der Bachelardschen Dialektik. Diese Frage verlangt mehr als nur eine Fußnote. Darauf komme ich bei Gelegenheit zurück.
[203] Kierkegaard, Sören Aabye: The Point of view, London 1950.
    - The Journals, Londen 1959.
[204] Marx, Karl: Das Kapital.

Wo läßt sich die Dialektik Bachelards in den gegenwärtigen Entwicklungsprozeß der Dialektik einfügen? Diese Frage bildet einen Zugang zur Untersuchung der Dialektik von Bachelard, aber die Antwort auf sie hilft uns nicht, eine eigene Auffassung der Dialektik bei Bachelard herauszustellen. Eine Frage, die gestellt und ausführlich beantwortet werden soll, ist die Frage nach der *Bedeutung* und dem *Inhalt*, die Bachelard dem Begriff der Dialektik zuschreibt. Vor allem muß an einen festen Ausgangspunkt erinnert werden, und zwar an die Epistemologie Bachelards, innerhalb deren Entwicklung Bachelards Auffassung von Dialektik festgestellt werden soll, die sich als Polemik gegen die herrschenden Philosophien entwickelte. Bei seiner Auffassung von Epistemologie sind seine Gegner *Descartes* und *Bergson*, bei seiner Auffassung von Wissenschaftsgeschichte ist sein Gegner *Meyerson*. Wer ist aber sein Gegner oder Vorgänger bei seiner Auffassung von Dialektik?

Bachelard interessiert sich nicht für Dialektik als gesondertes Thema, sondern für philosophische Systeme, in den sich Dialektik und andere philosophische Begriffe entwickeln. Er widmet der Konzeption der Dialektik kein einzelnes Kapitel oder Werk. Er spricht von Dialektik in seinen Schriften, er nennt sogar eine von ihnen: *„La Dialectique de la durée"*. Dieses Werk ist ein rein philosophisches Werk und es enthält keine historische Einführung in die Dialektik und keinen Beitrag Bachelards zum Problem der Dialektik. Er kritisiert oder lehnt sogar eine philosophische Position im Namen eines Philosophen wie *Descartes (Idealismus)*, *Bergson (Spiritualismus)* oder *Comte (Positivismus)* ab. Wenn er in dem oben angeführten Zitat die *Hegelsche* Dialektik kritisiert und sich von ihr distanziert, bedeutet das dann, daß er sich von jeder philosophischen Dialektik, auch von jeder mehr oder weniger im Zusammenhang mit *Hegel* stehenden Dialektik distanziert?

Er verwendet den Begriff der Dialektik und andere Begriffe, ohne sie vorher zu definieren. Er fügt aber oft diesen Begriffen ein *„aber"* oder eine *„Negation"* als Elemente einer möglichen Begriffsbestimmung hinzu. Seine philosophische Position nennt er manchmal Epistemologie, *„aber"* *„Nichtcartesische Epistemologie"*, manchmal Rationalismus *„aber"* *„neuen Rationalismus"* oder *„angewandten Rationalis-*

mus", Philosophie „*aber*" „*Philosophie des Nein*" und manchmal Materialismus „*aber*" „*Rationalistischen Materialismus*". Sicherlich verwendet er philosophische Begriffe, die in der Geschichte der Philosophie seit den Griechen bekannt sind, aber nicht im herkömmlichen, sondern in einem neuen Sinne, der für Bachelard spezifisch ist, in einem Bachelardschen Sinne sozusagen.

Hinsichtlich der Dialektik drückt er seine eigene Auffassung von Dialektik nicht präzise aus. Seine Einstellung zu den oben skizzierten drei Dialektikformen läßt sich ohne solche Interpretationen nicht deutlich feststellen. Bezüglich der ersten Dialektikart *(Dialektik des Denkens)* bezieht er sich, wie schon angekündigt, nun auf *O. Hamelin*. Hier wird seine Bezugnahme auf *Hamelin* bei der Charakterisierung seiner Auffassung von Dialektik deutlich. Was aber die zweite Dialektikart *(Dialektik der Natur)* angeht, äußert er sich kaum. Dies zeigt sich dadurch, daß er sowohl den *Marxismus* als auch den *dialektischen Materialismus* von seiner Polemik gegen die Philosophien und die Philosophen ausschließt. Die dritte Dialektikart *(Dialektik des Menschen)* ist von ihm überhaupt nicht erwähnt. Was den *Marxismus* und den *Existentialismus* und ihren Konflikt angeht, das war nie Thema seiner Betrachtungen. D.h. er hat nicht zum Konflikt der beiden in der gegenwärtigen Geschichte der Philosophie in Frankreich *(ca.1940-1970)* dominierenden Positionen beigetragen und er hat nicht versucht, sie zumindest zu versöhnen wie er das mit dem Rationalismus und dem Empirismus tut.

Kurzum, Bachelard hat die oben genannten Dialektikformen aus einfachen Gründen nicht berücksichtigt: weil sie sich innerhalb der jeweiligen philosophischen Systeme entwickelt haben. Bedeutet dies, daß sich bei Bachelard eine antiphilosophische Tendenz entwickelt? Sollte das der Fall sein, warum bezieht er sich oft auf Hamelin? Schon das wenige, was ich über die Einstellung Bachelards zu den Philosophien, die er nicht kritisiert, ausführte, zeigt vorzeitig, daß Bachelards Auffassung von Dialektik nichts mit einer solchen philosophischen Auffassung von Dialektik zu tun hat.

III.3. Von philosophischer zur wissenschaftlichen Dialektik

„Die Vernunft muß, um es noch einmal zu sagen, der Wissenschaft gehorchen." Mit diesem pädagogischen Befehl beendet Bachelard seine *„Philosophie des Nein"* *(S. 165)*. Diese Gehorsamkeit bedeutet, daß die Vernunft ihre Struktur der Dialektik der wissenschaftlichen Erkenntnisse anpassen soll, sonst kann sie von den wissenschaftlichen Revolutionen keinen Gebrauch machen. Die Struktur der Vernunft und ihre Entwicklung stellt Bachelard sich selbst vom Anfang seiner epistemologischen Überlegungen an als schwerwiegendes Problem. Dieses Problem ist schon von den traditionellen Rationalisten *(Platon, Descartes, Kant)* gestellt worden, es sei aber nach Bachelard falsch gestellt, sowohl von Philosophen als auch von Wissenschaftlern. Aus dieser falschen Problemstellung heraus verbreitet sich die Kluft bzw. der Gegensatz zwischen den zeitgenössischen Philosophien und ihren zeitgenössischen Wissenschaften. Bachelard stellt das Problem der Struktur und der Entwicklung des Geistes folgendermaßen dar:

„Der Wissenschaftler glaubt, von einem noch unstrukturierten und kenntnislosen Geist auszugehen; der Philosoph dagegen setzt meistens einen konstituierten Geist voraus, der mit allen Kategorien versehen ist, die zum Verständnis des Wirklichen unabdingbar sind." [205]

Mit seiner Auffassung vom – neuen – wissenschaftlichen Geist beabsichtigt Bachelard, die Auffassung vom Geist bei der philosophischen Tradition und zugleich bei den Wissenschaftlern zu überschreiten. Die Auffassung der *Wissenschaftler* entspricht nach Bachelard dem Standpunkt des *Empirismus, Realismus* und des *Positivismus*, die übereinstimmend akzentuieren, daß der Geist bei seinem Widerstand gegen das Wirkliche keine Struktur und keine Erkenntnisse besitzt. Der Standpunkt der *Philosophen* stellt die Einstellung der traditionellen *rationalistischen* Position dar, die die Meinung vertritt, daß der Geist apriorisch über alle zum Verständnis des Wirklichen gebrauchten

---

[205] Bachelard, G.: PN, S. 22. Ich habe das Problem der Struktur und der Entwicklung des Geistes bereits im zweiten Kapitel angedeutet. Ihm widmet er sein Werk *„Die Bildung des wissenschaftlichen Geistes"*.

Kategorien verfügt. Dabei widerspricht Bachelard unterschiedlichen Philosophien, sei es seinen zeitgenössischen rationalistischen Philosophien wie der von *Brunschvicg*, oder sei es den traditionellen rationalistischen Philosophien wie der Philosophie von *Kant, Descartes* und von *Platon* schlechthin. Was ihn interessiert, ist die Idee bzw. die Einstellung, der er widerspricht, und nicht der Vertreter dieser Idee oder jener Einstellung; deshalb macht er die Philosophie *Bergsons* und *Meyersons* zum Thema seiner Polemik gegen die Philosophen.

Seine scharfe Kritik übt er im Wesentlichen an den traditionellen Philosophien. Dies zeigt sich meines Erachtens folgendermaßen: Erstens, Bachelard widerspricht den idealistischen Philosophien hinsichtlich ihrer Auffassung vom Geist als statischem Geist und spricht dagegen von einem *dynamischen* Geist, dessen Struktur durch die Entwicklung der Wissenschaften beeinflußt wird und von einem Geist, der seine Prinzipien *dialektisiert*. Zweitens, er widerspricht ihnen hinsichtlich ihrer Konzeption der Begrenztheit der – wissenschaftlichen – Erkenntnis. Bekanntlich fragt die philosophische Tradition nach dem Wesen und der Möglichkeit von Erkenntnis, um die Erkenntnisfähigkeit des Geistes zu begrenzen. Das ist genau das, was Bachelard „*Konzeption der epistemologischen Grenze*" nennt.[206]

Welche Philosophien vertreten die Idee der epistemologischen Grenze?
Alle Philosophien, welche die Erkenntnisfähigkeit des Geistes nachzeichnen. Dabei läßt sich die Philosophie *Kants* und *Bergsons* nennen. Die eine stellt das „*Ding an sich*" als Grenze der Erkenntnis dar, die andere errichtet dem Geist Grenzen, um den Raum für die Intuition freizugeben. Bachelard stellt den Philosophen die Frage, ob es gar möglich sei, „*die Grenzen des wissenschaftlichen Denkens nachzuzeichnen.*"[207] Er setzt sich mit dieser Konzeption auf wissenschaftlicher und philosophischer Ebene kritisch auseinander. Wissenschaftlich betrachtet bedeutet die Grenze der Erkenntnis

---

[206] Bachelard widmet der Kritik der Konzeption der epistemologischen Grenze folgenden Artikel: Critique préliminaire du concept de frontière épistémologique. Actes du VIIIe Congrès international de Philosophie, à Prague (2-7 septembre 1934), Prague, Orbis, 1936: 3-9 (wieder abgedruckt in Études, 1970, S. 77-85).
[207] Ebenda., S. 77.

nur „*einen momentanen Aufenthalt des Denkens*". Philosophisch gesehen bezeichnet jede absolute Grenze der Wissenschaft „*ein schlecht gestelltes Problem.*"[208] Anhand seiner Kritik will Bachelard auf ein Problem des Fortschritts im wissenschaftlichen Denken aufmerksam machen: „*daß ein unlösbares Problem ein schlecht gestelltes Problem ist.*"[209] Bachelard will damit feststellen, daß die der Wissenschaft und der Erkenntnis schlechthin vorgeschlagene absolute Grenze kein absolutes *Hindernis* sei. Sie ist nach Bachelards Worten ein *Erkenntnishindernis*, weil sie nicht von außen, sondern vom Geist selbst errichtet wird. Er sagt ausdrücklich: „*La science seule est habilitée à tracer ses propres frontières. Or pour l'esprit scientifique, tracer nettement une frontière, c'est déjà la dépasser.*"[210] Kurz gesagt, die epistemologische Grenze ist nach Bachelard bloß „*momentaner Aufenthalt des Denkens*", eine unklare formulierte Frage[211] und eine „*Barriere*", die von der wissenschaftlichen Philosophie zerstört werden soll. Die Zerstörung des nicht-wissenschaftlichen Geistes bzw. der Barrieren, die von der philosophischen Tradition errichtet sind, ist eine der Aufgaben der wissenschaftlichen Philosophie Bachelards: „*La philosophie scientifique doit en quelque manière détruire systématiquement les bornes que la philosophie traditionnelle avait imposées à la science.*"[212]

Gegen all diese genannten Einstellungen spricht er meiner Meinung nach von einer *dialektischen* Auffassung vom Geist, von einem Geist, der in dialektischem Verhältnis zu den Erkenntnissen steht, die er produziert. Diese Erkenntnisse wirken aber ihrerseits wiederum auf die Struktur des Geistes. Der Geist hat keine statische, sondern eine dynamische Struktur, die eine Geschichte hat. Ihre Geschichte besteht in der Entwicklung

---

[208] Ebenda., S. 84.
[209] Ebenda., S. 78-79.
[210] *(Allein die Wissenschaft ist befähigt, ihre eigenen Grenzen zu ziehen. Freilich heißt für den wissenschaftlichen Geist, deutlich eine Grenze ziehen, bereits, sie zu überschreiten; Ebenda., S. 80.)*
[211] Bachelard nimmt dieses Problem in seinem Werk FES bei seiner Beschäftigung mit dem Begriff des Erkenntnishindernisses wieder auf. Er sagt in pädagogischem Stil: „*Der wissenschaftliche Geist verbietet uns Meinungen über Fragen, die wir nicht verstehen, über Fragen, die wir nicht klar zu formulieren wissen. Vor allem gilt es, Probleme aufzustellen.*" FES, S. 47.
[212] *(Die wissenschaftliche Philosophie muß irgendwie die Barrieren zerstören, welche die traditionelle Philosophie der Wissenschaft gesetzt hat; Ders., Études, S. 85.)*

ihrer Erkenntnisse.[213] Kurzum, der Geist produziert Erkenntnisse, aber er wird selbst von der Entwicklung dessen, was er produziert, beeinflußt. Durch diesen dialektischen Prozeß und das dialektische Verhältnis zwischen den vorherigen und aktuellen Erkenntnissen entwickelt er sich. Der Geist aber produziert nicht bloß die Wissenschaft, sondern er lernt auch selbst von der revolutionären Entwicklung dieser Wissenschaft.[214] Mit einem Wort, diese Merkmale: Dynamik, Dialektik, Zerstörung und Reorganisation bezeichnen den wirklichen wissenschaftlichen Geist, den Bachelard herauszuarbeiten versucht.[215]

Dies war eine kurze Darstellung von Bachelards Konzeption des Geistes, die er unter dem Einfluß der zeitgenössischen wissenschaftlichen Revolution formuliert hat, jene Konzeption, welche – neben zahlreichen andern philosophischen Konzeptionen – die philosophische Position Bachelards bildet, die er als philosophische Alternative zur dominierenden Philosophie der Wissenschaft betrachtet. *Geist, Wirklichkeit, Raum, Zeit* und *Wahrheit* sind grundlegende Konzeptionen der philosophischen Terminologie, durch die er versucht, den epistemologischen Bruch auf den philosophischen Bereich zu übertragen. Sie bilden deshalb die philosophische Position Bachelards, welche laut Bachelard der Wissenschaft angemessen ist. Aus der Betrachtung dieser Konzeptionen – jede für sich – zeigen sich die Hauptmerkmale des Bruchs der Philosophie von Bachelard mit den dominierenden Philosophien. Wie bereits erwähnt, allein bei der Darstellung der Konzeption des Geistes kommen einige Charakterzüge seiner philosophischen Position deutlich zum Ausdruck. Er erläutert sie im letzten Kapitel seines Werkes *NES* und nennt sie „*die nichtcartesische Epistemologie*"[216]

---

[213] Bachelard, G.: NES, S. 171: „*Die Struktur des Geistes wird variabel, sobald das Wissen eine Geschichte hat.*"
[214] Ders., PN, S. 164: „*Alles in allem leitet die Wissenschaft die Vernunft. Die Vernunft hat der Wissenschaft zu gehorchen, und zwar der am weitesten entwickelten Wissenschaft, der sich entwickelnden Wissenschaft.*"
[215] Vgl. Ders., FES.
[216] Ders., NES, S. 135-177.

Mit dieser Bezeichnung proklamiert er nicht nur einen Bruch mit seinen zeitgenössischen Philosophien, sondern deren Überschreitung. Die *nichtcartesische Epistemologie* bricht mit allen Philosophien, die Erkenntnis- oder Wissenschaftstheorien zu bilden versuchten, sei es die Erkenntnistheorie *Platons, Descartes`* und *Kants*, oder sei es die Wissenschaftstheorie *A. Comtes.* Der Bruch auf der philosophischen Ebene bzw. im philosophischen Bereich besteht im Verhältnis, das die Epistemologie Bachelards einerseits mit der Wissenschaft, andererseits mit der Philosophie schlechthin etabliert. Während die philosophische Tradition die Kluft zwischen Philosophie und Wissenschaft durch ihre metaphysischen Interpretationen der Wissenschaften nach und nach verbreitert hat, will die Bachelardsche Epistemologie adäquat sein, oder zumindest versuchen, diese Kluft zu überwinden. Sollte Bachelard anhand seiner Auffassung vom Geist die rationalistischen und realistischen Philosophien überschreiten, dann erhebt sich die Frage, ob diese Überschreitung absolut sei. Bedeutet das, daß Bachelard den epistemologischen Bruch, der im wissenschaftlichen Bereich verwirklicht ist, im philosophischen Bereich realisiert? Diese Frage kann erst zum Schluß dieses Kapitels beantwortet werden, nachdem ich Bachelards Auffassung von Dialektik dargestellt habe.

In diesem Zusammenhang möchte ich darauf hinweisen, daß die Akzentuierung einiger Hauptmerkmale der Überschreitung der traditionellen Philosophie nicht bedeutet, daß ich die Punkte vernachlässige, in denen die Epistemologie Bachelards der Problematik der philosophischen Tradition treu bleibt. Betrachtet man seine Konzeption der Dialektik in ihrer Entwicklung, zumindest in seinen Werken der ersten Periode, dann stellt man früher oder später fest, daß sich Bachelard im Rahmen der traditionellen philosophischen Problematik bewegt. Wie gesagt, der Bruch seiner Epistemologie mit ihren zeitgenössischen und mit den traditionellen Philosophien zeigt ihr Verhältnis zu den Wissenschaften einerseits, und das zu diesen Philosophien andererseits. Das Verhältnis zu den Wissenschaften scheint eindeutig zu sein, nämlich die Philosophie der Wissenschaft soll der Wissenschaft adäquat sein. Wie gelingt es dem Philosophen der Wissenschaft, die wissenschaftlichen Ergebnisse zu betrachten und sie ins Philosophische zu übertragen, insbesondere wenn er im Wesentlichen Idealist ist? Dem Philosophen der Wissenschaft muß die philosophische Einstellung zum epistemologischen

Bruch in den Wissenschaften bewußt sein. Diese Einstellung bzw. dieses Bewußtsein der neuen wissenschaftlichen Ergebnisse ist genau die philosophische Einstellung, welche die Wissenschaft braucht.

Bachelards Verhältnis zu den gesamten Philosophien, gegen die er polemisiert, die er kritisiert und zum größten Teil ablehnt, ist zwiespältig. Er polemisiert gegen den Rationalismus und den Realismus und kritisiert sie scharf, weil sie durch einige Charakterzüge Gemeinsamkeiten mit dem Idealismus haben. Er kritisiert aber materialistische Philosophien nicht, die wissenschaftlich orientiert sind. Statt dessen kritisiert er das, was er *„naive"* realistische Philosophien nennt. Diese Zweideutigkeit der philosophischen Einstellung Bachelards zur Philosophie schlechthin ist meines Erachtens ein Merkmal des inneren Widerspruchs der Epistemologie Bachelards, das meistens kritisiert wird. Dies läßt sich ab den ersten Seiten des ersten Werkes Bachelards *ECA* feststellen, in denen der Name von *Hamelin (1856-1907)* auftaucht.[217] Warum bezieht sich Bachelard also auf *Hamelin*? Anders gefragt, was interessiert ihn innerhalb der metaphysischen Philosophie *Hamelins*? Diese Fragen werden im Laufe der Darstellung der Auffassung Bachelards von Dialektik erläutert.

III.3.1. G. Bachelard und O. Hamelin: Synthetische Dialektik und Philosophie des Nein

Wie schon erwähnt bezieht sich Bachelard in seinen ersten Werken, insbesondere im *„Essai sur la connaissance approchée"*, auf *Hamelin*. Dieses Werk beginnt und endet mit der Bezugnahme auf den *„Essai sur les éléments principaux de la représentaton"*.[218] Da die Darstellung des Verhältnisses Bachelards zu *Hamelin* eine ausführliche Auseinandersetzung mit dem philosophischen System *Hamelins* fordert, kann es in diesem Abschnitt keine ausführliche Darstellung der philosophischen Position *Ha-*

---

[217] G. Bachelard: ECA, S. 16, 246, 293.
[218] Hamelin, Octave: Essai sur les éléments principaux de la représentation, Paris 1907. Dieses Werk ist die These seiner Doktorarbeit, die er ein paar Monate vor seinem Tode 1907 geschrieben hat. In diesem Werk stellt er sein philosophisches System dar. Nach seinem Tode erschienen drei wichti-

melins geben. Das Hauptproblem, das *Hamelin* beschäftigt, ist im Grunde erkenntnistheoretisch. Dieses Problem stellt sich folgendermaßen: Wollte man die Welt erkennen, welche sind die grundlegenden Elemente dieser Erkenntnis? Welche sind die ersten Kategorien, die man benötigt, um die Existenz zu verstehen und die Welt zu erkennen?

Hamelin beginnt mit der Kritik und der Ablehnung der *empirischen* Methode, weil der Empirismus ihm zufolge „*nicht mehr als Verneinung des Wissens*"[219] ist. Wissen bedeutet für ihn die Festlegung der notwendigen Zusammenhänge zwischen den Dingen, die ein „*System*" bilden.[220] Der Empirismus gelangt zur Verleugnung jeder Entstehungsmöglichkeit eines notwendigen Systems des Wissens. Im Gegensatz dazu gibt es laut *Hamelin* kein Wissen außer dem *systematischen Wissen*, d.h. das durch bloße Zusammenstellung von Tatsachen ohne Zusammenhang miteinander erworbene Wissen sei kein wirkliches Wissen.[221] Was versteht er unter „*Wissen*" und „*System*"? Wissen ist für *Hamelin* stets die Festlegung der Zusammenhänge zwischen den Dingen. Das System ist nichts anders als eine Gesamtheit (Ensemble) von Gliedern (Termes), die notwendig miteinander verknüpft sind.[222] Dies bedeutet, daß die Grundgedanken des Wissens bzw. die grundlegenden Elemente der Anschauung (Représentation) miteinander in einem notwendigen System verknüpft und reorganisiert werden müssen. Dies ist genau die Aufgabe, die er seiner Philosophie zuschreibt und zugleich die Aufgabe, die *Renouvier* bereits anhand einer *synthetischen* Methode wie der von *Platon* und *Hegel* zu erfüllen versuchte.[223] *Hamelin* versucht in seinem *Werk (Essai)*, zwei Tatsachen zu enthüllen: Erstens stellt sich jeder der Grundgedanken in dreiteiliger

---

ge Werke: *Le Système de Descartes*, herausg. von L. Robin, Paris 1911; *Le Système d'Aristote*, herausg. von L. Robin, Paris 1920 et *Le Système de Renouvier*, herausg. von Mouy, Paris 1927.

[219] Ebenda., S. 6, 12: „*L'empirisme n'est que la négation du savoir.*"

[220] Ebenda,. S. 8: „*Il semble donc qu'en rejetant l'empirisme nous admettons du même coup que les choses forment un système.*"

[221] Ebenda., S. 6: „*En réalité, il n'y a pas de savoir qui ne soit systématique. Si le savoir consistait à mettre des faits les uns à côté des autres (et encore serait-ce là les lier en quelque manière), les empiristes ne s'efforceraient point de sortir de leur doctrine.*"

[222] Ebenda., S. 7: „*Savoir, c'est donc toujours assigner des rapports nécessairement liés entre les choses.*" (Wissen, dies is folglich immer Festlegung der Zusammenhänge zwischen den Dingen.)

[223] Bréhier, Emile: Histoire de la Philosophie, tome 2, la philosophie moderne, Paris 1948, S. 1062.

dialektischer Form dar *(These – Antithese – Synthese).*²²⁴ Zweitens verknüpft er alle Grundgedanken nach und nach in eine Reihenfolge gemäß eines allgemeinen Gesetzes der Verknüpfung der Gedanken, nämlich dem Gesetz der *Opposition* und der *Synthese*.²²⁵ Diese Gedankenfolge ist das, was man *fundamentale Dialektik Hamelins* nennen kann.²²⁶

Aufgrund dieses Gesetzes der Verknüpfung strebt er danach, ein System der fundamentalen Begriffe zu etablieren. Zur Durchführung dieses Vorhabens setzt er sich kritisch auch mit der *analytischen* Methode²²⁷ auseinander und lehnt sie ab, weil sie auch ihrerseits mit seiner Auffassung vom Wissen nicht übereinstimmt: Wissen bedeutet für ihn, wie bereits erwähnt, die Bestimmung der notwendigen Zusammenhänge zwischen den Dingen. Bei der Anwendung der analytischen Methode beschränkt sich die Analyse allein darauf, Grundgedanken aus einem andern Gedanken abzuleiten, die in ihm bereits enthalten sind, ohne ihre Zusammenhänge einzubeziehen.

Hamelin lehnt folglich sowohl die empirische als auch die analytische Methode ab und bevorzugt statt dessen die synthetische Methode. Was versteht er unter dieser Methode, die er bei der Gründung seines idealistischen philosophischen Systems privilegiert? Unter der synthetischen Methode versteht er – kurz gefaßt – die Bildung der Gedanken und der Vorstellungen durch die *Opposition,* die laut ihm das entscheidende Moment der synthetischen Methode sei. Er sagt ausdrücklich: *„Le moment décisif de cette méthode est l'opposition."* *(Das entscheidende Moment dieser Methode ist die Opposition.)* ²²⁸

---

[224] Die präzise Bezeichnung des Grundgesetzes der Dialektik *Hamelins* ist eigentlich: *Posé, Opposé* und S*ynthese*. *Hamelin* hat aber die Begriffe: *These, Antithese* und *Synthese* in seinem Werk *(Essai, S. 2)* und an anderen Stellen verwendet. Es muß aber daran erinnert werden, daß er *Antithese* nicht im *Hegelschen* Sinne verwendet, sondern ihr eine neue Bedeutung zuschreibt, indem er den *Widerspruch* (Contradiction) durch die *Korrelation* (Corrélation) ersetzt.
[225] Hamelin drückt das Gesetz der *Opposition* und der *Synthese* im folgenden Ausdruck aus: *„Chaque notion a son opposé."* (*Jede Gedanke hat seinen Gegensatz; Ebenda., S. 13.)*
[226] Vgl. Sesmat, Augustin: Dialectique Hamelinienne et la philosophie chrétienne. Paris 1955, S. 127, 128.
[227] Vgl. Hamelin: Essai., S. 2-6.
[228] Ebenda., S. 12.

Da die synthetische Methode im Prinzip darauf sich besteht, Gedanken bzw. Vorstellungen durch das Gesetz der Opposition zu bilden und die Opposition bei *Hamelin* die Opposition von Gegensätzen bedeutet, akzentuiert er den Unterschied zwischen den beiden Formen der Opposition, nämlich dem Widerspruch und dem Gegensatz. In diesem Zusammenhang will *Hamelin* darauf aufmerksam machen, daß der Widerspruch kein grundlegendes Element der Dialektik ist.[229] Er gründet deshalb sein System auf der Opposition von Gegensätzen. Die Synthese ist ihm zufolge eine Versöhnung entgegengesetzter Präpositionen wie z. B.: *„Einige Menschen sind weiß"* und *„Einige Menschen sind nicht weiß"* und nicht zwischen den widersprüchlichen Proppositionen: *„Der Mensch ist weiß"* und *„Der Mensch ist nicht weiß" (Essai., S. 14)*. Was versteht *Hamelin* nun unter Opposition? *„L'opposition, telle que nous la cherchons, doit être à la fois essentielle et distincte de la contradiction. Elle doit être distincte de la contradiction parceque nos opposés s'unissent dans une synthèse et qu'il est impossible d'unir les contradictoires."* (Die Opposition, die wir suchen, muß zugleich wesentlich und vom Widerspruch unterschieden (distinct) sein. Sie muß vom Widerspruch unterschieden sein, weil sich unsere Gegensätze in eine Synthese vereinigen und es unmöglich ist, die Widersprüche zu vereinigen; *Essai, S. 14.*)
Widerspruch und Gegensatz sind nicht dasselbe. Der Unterschied zwischen den beiden besteht darin, daß der Widerspruch eine absolute Opposition ist. Die Opposition durch Widerspruch ist eine Negation mit Aufhebung der These (*Posé*). Der Gegensatz ist eine reale Opposition, wobei die Gegensätze einander nicht verleugnen. *Hamelin* legt einen Akzent auf den Unterschied zwischen diesen Oppositionsformen, den *Hegel* nicht berücksichtigt hat. Aus diesem Grunde stimmt *Hamelin* der dialektischen Methode *Hegels* nicht völlig zu. Er kritisiert heftig den Widerspruch bzw. die universale Negation, auf die sich die *Hegelsche* Dialektik stützt, und er lehnt sie ab.[230]

---

[229] Die Opposition von Widersprüchen sei nach Sartre kein notwendiges Triebwerk des dialektischen Prozesses. Vgl. Sartre, J. P.: Critique de la raison dialectique, Paris 1960, tome I, S. 137.
[230] *„Telle est la conception de la méthode synthétique dans Hegel. N'est-ce pas la notre? Non pas peut-être tout à fait."* (Das ist die Konzeption der synthetischen Methode Hegels. Ist das nicht die unsere? Vielleicht aber nicht völlig.) Hamelin: Essai., S. 36.

In Anlehnung an die *aristotelische* Konzeption des Gegensatzes versteht *Hamelin* die Antithese als *„leichte"* Negation, die zu der These komplementär ist und mit ihr zusammen harmonisch zur Synthese führen.[231] Der Unterschied zwischen den beiden Dialektikformen besteht, wie *E. Bréhier* feststellte, in der Art und Weise, wie *Hamelin* den Zusammenhang zwischen These und Antithese betrachtet. Dieser Zusammenhang bedeutet nicht, daß These und Antithese einander leugnen, sondern, daß sie in einem *komplementären* Verhältnis zueinander stehen.[232] Das Grundgesetz der Dialektik *Hamelins* ist das Gesetz der Opposition und der Synthese. Dieses Gesetz geht von einer Vorstellung (These) aus. Dieser Vorstellung widerspricht eine andere Vorstellung (Antithese). Diese beiden Vorstellungen vereinigen sich in einer dritten Vorstellung, die als Synthese der ersten Vorstellungen angesehen wird. Die Synthese ihrerseits kann als eine zweite These betrachtet werden, der eine zweite Antithese widerspricht. These und Antithese vereinigen sich in einer zweiten Synthese, die als eine dritte These angesehen wird usw. Eine Synthese versöhnt die Gegensätze und leugnet sie nicht, weil sie nicht widersprüchlich *(contradictoires)* sind, weder zueinander, noch jeder an sich. Sie sind nur entgegengesetzt *(contraires)*. Genauer gesagt: sie sind *korrelativ*. *Hamelin* ersetzt den *Hegelschen* Widerspruch durch das Prinzip der *„Korrelation"* bzw. der *„Unvollkommenheit"*, auf das sich seine Dialektik stützt. Die synthetische Methode *Hamelins* entwickelt sich nicht auf *Hegelsche* Art und Weise, durch sukzessive Negationen, sondern durch Bestätigungen, die sich ergänzen *(Essai, S. 40)*. *Hamelin* stellt seine Dialektik und ihre Rolle in seinem *„Essai"* dar. Er bezeichnet sie als effektive Konstruktion der Grundbegriffe und der grundlegenden Beziehungen in einer aufeinanderfolgenden Reihe gemäß einer Art methodischer Verknüpfung.[233] Diese zeigt sich in zwei Aspekten: als *fundamentale Dialektik (dialectique fondamentale)*, d.h. Verknüpfung der Grundbegriffe, und als *besondere Dialektiken (dialectiques speciales)*, welche die innere Entwicklung jedes von diesen Begriffen zum Gegenstand haben."[234]

---

[231] Hamelin setzt mit der aristotelischen Konzeption der Gegensatzes aus und kritisiert sie in seinem Werk, Le Système d'Aristote, IXe leçon. Er drückt seine Auffassung des Gegensatzes in seinem Essai sur les éléments principaux de la préesentation, ch. I.
[232] Bréhier, E.: a. a. O., S. 1062-1063.
[233] Sesmat, A.: a. a. O., S. 60.
[234] Ebenda., S. 128.

Was hat der Philosoph des wissenschaftlichen Geistes mit dem idealistischen Philosoph *Hamelin* gemeinsam? Diese Frage bringt mich erneut auf das Problem des Idealismus Bachelards zurück, dennoch versuche ich dabei nur festzustellen, daß Bachelard in seinen ersten epistemologischen Schriften von *Hamelin* beeinflußt ist. Er hat aber später diesen Einfluß überschritten. Es ist nicht zufällig, daß Bachelard sein erstes Werk „*Essai sur la connaissance approchée*" nennt. Er hat natürlich den „*Essai*" *Hamelins* sorgfältig gelesen. Dies zeigt sich durch die Terminologie des *ECA, NES* und des *FES*, in denen der Einfluß *Hamelins* deutlich zum Ausdruck kommt.

Das Problem der Philosophie *Hamelins* ist ein erkentnnistheoretisches Problem, das von ihm eine dialektische Lösung verlangt. Bei Bachelard ist das Problem in *ECA* auch epistemologisch. Bachelard greift die Konzeption der Synthese aus der Dialektik *Hamelins* auf, um zur Lösung des traditionellen Problems der Philosophie beizutragen. Darum hat er versucht, den Idealismus und den Empirismus in einer neuen Auffassung von der Erkenntnis als „*annähernde Erkenntnis*" zu *versöhnen*. Mit dieser Auffassung legt er seinen Standpunkt als zentrale Position zwischen den beiden philosophischen Strömungen fest. Diese Synthese soll laut Bachelard nicht die Synthese *Hamelins* selbst, sondern nur nach ihrer Art ein wirklicher Prozeß sein. Sie solle – und das ist entscheidend – eine offene Welt darstellen.[235] Der Einfluß der Terminologie *Hamelins* auf das Denken Bachelards kommt noch deutlicher an mehreren Stellen des *NES* zum Ausdruck, insbesondere in seiner Auffassung vom (wissenschaftlichen) Objekt als „*Komplex von Beziehungen*" und vom (wissenschaftlichen) Phänomenen als ein „*Geflecht von Beziehungen*", und nicht bloß als eine einfache gegebene Tatsache.[236]

Die beiden kritisieren scharf den *Cartesianismus* und den *Empirismus*. *Hamelin* lehnt in seinem Werk „*Système de Descartes*" die Intuition der „*einfachen Wesen-*

---

[235] „*Pour que cette synthèse soit, à la manière hamélinienne, un processus réalistique.*" Bachelard, G.: ECA, S. 293.
[236] Ders., NES, S.147: „*In Wirklichkeit gibt es keine einfachen Phänomene; das Phänomen ist ein Geflecht von Beziehungen.*" Dazu auch auf S. 17: „*Sobald das Objekt sich als Komplex von Bezie-*

heiten" ab und hält die sogenannte *cartesische* Synthese für eine einfache Zusammensetzung.²³⁷ Im letzten Kapitel seines Werkes *NES*, *„Die nichtcartesische Epistemologie"* lehnt Bachelard seinerseits auf *Hamelins* Art und Weise die Lehre von den *„einfachen und absoluten Wesenheiten"* ab.²³⁸ Seine Ablehnung des *analytischen* Aspektes des *cartesischen Denkens* beruht auf seinem Bewußtsein vom *synthetischen* Aspekt der modernen Wissenschaft, das er anhand seiner Auseinandersetzung mit der *synthetischen Dialektik Hamelins* erworben hat. Eben deshalb ist er davon überzeugt, *„daß der Geist der Synthese, der die moderne Wissenschaft beseelt, eine ganz andere Tiefe und eine größere Freiheit besitzt als die cartesische Zusammensetzung."* ²³⁹

Die Rektifikation des Denkens – Gegenstand des *ECA* – bzw. die Rektifikation der Konzepte bezieht sich auf *Hamelins* Begriff der Verknüpfung und der Beziehung zwischen den Konzepten. Ein Konzept als Element einer Konstruktion hat Bachelard zufolge seinen ganzen Sinn nur in einer Konstruktion und keineswegs in seiner Abgeschlossenheit *(ECA, S. 19, 24)*. In *„Der neue wissenschaftliche Geist"* *(S. 138)* wird erneut den Akzent auf die Bedeutung der Beziehungen zwischen den wissenschaftlichen Begriffen gesetzt: *„Die Grundbegriffe müssen in derselben Weise über ihre Beziehungen erfaßt werden."* Dieses dialektische Verfahren *Hamelins* bei der Konstruktion der Konzepte nimmt Bachelard in *„Die Bildung des wissenschaftlichen Geistes"* *(S. 52)* wieder auf und macht es dem Epistemologen zur Aufgabe, die wissenschaftlichen Konzepte in wirkungsvollen und fortschreitenden psychologischen Synthesen zu erfassen, *„indem er zu jedem Begriff eine Folge von Konzepten aufstellt und zeigt, wie ein Konzept das andere hervorgebracht, sich mit dem anderen verbunden hat."*

---

hungen darbietet, muß man es mit einer Mehrzahl von Methoden erfassen." Und auf S. 143: *„Die Beziehung erhellt das Sein."*

[237] Ebenda., S. 25.
[238] Ders., NES, S. 141: *„Wenn wir von einer nichtcartesischen Epistemologie sprechen, so denken wir dabei nicht so sehr an die Ablehnung der cartesischen Physik und nicht einmal an die Ablehnung einer mechanistischen Auffassung cartesischer Prägung, sondern vielmehr an die Ablehnung der Lehre von den einfachen und absoluten Wesenheiten."*
[239] Ebenda., S. 22-23.

Bei der Suche nach weiteren Berührungspunkten zwischen diesen beiden Philosophien stößt man erneut auf ihre negative Einstellung zum Empirismus. Diese Einstellung ist bereits im Laufe der Einführung in das Denken der beiden Philosophen erläutert worden, dennoch muß es nur noch einmal betont werden, daß der Empirismus von *Hamelin* als *„Verneinung des Wissens"* und von Bachelard als *„Demission der Philosophie"* angesehen wird.[240] Darüber hinaus stellen die beiden Philosophen übereinstimmend fest, daß die Erkenntnis sich als eine durch einen dialektischen Prozeß etablierte komplexe Konstruktion darbietet. Bereits im Laufe seiner Kritik des Empirismus hinsichtlich des Problems der Angliederung der Tatsachen an das System der Gedanken und der Prinzipien zitiert Bachelard Hamelin in *ECA (S, 246)*: *„Comme le dit Hamelin: „Le pur fait doit être préparé"."* (Wie Hamelin es sagt: *„Die reine Tatsache muß vorbereitet werden."*) In seinem Werk, *„Die Philosophie des Nein"* formuliert er seine negativen Einstellung zur unmittelbaren Erkenntnis am treffendsten und ausdrucksvollsten.[241]

Dieser Berührungspunkt zwischen den beiden Philosophen führt schließlich zu einem gemeinsamen Punkt, an dem sich die Philosophien *Hamelins* und Bachelards schneiden, nämlich dem *dialektischen konstruktiven* Charakter der Erkenntnis. Im Laufe seiner Auseinandersetzung mit dem Problem der Konstruktion und der Rektifikation der Konzepte bezieht sich Bachelard auf die synthetische Konstruktion der Konzepte bei *Hamelin*. Er akzentuiert die Bedeutung dieser Konstruktion durch ein in *ECA* aus dem *„Essai"* Hamelins entnommenes Zitat, anhand dessen er die Auffassung der Synthese *Hamelins* darstellt.[242] Diese synthetische Konstruktion besteht aus drei Momenten (*Bewahrung, Ergänzung* und *Überschreitung*), kommt zu einem Ende und schließt sich. Die dialektische Konstruktion der philosophischen Konzepte ist – zum Teil – dem synthetischen Charakter des gegenwärtigen wissenschaftlichen Denkens *„adäquat"*. Eben deshalb zitiert er mehrmals in seinen ersten Schriften vor *1940* aus dem *„Essai"* Hamelins, ohne sich kritisch mit seiner idealistischen Philosophie aus-

---

[240] Vgl. Hamelin: Essai., S. 6; Bachelard: ARPC, S. 104.
[241] *„Unter allen Umständen hat das Unmittelbare vor dem Konstruierten zu weichen."* PN, S. 164.
[242] Vgl. Bachelard, G.: ECA, S. 56; Hamelin: Essai., S. 239.

einanderzusetzen. Was ihn am philosophischen System *Hamelins* interessiert, ist meines Erachtens sein Beitrag zum Problem der Erkenntnis, das er anhand einer dialektischen Auffassung von Erkenntnis zu lösen versucht hat. Anders gesagt, ihn interessiert nicht der philosophische Inhalt des Systems *Hamelins*, sondern seine philosophische Terminologie bzw. seine *synthetische Methode*.

In der *PN (1940)* bezieht er sich erneut auf die Synthese *Hamelins*, weil er davon überzeugt ist, daß das Konzept des *Hamelinschen Gegensatzes* die *Komplementarität* der Konzepte besser als das Konzept des *Hegelschen Widerspruchs* ausdrückt. Dies bedeutet, daß zwischen den Konzepten eine *Korrelation* existiert, d.h., daß ein Konzept sich nur durch das andere erläutern läßt. Komplementarität und Korrelation sind die schwerwiegenden Begriffe der Dialektik *Hamelins*, welche die Auffassung von der Dialektik Bachelards, wie wir später erfahren werden, stark beeinflußt haben. Bachelard kann die Bedeutung und die Rolle der dialektischen These *Hamelins* nicht verleugnen, die dazu beigetragen hat, die *philosophische Dialektik* näher zur *wissenschaftlichen Dialektik* zu bringen. Bachelard sagt ausdrücklich im letzten Kapitel der *PN (Der synthetische Charakter der „Philosophie des Nein"): „Wenn die dialektischen Thesen Octave Hamelins auch noch weit von den konstruktiven Bedingungen der Philosophie der zeitgenössischen Naturwissenschaft entfernt bleiben, so trifft dennoch nicht weniger zu, daß sich mit ihr die philosophische Dialektik der naturwissenschaftlichen Dialektik annähert."* (S. 156).

Nach dieser Bezugnahme auf *Hamelin* und generell nach *1940* bezieht sich Bachelard nicht mehr auf den Idealismus *Hamelins*, obwohl er ihn, wie *Canguilhem* sagt, für einen *„philosophischen Garant"* für seine Epistemologie hält.[243] Daraus ergibt sich die Frage, ob er von der philosophischen Dialektik *Hamelins* ausgegangen ist, um in den Schriften der Wiederaufnahme der Epistemologie zur wissenschaftlichen Dialektik überzugehen?

---

[243] Canguilhem, G.: Études., S. 198.

III.3.2. G. Bachelard und F. Gonseth: Wissenschaftliche Dialektik und wissenschaftlicher Geist

Zur Zeit von Bachelard gibt es also zwei Konzeptionen der Dialektik: erstens das dialektische philosophische Denken *(Hegel, Marx)*, dessen grundlegenden Thesen bestimmt und präzise ist; zweitens das gegenwärtige dialektische wissenschaftliche Denken, dessen Definition schwer zu präzisieren ist, weil es gegenwärtig noch nicht bestimmt ist. Bekanntlich sind *Hegel* und *Marx* die Vorläufer des dialektischen Denkens, dennoch bezieht sich Bachelard nicht auf ihre Auffassungen von der Dialektik, sondern auf *Hamelins* Auffassung. Somit ist *Hamelin* nicht nur, wie gesagt, ein *„philosophischer Garant"* für die Epistemologie Bachelards, sondern sein Vorläufer, der – ihm – eine Übergangsphase von der philosophischen zur naturwissenschaftlichen Dialektik bereitet hat.

Mit seiner Auffassung von der *synthetischen Dialektik* steht *Hamelin* meines Erachtens im Mittelpunkt zwischen den Philosophen des dialektischen und denen des wissenschaftlichen Denkens. Die Philosophen (z. B. *Hegel* und *Marx*) beziehen sich auf wissenschaftliche Ergebnisse erst nach der Bildung ihrer philosophischen Systeme, um ihre dialektischen Konzeptionen der Natur und der Geschichte zu rechtfertigen und ihre philosophischen Thesen durch wissenschaftliche zu bestätigen. Im Gegensatz dazu sind die Wissenschaftsphilosophen Wissenschaftler, welche die Philosophie ihrer Wissenschaft betrieben haben. Der entscheidende Faktor, das den Wissenschaftsphilosophen ermöglicht, wissenschaftliche Versionen der Dialektik zu entwickeln, ist nicht ihre Unabhängigkeit von der philosophischen Dialektik, sondern die Betrachtung der Ergebnisse ihrer wissenschaftlichen Forschungen.

Die *wissenschaftliche Dialektik* läßt sich auf das Bewußtsein von der *Relativität* der Erkenntnisse zurückführen, das sich nach und nach auf alle wissenschaftlichen Disziplinen erstreckt. Bachelard drückt dieses Bewußtsein in seinem *„Essai sur la connaissance approchée"* aus. Die wissenschaftliche Dialektik muß in den Rahmen der historischen Entwicklungen der wissenschaftlichen Revolution zum Beginn des *20*. Jahrhunderts eingefügt werden. Er bezeichnet diese Periode, in der die *Einsteinsche* Relativitätstheorie erschien, als *„Zeitalter des Neuen wissenschaftlichen Geistes."* [244] Die wissenschaftliche Revolution bestand hinsichtlich der Mathematik in der Entstehung der *nichteuklidischen Geometrien* und hinsichtlich der Physik in der Entstehung der *Relativitätstheorie* und der *Quantentheorie*. Mein Ziel besteht nicht darin, eine ausführliche wissenschaftliche Untersuchung über diese oder jene wissenschaftliche Theorie zu vermitteln, sondern nur darin, einen Überblick über ihre Ergebnisse und ihren Einfluß, sowohl auf das wissenschaftliche als auch auf das philosophische Denken, zu geben. Die Relativitäts- und Quantentheorien verstehen sich als Revolution gegen das *Newtonsche* wissenschaftliche System, auf das sich die meisten philosophischen Strömungen bis zum Ende des *19.* Jahrhunderts stützten. Aufgrund der Entstehung neuer wissenschaftlicher Theorien im ersten Viertel des *20.* Jahrhunderts hat ein grundlegender Wandel im Weltbild der Wissenschaft stattgefunden, der zur Entstehung neuer wissenschaftlicher Systeme geführt hat. Die Entstehung der zeitgenössischen Wissenschaften ist durch die Überprüfung der Theorien, Grundbegriffe und Methoden der klassischen Wissenschaften gekennzeichnet.

1905 entstand die Relativitätstheorie auf Grund der Überprüfung des Problems der Geschwindigkeit, die von der *Newtonschen* Wissenschaft als absolut angesehen wurde.[245] Die Überprüfung betrifft insbesondere die Konzeption der *Zeit*, des *Raums* und der Maßstäbe von Dingen, die auch als absolut betrachtet wurden. Raum und Zeit sind demnach nicht unabhängig voneinander; sie bilden das Raum-Zeit-Kontinuum.

1900 leitet *Max Planck* insofern einen grundlegenden Prinzipienwandel ein, daß Wirkungen nur als ganzzahlige Vielfache des Wirkungsquantums übertragen werden. Auf diesem Prinzip beruht die Quantenphysik, die ihrerseits mit den Grundsätzen der

---

[244] *„Als drittes würden wir das Zeitalter des neuen wissenschaftlichen Geistes sehr präzise mit dem Jahr 1905 beginnen lassen, dem Zeitpunkt, zu dem die Einsteinsche Relativitätstheorie gerade die ursprünglichen Konzepte, die man für auf immer unveränderbar gehalten hatte, deformiert hatte."* Bachelard, G.: FES, S. 39.
[245] Das Problem der Lichtgeschwindigkeit war den Wissenschaftlern seit *1887* nach den Untersuchungen von *Michelson* und *Morley* bekannt. Diese Untersuchungen hatten bis *1905* – Jahr, in dem die Relativitätstheorie aufgestellt wurde – in der Physik dominiert.

klassischen Physik gebrochen hatte. Diese Theorie hat sich mit der Art und Weise, wie sich das Licht verbreitet, beschäftigt: Verbreitet es sich als Wellen oder als Teilchen? *N. Bohr* stützt sich auf die Quantentheorie, um den Atomaufbau und die spezifischen Lichtspektren der chemischen Elemente zu erklären. Nach *Bohr* verhält sich das Licht teils wie „*Wellen*", teils wie „*Energiepakete*". Die Dualität von Welle und Teilchen ist ihm zufolge „*komplementär*" zu deuten, d.h. sie müssen sich gegenseitig ausschließen und ergänzen. *1924* fügte *Louis De Brouglie* hinzu, daß auch *Masseteilchen* Wellenphänomene zeigen. Entscheidend für die Mikrophysik ist die Entwicklung der *Unschärferelation* von *Heisenberg (1924)*. Diese Relation läßt sich folgendermaßen fassen: Ist der Impuls z. B. eines Elektrons bekannt, dann ist sein Ort ungenau bestimmt, und umgekehrt. Dies bedeutet, daß auch die Kenntnis bestimmter Eigenschaften von Objekten „*komplementär*" ist.

Dies waren die entscheidenden Ergebnisse der Relativitäts- und Quantentheorie im ersten Viertel des *20.* Jahrhunderts. Bekanntlich betraf der Einfluß dieser Ergebnisse nicht nur den Bereich der Physik, sondern erstreckte sich auch auf den Bereich der Philosophie. Bachelard hat diesen Einfluß in seinen Schriften zum Ausdruck gebracht. *1929* schrieb er sein Werk „*La Valeur inductive de la Relativité*", in dem er den epistemologischen Wert der Relativitätstheorie aufzeigte. Auf die Darstellung dieser erkenntnistheoretischen Wirkung auf das philosophische Denken zum Beginn des *20.* Jahrhunderts komme ich später zurück. Aus der Betrachtung seiner Schriften läßt sich herauslesen, daß Bachelard der Physik und Chemie mehr Interesse widmet als der Mathematik.[246] Dies bedeutet nicht, daß er den Wandel im Entwicklungsprozeß der Mathematik seit der Entstehung von *nichteuklidischen* Geometrien im *19* Jahrhundert. außer Betracht läßt. Es muß aber daran erinnert werden, daß er sein Studium mit der „*licence ès Sciences Mathématique*" abschloß. Was bedeutet die wissenschaftliche Revolution in der Mathematik für die Entwicklung des mathematischen Denkens und für das wissenschaftliche Denken schlechthin? Es ist nicht zu verleugnen, daß sich die-

---

[246] Bachelard widmet den Naturwissenschaften (Physik und Chemie) die meisten Schriften seines epistemologischen Werkes: *EEPP (1928)*, *VIR (1929)*, *PCCM (1932)*, *EEPC (1937)* und *ARPC (1951)*.

se Frage für die Wissenschaftler bereits seit der zweiten Hälfte des *19.* Jahrhunderts erhob und sich die Diskussionen darüber auf das *20.* Jahrhunderts erstreckte. Bachelard trug zur Antwort auf diese Frage bei, indem er sich gegen den *Konventionalismus* [247] polemisierte, um die Bedeutung der Entstehung der neuen geometrischen Systeme *(nichteuklidische Geometrie)* herauszustellen.

Aufgrund seiner zweifachen Bildung als Wissenschaftler und Philosoph konnte er zugleich den Zustand der zeitgenössischen Wissenschaft und der Philosophie und ihr Verhältnis zueinander begreifen. Bei seiner Betrachtung des Entwicklungsprozesses der Wissenschaften formuliert er, wie schon erwähnt, eine *dialektische* Auffassung von der Wissenschaftsgeschichte. Der dialektische Charakter der Wissenschaftsgeschichte wurde durch den Begriff des „*epistemologischen Bruchs*" ausgedrückt, den Bachelard aus der Geschichte der Wissenschaften selbst zog. Dieser Bruch zeigt sich auf zwei Ebenen: erstens als Bruch zwischen der allgemeinen und der wissenschaftlichen Erkenntnis, zweitens als Bruch innerhalb der Wissenschaft zwischen den Theorien der klassischen Wissenschaft und denen des neuen wissenschaftlichen Denkens. Der Begriff des Bruchs ist meines Erachtens bereits zureichend erläutert, dennoch komme ich auf seine Aspekte zurück, um den dialektischen Charakter der zeitgenössischen Wissenschaft zu charakterisieren, welche die Auffassung von Dialektik Bachelards stark geprägt hat.

Welche erkenntnistheoretische Bedeutung hat der epistemologische Bruch, der mit der Entstehung neuer wissenschaftlicher Theorien in der Mathematik und in der Physik zutage trat? Nach Bachelard hat der Bruch drei Bedeutungen: erstens Entstehung *umfassenden* wissenschaftlichen Denkens, zweitens *Überprüfung* der grundlegenden Begriffe der klassischen Wissenschaft und drittens Entstehung *offenen* wissenschaftlichen Denkens. Der erste Aspekt des Bruchs bedeutet, daß das neue wissenschaftliche Denken nicht mit dem klassischen Denken bricht oder es ablehnt, sondern es *einschließt.*

---

[247] In seiner philosophischen Topologie ordnet Bachelard den Konventionalismus in die idealistischen Philosophien ein. Die bekanntesten Vertreter dieser philosophischen Richtung in Frankreich sind *Henri Poincaré* (1854-1912) und *Pièrre Duhem*. Vgl. G. Bachelard: RA, S. 5.

Die nichteuklidische Geometrie versteht sich als umfassendes mathematisches Denken im Vergleich zur euklidischen Geometrie. Sie entstand in Unabhängigkeit von ihr. Zwischen den beiden geometrischen Systemen besteht keine Kontinuität, sondern Diskontinuität. Man kann die nichteuklidische nicht durch die euklidische Geometrie verstehen, aber umgekehrt ist es möglich. Ausgehend von dieser Bedeutung des Bruchs und des Verhältnisses des neuen wissenschaftlichen zu dem klassischen wissenschaftlichen Denken kritisiert Bachelard den Gesichtspunkt des *Konventionalismus* bei *Poincaré*, der diesen Bruch in der Geometrie nicht begreifen konnte.[248] In der Physik existiert auch diese Bedeutung des Bruchs, und zwar zwischen der modernen Physik (Relativitätsmechanik, Qantenphysik) und der newtonschen Physik.[249] Der zweite Aspekt des Bruchs bedeutet, daß die neuen wissenschaftlichen Theorien Prinzipien der klassischen Wissenschaft überprüfen und zwar auch solche, die als Grundprinzipien angesehen wurden. Die nichteuklidische Geometrie ist nicht nur aus neuen Hypothesen ausgegangen, sondern sie hat die Grundbegriffe der euklidischen Geometrie wie Raum und Linie überprüft. In der Physik wurden Grundbegriffe der klassischen Physik wie Zeit, Raum, Substanz und Determinismus anhand der Ergebnisse der Relativitäts- und Quantentheorie überprüft. Der letzte Aspekt des Bruchs bedeutet, daß sich das wissenschaftliche Denken zu einem dynamischen Zustand entwickelt hat, in dem es aufgeschlossen geworden ist. Nach der Entstehung der nichteuklidischen Geometrie geht es nicht mehr um ein geometrisches System und um einen absolut entschiedenen Rationalismus, sondern *„um zwei Ebenen abstrakten Denkens, zwei verschiedene Rationalitätssysteme, um zwei Forschungsmethoden."* [250] Dieser Aspekt des Bruchs gilt auch in der Physik. Die Quantentheorie proklamiert die Entstehung neuen aufgeschlossenen wissenschaftlichen Denkens, das den Prinzip des Determinismus und der Wahrschein-

---

[248] *„Nachdem Poincaré die logische Gleichwertigkeit der verschiedenen Geometrien aufgezeigt hatte, stellte er die Behauptung auf, die Euklidische Geometrie werde immer die bequemste bleiben, und falls es zu einem Konflikt zwischen der physikalischen Erfahrung und dieser Geometrie kommen sollte, werde man stets lieber die physikalische Theorie modifizieren als die elementare Geometrie verändern."* Bachelard, G.: NES, S. 40.
[249] *„Es gibt also keinen Übergang zwischen dem Newtonschen und dem Einsteinschen System. Man gelangt nicht von erstrem zu letzterem, indem man Erkenntnisse ansammelt, die Meßergebnisse verbessert und irgendwelche Prinzipien leicht korrigiert."* Ebenda., S. 46.
[250] Ebenda., S. 43.

lichkeit zugleich annimmt, weil sie beide den Rationalismus eines bestimmten wissenschaftlichen Bereichs aufzeigen.

Kurzum, die wissenschaftliche Revolution hat sowohl die Wissenschaftler als auch die Philosophen aus ihrem dogmatischen Denken erweckt, indem sie ihre einfachen Prinzipien, Grundbegriffe und Denkart in Frage gestellt hat. Bachelard war sich den aus der wissenschaftlichen Revolution resultierenden Fragen voll bewußt und hat er sogar versucht, sie vom Standpunkt des Epistemologen aus zu beantworten.[251]

Bachelard hat sich übrigens bemüht, den epistemologischen Bruch, der von der wissenschaftlichen Revolution hervorgebracht wurde und die daraus resultierenden Fragen und Ergebnisse auf das philosophische Denken zu übertragen. Der Sinn dieser Übertragung besteht darin, daß Bachelard zugleich versucht hat, den Philosophen auf den Wandel im Weltbild des wissenschaftlichen Denkens aufmerksam zu machen und eine der Wissenschaft adäquate philosophische Position zu etablieren, deren Rolle die Entfaltung der epistemologischen Werte der zeitgenössischen Wissenschaft ist. Inwiefern gelingt der Epistemologie Bachelards, einen entsprechenden Bruch im philosophischen Bereich zu etablieren? Worin besteht dieser Bruch? Der epistemologische Bruch auf der philosophischen Ebene zeichnet sich durch zahlreiche philosophische Begriffe aus, deren terminologische Funktion Bachelard aus der Wissenschaftsgeschichte zog. Die entscheidenden davon sind Begriff des *Geistes*, des *Wirklichen*, des *Raums*, der *Zeit*, der *Wahrheit* und der *Dialektik*.[252] Einige Begriffe habe ich schon im Laufe der Darstellung von Bachelards Epistemologie zum Teil erörtert. Ich komme aber zu einem späteren Zeitpunkt auf sie zurück, wenn ich mich der Auffassung der Dialektik Bachelards zuwenden werde.

---

[251] Bachelard formuliert Fragen des Relativitätstheoretikers folgendermaßen: „*Wie benutzen Sie Ihre einfache Idee? Wie beweisen Sie Gleichzeitigkeit? Wie erkennen Sie sie? Wie denken Sie sich, daß wir sie erkennen sollen, wir, die wir nicht zu Ihrem Bezugssystem gehören?*" Ebenda., S. 47.
[252] Manche Begriffe gelten als Titel seiner Werke: Der neue wissenschaftliche *Geist*; Die Bildung des wissenschaftlichen *Geistes*; Dialectique de la *durée*; Die Poetik des *Raums*. Bachelard widmet ihnen aber keine besondere Abhandlung.

Zunächst möchte ich nur einen Begriff aufgreifen, der entscheidende Eigenschaften aller anderen Begriffe umfaßt. Es handelt sich dabei um den Begriff der *Wahrheit*, der die Philosophen seit der Entstehung der Philosophie beschäftigt hat. Bachelards Auffassung von der Wahrheit überschreitet die Auffassung traditioneller rationalistischer und realistischer Philosophien. Dies bedeutet nicht, daß er von einer der wissenschaftlichen Wahrheit widersprechenden philosophischen Wahrheit spricht. Die Aufgabe seiner Epistemologie besteht darin, den Abstand zwischen dem philosophischen und dem wissenschaftlichen Denken zu verengen, insbesondere wenn es sich in den beiden Denkformen um dieselben Begriffe handelt.

Der erste Aspekt des Bruchs mit der idealistisch rationalistischen Philosophie ist die Auffassung von der Wahrheit als *relative* und nicht als *absolute Wahrheit*. Die Relativität der Wahrheit zeigt sich nach Bachelard auf zwei Ebenen: Auf einer Ebene ist die Wahrheit relativ, weil sie dem Entwicklungsprozeß der Wissenschaft entspricht. Die Wissenschaftsgeschichte zeigt uns, daß es keine ständige und endgültige Wahrheit gibt. Der Irrtum der traditionellen rationalistischen Philosophien besteht darin, daß sie ihre philosophischen Systeme auf wissenschaftlichen Wahrheiten gegründet haben, die als absolute und endgültige Wahrheiten angesehen wurden.[253] Sie haben somit *ausgeschlossene* Rationalität gegründet, was Bachelard im Grunde ablehnt, weil er der Idee einer *aufgeschlossenen* Rationalität anhängt. Auf anderer Ebene ist die Wahrheit relativ, weil die Wissenschaft uns lehrt, daß die Erkenntnis des Wirklichen, insbesondere in der Mikrophysik, nur *annähernde* Erkenntnis ist. Die klassische Wissenschaft hat die annähernde Erkenntnis als falsche oder vorläufige Erkenntnis angesehen, die aus dem Mangel des Erkenntnisverfahrens an Genauigkeit resultiert. Im Gegensatz dazu hält die zeitgenössische Wissenschaft die annähernde Erkenntnis für wirkliche Erkenntnis, weil sie sich aufgrund der Entwicklung der Erkenntnisverfahren entwickelt hat. Er sagt nachdrücklich: *„Pour affiner la connaissance, il faut des méthodes entièrement nouvelles."* (Um die Erkenntnis zu verfeinern, bedarf es völlig neuer Metho-

---

[253] *„Auf dieser Unveränderlichkeit der Geometrie errichtete Kant den ganzen Bau der Vernunft."* Bachelard, G.: NES, S. 25.

*den.)*²⁵⁴ Die philosophische Position Bachelards, welche die annähernde Erkenntnis für wirkliche Erkenntnis hält, unterscheidet sich natürlich von der traditionellen philosophischen Position, die sie als falsche oder provisorische Erkenntnis versteht. Mit der Hinzufügung des Begriffs der *„annähernden Erkenntnis"* ist das Prinzip des Determinismus durch das Prinzip der Wahrscheinlichkeit ersetzt. Der Bruch im philosophischen Denken besteht hinsichtlich der Auffassung von der Wahrheit auch darin, daß die traditionellen Philosophien dem Geist epistemologische Grenzen setzen. Die Wahrheit hängt also von den Erkenntnisverfahren ab, deshalb ist sie nicht absolut, sondern historisch. Er schreibt nämlich: *„La verité scientifique est, par essence, une verité qui a un avenir."* *(Die wissenschaftliche Wahrheit ist ihrer Natur nach eine Wahrheit, die eine Zukunft hat.)*²⁵⁵

Bachelard kritisiert auch die Philosophien, die er manchmal Realismus und manchmal Empirismus nennt, welche die Wahrnehmung als Quelle der Wahrheit verstehen. Wissenschaftstheoretisch gesehen ist der Gegenstand der wissenschaftlichen Erkenntnis nach Bachelard nicht der gegebene, sondern der rationell und technisch *konstituierte* Gegenstand.

Hinsichtlich des dialektischen konstruktiven Charakters der wissenschaftlichen Erkenntnis kann man den Einfluß von *F. Gonseths (1890 – 1975)* Denken auf die Auffassung von der Dialektik Bachelards und auf sein Denken schlechthin nicht verleugnen. Bachelard selbst bringt diesen Einfluß explizit oder implizit im ersten Kapitel seines Werkes *NES (S. 37, 40)* zum Ausdruck: *„Wenn man verstanden hat – etwa aus den Arbeiten von Ferdinand Gonseth –, daß das Experiment von einer vorgängigen intellektuellen Konstruktion abhängt, sucht man im Abstrakten nach den Beweisen für die Kohärenz des Konkreten."* ²⁵⁶

Zuerst muß hier wohl an eine Gewißheit erinnert werden: Der intellektuelle Einfluß *Gonseths* auf das Denken Bachelards ist nicht einseitig wie der von *Hamelin*, sondern

---

²⁵⁴ G. Bachelard: ECA, S. 60-61.
²⁵⁵ Ders., ARPC, S. 28.
²⁵⁶ Ders., NES, S. 44.

wechselseitig.²⁵⁷ *Gonseth* gehört wie Bachelard keiner philosophischen Schule an. Er selbst fußt sein Denken auch auf den erkenntnistheoretischen Ergebnissen der nichteuklidischen Geometrie, der Relativitätstheorie und der Quantenphysik, die er selbst erfahren hat. Er betrachtete auch den aktuellen Stand der zeitgenössischen Wissenschaft (Mathematik), um eine neue philosophische Richtung zu gründen, die an dem *Rationalismus* und an der *Dialektik* festhielte: eine Philosophie, die aber zugleich mit der *Hegelschen* und der *materialistischen Dialektik* einerseits und mit dem *logischen Empirismus* andererseits bricht. Gonseth nennt seine Philosophie „*offene Philosophie*" oder „*Idoneisme*". Bachelard greift diese philosophische Richtung auf, entwickelt sie und bezeichnet sie als „*Philosophie des Nein*". Während sich Bachelard mit der Psychologie des wissenschaftlichen Geistes beschäftigt, befaßt sich *Gonseth* mit dem Problem der Methode. Sie beide lehnen aber eine solche Auffassung von Wissenschaftsphilosophie ab, die auf die *Logik* ausgerichtet ist, wie die Auffassung des *Neopositivismus* und des *logischen Empirismus* in der ersten Hälfte des 20. Jahrhunderts. Ihr gemeinsames Ziel besteht darin, einen Dynamismus der wissenschaftlichen Aktivität – wie sie sich in ihrer historischen Entwicklung zeigt – zu etablieren.

Obwohl *Gonseth* sich auf keine philosophische Schule bezieht, zeigt seine Methode einige Gemeinsamkeiten mit den Ansichten *K. Poppers* und *T. Kuhns*. Wie *Popper* akzentuiert er die Notwendigkeit, die wissenschaftlichen Hypothesen scharf zu überprüfen. Mit *Kuhn* und seinen Nachfolgern besteht er darauf, daß keine absolute Erkenntnis möglich ist. Bereits früher hat er das Prinzip der *Verifikation* und die Einstellungen von Mitgliedern des *Wiener Kreises (logischer Empirismus)* abgelehnt.

In seinem philosophischen Werk, das sich als Rede über die Methodologie der Wissenschaften versteht, bezieht sich *Gonseth* auf Mathematik und betrachtet sie als Modell für seine offene Methodologie. Seine strenge wissenschaftliche Methode, die er im

---

²⁵⁷ *1946* begründete *Gonseth* in Zusammenarbeit mit *Paul Bernays, Karl Dürr* und *Karl Popper La Société internationale de Logique et de Philosophie des sciences. 1947* begründete mit Gaston Bachelard und *Paul Bernays* die Zeitschrift *Dialectica*, Revue internationale de la philosophie de la connaissance, um ihre Ideen der Dialektik zu propagieren. Vgl. Lauener, Henrich: Gaston Bache-

einzelnen in seinem Werk „*Philosophie mathématique*" [258] angewandt hat, hat nichts mit der *cartesischen* noch mit der *Hegelschen* dialektischen Methode zu tun. Sie ist bloß vorläufig und relativ, d.h. sie ist gültig für alle exakten Wissenschaften im bestimmten Zustand der Entwicklung der Wissenschaften. In dieser Hinsicht spricht *Gonseth* von einer „*methodologischen Einheit*" aller exakten Wissenschaften (formale und experimentelle Wissenschaften). Anhand einer dialektischen Methodologie versucht er, verschiedene wissenschaftliche Verfahren in eine methodologische Einheit einzugliedern. Ein wissenschaftliches Verfahren geht nach *Gonseth* durch vier verschiedene und einander ergänzende Phasen:

1. In einem ersten Augenblick entsteht ein Problem aus einer Situation der vorgegebenen Erkenntnis.

2. In einem zweiten Augenblick formuliert man anhand *vorhergehenden* Wissens eine initiale *Hypothese*.

3. In einem dritten Augenblick entwickelt man möglichst hochgradige *Techniken*, um diese Hypothese zu überprüfen. In dieser Phase überschreitet man die problematische Situation, von der man ausgegangen ist.

4. Schließlich kehrt man in einer letzten Phase zum Ausgangspunkt – zum Zustand der Erkenntnis, in dem das Problem aufgetaucht ist – zurück, um die neu erworbenen Informationen einzugliedern und die vorgegebene Erkenntnis und das vorhergehende Wissen zu überprüfen. Dabei gelangt man zu einem neuen Zustand der Erkenntnis, in dem ein neues Problem auftaucht und ein neuer Zyklus neu beginnt.

Auf diese Weise, durch summarische und provisorische Etappen voranzukommen, die *Gonseth* dem wissenschaftlichen Verlauf zuspricht, unterscheidet er vier verschiedene und komplementäre Prinzipien: *Überprüfbarkeit, Dualität,* „*Technizität*" *(Technicité)* und „*Solidarität*" *(Solidarité).*[259] Das erste und zweite Prinzip sind die entscheidend-

---

lard et Ferdinand Gonseth, philosophes de la dialectique scientifique, in: Dialectica, 39, No. 1 (1985), S. 10, 11.

[258] F. Gonseth: Philosophie mathématique, Paris, 1939.

[259] „*Une géometrie non euklidienne est une géometrie révisée.*" *(Eine Nichteuklidische Geometrie ist eine durchgesehene Geometrie.)* Gonseth, F.: Peut-on parler de „Science dialectique"?, Dialectica, 1, 4, 1947, S. 299.

sten Prinzipien in jeder offenen Philosophie. Auf ihre Bedeutung komme ich in den folgenden Abschnitten zu sprechen.

Zur Entwicklung einer Theorie benötigt ein Wissenschaftler Gonseth zufolge nicht nur theoretische Prinzipien, sondern auch empirische Experimente. Gonseth fordert vom Wissenschaftsphilosophen, sich in eine konkrete Situation der Erkenntnis zu versetzen, die keine *Nullsituation* sein soll, von der die Philosophen der rationalistischen und empirischen Tradition sprachen. Die rationalistische und empirische Aktivität vereinigen sich in einer dialektischen Bewegung, in der sich das Abstrakte und das Konkrete bestimmen. Zwischen dem Rationalen und dem Empirischen besteht durchaus eine Synthese. Aus seiner Betrachtung der Geometrie, kommt Gonseth zum Schluß, daß sich die geometrische Erkenntnis in drei Aspekten zeigt: dem *intuitiven*, dem *experimentellen* und dem *rationalen Aspekt*, die untrennbar voneinander existieren.[260] Zwischen dem Theoretiker und dem Experimentator besteht ein Band. Die wissenschaftliche Untersuchung läßt sich nicht auf zwei unabhängigen Ebenen durchführen, der theoretischen oder der mathematischen, die kein Verhältnis mit der wahrnehmbaren Welt hat, und der empirischen Ebene, auf der die Wirklichkeit unmittelbar verstanden wird. Die wissenschaftliche Untersuchung bewegt sich also ständig hin und her zwischen zwei Polen, die sich nicht getrennt voneinander verstehen lassen, nämlich zwischen der Spekulation und dem Experimentieren.[261] Übrigens bedient sich die aktuelle Wissenschaft der Überprüfung und eines technischen gesicherten Verfahrens. Es gibt laut Gonseth keinen Bereich der wissenschaftlichen Erkenntnis oder der Erkenntnis schlechthin, den man auf eine Erkenntnis, die total empirisch oder die rein theoretisch ist, zurückführen kann. Im Gegensatz dazu, stellt sich jede Erkenntnis als Erkenntnis mit doppelter Quelle dar, wobei der empirische Aspekt nicht auf einige theoretische Voraussetzungen verzichten kann, und sich der theoretische Aspekt nicht vom Einfluß der Erfahrung befreien kann. Die beiden Aspekte sollen folglich unauflösbar gebunden bleiben.[262] Dies ist genau das, was Gonseth in der wissenschaftlichen Erkenntnis

---

[260] Gonseth, F.: La géometrie et le problème de l'espace, Neuchâtel 1946, S. 69-154.
[261] Ders., Les fondements des mathématiques, Blanchard, 1926, S. 115.
[262] Ders., Dialectica, 22, 15 juin 1952, S. 104.

"*Prinzip der Dualität*" nennt. Überprüfbarkeit und Reorganisation der Erkenntnis sind die grundlegenden Prinzipien, auf die sich die "*wissenschaftliche Dialektik*" stützt.

Bevor ich diesen Aspekt der Dialektik weiter unten behandele, möchte ich zunächst einmal nach der Vorstellung fragen, die sich *Gonseth* von der "*dialektischen Wissenschaft*" macht. Inwiefern kann man von einer "*dialektischen Wissenschaft*" reden? [263] Für *Gonseth* erhebt sich folgende Frage: "*Worin unterscheidet sich die dialektische Wissenschaft von der objektiven Wissenschaft?*" *(S. 293).*
Zur Antwort auf diese Frage erläutert er zuallererst die Bedeutung, die er dem Wort Dialektik zuschreibt, und zeigt er auf, inwiefern dieses Wort die Wissenschaft charakterisiert.[264] Unter Bezugnahme auf die Geometrie stellt er fest, daß die Wissenschaft dialektisch ist. Er geht sogar zu behaupten, daß die Geometrie nichts mehr als Dialektik sei. In dieser Hinsicht sagt er ausdrücklich: "*La science est pratiquement dialectique*" *(Die Wissenschaft ist praktisch dialektisch.)*[265]
Das Wort "*Dialektik*" nimmt vom Anfang an in den Schriften *Gonseths* die Bedeutung eines Begriffs ein. Er schreibt ihm meines Erachtens keine präzise Definition zu, weil er davon überzeugt, daß eine solche Definition aus dialektischer Perspektive unmöglich zu realisieren ist. Entscheidend ist generell festzustellen, daß er nicht von einer philosophischen, sondern von einer wissenschaftlichen Dialektik spricht, obwohl er Philosophie und Wissenschaft nicht getrennt voneinander betrachtet.[266] Dialektik ist nach *Gonseth* Charakter der Wissenschaft: "*En un mot, la dialectique est à la fois l'instrument et l'expression de la connaissance dialectique.*" *(Mit einem Wort, die Dialektik ist zugleich Instrument und Ausdruck der dialektischen Erkenntnis.)*[267]

---

[263] "*Peut-on parler de "Science dialectique?*" *(Kann man von "dialektischer Wissenschaft" reden?)* Gonseth hat die Frage der Dialektik bereits in einigen Aufsätzen behandelt, insbesondere in "*Peut-on parler de science dialéctique?*" und "*Expérience et dialectique*" Dialectica, 1, 1947; 1,4, 1947.
[264] Ebenda., S. 293-294.
[265] Ebenda., S. 298.
[266] "*Philosophie est synonyme de libre réflexion. Instruite et bien conduite, elle est inséparable de la réflexion scientifique; elle est un moment de la réflexion scientifique (...) Science et philosophie ne sont que deux moments d'un même progrès.*" *(Philosophie ist Synonyme für freie unterrichtete und gut eingeleitete Überlegung, sie ist untrennbar von der wissenschaftlichen Überlegung; sie ist ein Moment der wissenschaftlichen Überlegung (...) Wissenschaft und Philosophie sind nichts als zwei Momente des gleichen Fortschritts; Ebenda., S. 303.)*
[267] Ebenda., S. 301.

Die Erkenntnis fängt mit provisorischen und relativen Gegebenheiten an. Die Mittel, die ihr zur Verfügung stehen, sind nicht endgültig und bedingungslos gültig für alle Zeiten. Sie entsprechen provisorisch dem Ziel, das man anstrebt. Die anhand dieser Mittel erworbene Erkenntnis ist weder vollendet noch endgültig; Sie ist unvollendete Erkenntnis, die noch über Veränderungs- und Entwicklungsmöglichkeiten verfügt. Die wissenschaftliche Erkenntnis zeigt sich also als ein *unvollständiger* und *unvollendeter* Entwicklungsprozeß, der ständig anhand entwickelter Erkenntnisverfahren überprüft und reorganisiert werden muß.

Ständige Überprüfung und Reorganisation der Erkenntnis bilden den dialektischen Charakter der zeitgenössischen Wissenschaft, nämlich den Dialog in der wissenschaftlichen Tätigkeit zwischen der Vernunft und dem Wirklichen, dem a priori und dem a posteriori, dem Theoretischem und dem Experimentellen und letztlich, aber nicht zuletzt zwischen dem Physikalischen und dem Metaphysischen. Aus diesem doppelten Charakter der Wissenschaft gelangt Gonseth zu einer entsprechenden Definition der *„wissenschaftlichen Dialektik"*: *„Eine Dialektik ist weder eine reine Reproduktion der Wirklichkeit, noch eine freie Schaffung des Geistes"* [268], sondern eine dynamische Einstellung des Geistes, der in seiner Entwicklung ständig und ununterbrochen nach der Enthüllung des Wirklichen strebt. In diesem doppelten Charakter der Dialektik besteht die Schwierigkeit ihrer Definition. Die Dialektik, die Gonseth als *„wissenschaftliche Dialektik"* kennzeichnet, resultiert nicht wie die *Hegelsche* Dialektik aus der inneren Logik des Wirklichen, die der Geist passiv reflektiert. Die wissenschaftliche Dialektik resultiert aus der Betrachtung des Prozesses wissenschaftlicher Tätigkeit, und sie ist im Prinzip nichts anders als Bestätigung dieses Prozesses. Diese Dialektik stützt sich auf zwei grundlegende Prinzipien:

1. Überprüfbarkeit: Solange die wissenschaftliche Erkenntnis als dialektisch konstituierter Prozeß angesehen wird, kann es keine absolute und endgültige Wahrheit geben, weil jede Wahrheit in wissenschaftlicher Hinsicht überprüfbar sein soll.

---

[268] *„Une dialectique n'est ni une pure reproduction de la réalité ni une libre création de l'esprit."* Ebenda., S. 300.

2. Reorganisation: Als dialektische Konstruktion betrachtet, entwickeln sich die objektive Erkenntnis und die Dialektik durch ständige und unablässige Reorganisation ihrer Grundgedanken, Prinzipien, Begriffe und Verfahren.

Der erste dialektische Schritt besteht nach *Gonseth* in der *„Reinigung einer Erkenntnis unter dem Druck eines Experimentes, mit dem sie konfrontiert wird."* [269] Anders gesagt, der Ausgangspunkt der Dialektik ist ein neues Experiment, welches das erworbene Wissen widerlegt und dennoch integriert. Ihr Ziel besteht nicht darin, eine Synthese zu etablieren, wobei die Negation verneint wird, sondern eine neue Darstellung, wobei These und Antithese wahr bleiben. Wissenschaftliche Dialektik spricht also nicht von Negation oder von Antithese, sondern von Überprüfung.[270]

Die beiden oben angeführten Prinzipien sind die grundlegenden Prinzipien der *„offenen Philosophie"*, die *Gonseth* und Bachelard proklamieren. Sie bedeuten, daß der Wissenschaftler ständig bereit sein muß, seine Grundgedanken, Theorien und Methoden zu überprüfen und zu reorganisieren. Es gibt dabei in wissenschaftlicher Hinsicht keine absoluten und endgültigen Gesetze, weder der Natur noch der Vernunft. Aufgrund dieser wissenschaftlichen Überzeugung kritisiert *Gonseth* den dialektischen Materialismus, weil er der Vernunft bestimmte Schritte zuschreibt. Er kritisiert auch den logischen Positivismus, der sich mit der Erkenntnis beschäftigt, ohne Rücksicht auf ihren Inhalt zu nehmen.

In Anlehnung an die zeitgenössische Wissenschaft konstatiert *Gonseth* im Gegensatz zu diesen philosophischen Einstellungen, daß es keine Trennung in der Erkenntnis zwischen dem, was rein empirisch, und dem, was rein rational ist, geben kann. Die Erkenntnis ist in ihrem Wesen zugleich empirisch und rational. In jeder rationalen Erkenntnis existiert ein empirischer Aspekt, und jede empirische Erkenntnis enthält einen

---

[269] *„La démarche dialectique est essentiellement progrès et épuration d'une connaissance sous la pression d'une expérience avec laquelle elle se confronte."* (Der dialektische Verlauf (Marsch) ist wesentlich Fortschritt und Reinigung einer Erkenntnis unter dem Druck eines Experiments, mit dem sie konfrontiert wird.) Gonseth: Dialectica, Nr. 6 (Juin 1948), S. 94.

[270] Überprüfung bedeutet für Gonseth Berichtigung : *„Réviser un jujement, c'est certainement le couriger en quelque manière."* (Ein Urteil zu überprüfen, heißt sicherlich, es in gewisser Weise zu berichtigen.) Ebenda., S. 299.

rationalen Aspekt (Hypothesen). Dies war eine kurze Zusammenfassung dessen, was *Gonseth* Prinzip der „*Dualität*" nennt. Dieses Prinzip ist auch ein entscheidendes Prinzip der „*offenen Philosophie*". Es entspricht auch einem grundlegenden dialektischen Charakter der zeitgenössischen Wissenschaft.

Das, was *Gonseth* unter „*offener Philosophie*" versteht, entspricht in etwa dem, was Bachelard in verschiedenen Stadien des Entwicklungsprozesses seines Denkens „*annähernde Erkenntnis*", „*neuen wissenschaftlichen Geist*", „*Philosophie des Nein*" und „*angewandten Rationalismus*" oder „*rationalen Materialismus*" nennt. Diese verschiedenen Kennzeichnungen, die Bachelard seiner philosophischen Einstellung in jedem Werk zuschreibt, lassen sich nicht darauf zurückführen, daß seine Philosophie über keinen inneren einheitlichen Zusammenhang verfügt. Alle diese Kennzeichnungen charakterisieren die „*offene Philosophie*", die *Gonseth* und Bachelard zu gründen versuchten und die sie anhand der Zeitschrift *Dialectica* propagierten. Obwohl sich ihre akademische Bildung und ihr Ausgangspunkt unterscheiden, stimmen ihre philosophischen Zielsetzungen bis in die Einzelheiten miteinander überein. Die Übereinstimmung zwischen den beiden Philosophen besteht auch deutlich in der Anwendung der gleichen Terminologie mit der gleichen Bedeutung, als ob es sich um die Lehre eines einzigen Autors handelt.[271]

Die beiden Autoren schreiben auf der Grundlage der zeitgenössischen Wissenschaft. Während Bachelard vom aktuellen Stand der Physik und Chemie ausging, ging *Gonseth* vom aktuellen Stand der Mathematik (Geometrie) aus. Ihre gemeinsame philosophische Zielsetzung blieb gleich, sie versuchten nämlich, eine Dynamik der wissenschaftlichen Aktivität, wie sie sich in ihrer historischen Entwicklung darstellt, zu etablieren. Diese Dynamik zeigt sich wie schon erwähnt, durch revolutionäre Charakterzüge, die für zeitgenössische Wissenschaft charakteristisch sind. Dialektik und die mit ihr zusammenhängenden Charakterzüge charakterisieren den gegenwärtigen Zu-

---

[271] Vgl. Lauener, Henrich: Gaston Bachelard et Ferdinand Gonseth, philosophes de la dialectique scientifique, in: Dialectica, 39, Nr. 1 (1985), S. 5-6.

stand der Wissenschaft, dem die offene Philosophie *Gonseths* und Bachelards adäquat sein wollen. Die wichtigste Lektion, die unsere zwei Autoren aus der gegenwärtigen Situation der Wissenschaft ziehen, ist die der imperativen Forderung, der Strategie der Schließung des Denkens zu entkommen. Obwohl *Gonseth* verweigert hat, seinen Dialektik-Begriff auf eine rigide Weise zu definieren, hat er ihn in die Philosophie der Wissenschaft bzw. in die offene Philosophie eingeführt. Aus diesem Grunde ist seine Auffassung der Dialektik dunkel und Gegenstand der Auseinandersetzungen.[272] Von ihren Bedeutungen behält er nur die Idee eines Dynamismus des Denkens und einer Wirklichkeit *„im Werden"*.

Ich habe in den vorherigen Abschnitten mit aller Deutlichkeit versucht, die effektive Rolle der Dialektik zu bestimmen, die sie im Rahmen der offenen Philosophie spielt. Ihre Rolle in der Philosophie *Gonseths* scheint nichts als *Dialektisierung der Metaphysik* zu sein, d.h. ihre *Öffnung*.[273] Was noch zu tun bleibt, ist die Frage nach der *Rolle der Dialektik in der offenen Philosophie Bachelards* zu stellen, oder genauer gesagt: in der *Philosophie des Nein*. Die Antwort auf diese Frage scheint in gewisser Hinsicht nicht einfach zu sein, weil Bachelard der Konzeption der Dialektik keine bestimmte feste Bedeutung in seinen Schriften zuspricht und ihr keinen gesonderten Teil seines epistemologischen Werkes widmet.

---

[272] S. A. Jefirow kritisiert die philosophische Richtung Gonseths und seine Zeitschrift folgendermaßen: *„Diese Richtung (d.h. der Neurationalismus – M. Z.) ist ihrem Wesen nach sehr verschiedenartig und widersprüchlich. Trotzdem ist sie Außer-ordentlich interessant, da sie einerseits Ausdruck der Bemühungen des westlichen wissenschaftlich-methodologischen Denkens ist, die dialektische Methode zu meistern, während sich darin andererseits jene unlösbaren Schwierigkeiten reflektieren, auf die diese Denkweise stößt, wenn sie über von der marxistischen Philosophie abweichende Wege zu diesem Ziel zu gelangen sucht. Die von Gonseths Schule (und wir fügen hinzu, zu einem großen Teil auch von Bachelards Schule –M. Z.) gelehrte Theorie der Dialektik wird durch zwei Züge, die sie von den Übrigen bürgerlichen Konzeptionen unterscheiden, gekennzeichnet; erstens strebt sie klar und offensichtlich nach einem Bruch mit dem Idealismus, zweitens ist sie eng mit der auf einer tiefgründigen Kenntnis der Physik, Mathematik, Chemie und anderer Wissenschaften beruhenden Naturwissenschaft verknüpft."* S. A. Jefirow: Ot Gegelja ... Dshennaro (Von Hegel zu ...Gennaro), Moskau 1960, S. 73-74, zitiert von M. Zigo in seinem Aufsatz: Zum Dialektikbegriff in der Philosophie G. Bachelards, in: Philosophica, Zbornik Filozofickej Fakulty Univerzity Komenského, 12-13, Bratislava, 1971-1972, (481-505), S. 482.

[273] Vgl. Merle, M.: La dialectique selon M. Gonseth et son école, in: Note sur le problème dialectique, in: Bulletin de Litérature Ecclésiastique, 51, Toulous 1950, S. 258.

III.4. Dialektik in der nichtcartesischen Epistemologie

Die „*Dialektik im epistemologischen Werk Bachelards*" besprechen heißt für mich zumindest, mich mit seiner Epistemologie und mit seinem Denken schlechthin auseinanderzusetzen. In der Einleitung habe ich bereits auf das Problem seines philosophischen Werkes und auf die daraus bei seiner Interpretation resultierenden Schwierigkeiten hingewiesen. Diese Schwierigkeiten resultieren aus dem doppelten Charakter von Bachelards Philosophie. Sie umfaßt zwei mehr oder weniger miteinander zusammenhängende Bereiche. Da der letztere philosophisch präziser formuliert und sehr interessant für meine Untersuchung ist, bevorzuge ich ihn als Zugang zum Denken Bachelards gegenüber dem zweiten Bereich. Ohne diesen Umweg über die Epistemologie gelingt es mir an dieser Stelle nicht, über die Dialektik Bachelards zu sprechen. Aus diesem und weiteren Gründen, die ich unten nennen werde, ist die Dialektik Bachelards kein Thema in der Diskussion über ihn geworden, obwohl sie explizit und implizit in seinen Schriften vorhanden ist, zumindest in den epistemologischen Schriften, die ich hier einbezogen habe. Außer einer kurzen Untersuchung von *Canguilhem* [274] in den sechziger Jahren und anderen Untersuchungen von *Milan Zigo*[275] und *Michel Vadée*[276] in den siebziger Jahren, die als Einführung in die Philosophie Bachelards dienten, findet man meines Wissens keine einzig gesonderte Untersuchung, die sich ausführlich mit der Dialektik Bachelards befaßt. Die Vernachlässigung dieses Aspekts bei seinen Kommentatoren und Kritikern hängt meiner Meinung nach in erster Linie mit der Natur seiner Dialektik selbst und zudem mit der Art und Weise zusammen, wie sie in seinen Schriften dargestellt ist: „*Die Dialektik ist nicht irgendein zumindest relativ selbständiger Teil seiner Philosophie, sondern bildet ihr konstruktives Element.*" [277]

---

[274] Canguilhem, Georges: Dialectique et philosophie du non chez Gaston Bachelard, in: Revue internationale de philosophie, no. 66, 4, Bruxelle, 1966, (wieder abgedruckt in Études d'histoire et de philosophie des sciences, Paris 1968, 1983, S. 196-207.) Dieses Buch ist schon ins Deutsche übersetzt, der Aufsatz, der mich hier interessiert, ist leider nicht übersetzt.

[275] Zigo, Milan: a. a. O., S. 481-505.

[276] Vadée, Michel: Les versions bachelardiennes de la dialectique, in: M. Vadée: Gaston Bachelard ou le nouvel idéalisme épistémologique, Paris 1975, S. 165-194.

[277] Zigo, Milan: a. a. O., S. 481.

Bekanntlich widmen die Philosophen des dialektischen Denkens dem Begriff der Dialektik einen bestimmten Teil ihres Werkes, in dem sie ihn mehr oder weniger präzise darstellen und ihm eine eigene Definition zuschreiben, die sie aus der Geschichte der Philosophie auswählen oder selbst entwickeln. Dies ist aber nicht der Fall bei Bachelard; er spricht viel über Dialektik und benutzt den Begriff der Dialektik explizit in mehreren Schriften und implizit überall dort, wo die Rede von *wissenschaftlichem Geist, neuem Rationalismus, Philosophie des Nein* und von *Wissenschaftsgeschichte* ist. Er verwendet den Begriff der Dialektik, ohne ihn präzise zu definieren oder ihn in den philosophischen Rahmen seiner Zeit einzufügen. Stellt man die Frage, was Dialektik Bachelard zufolge ist, dann kann man aus seinen Schriften nur allgemeine Bestimmungen herauslesen wie z. B.: *„Die Philosophie des Nein hat ebenfalls nichts mit einer apriorischen Dialektik zu tun. Ganz besonders gilt, daß sie kaum in den Bereichen der Hegelschen Dialektik angewandt werden kann."* (PN, S. 135).

Diese Abgrenzung wirkt auf den ersten Blick, als wenn sie nur die Natur der Philosophie Bachelards beträfe. Meint Bachelard mit der *Philosophie des Nein* nicht seine Auffassung der Dialektik? Darf man den Begriff der Dialektik bei Bachelard durch folgende Begriffe ersetzen: *Philosophie des Nein, neuer Rationalismus, angewandter Rationalismus und materialistischer Rationalismus?* Um diese Fragen zu beantworten oder sich zumindest ihrer Beantwortung anzunähern, muß *die Philosophie (des Nein)* Bachelards klar dargestellt werden. Mit Bachelards Worten: Bevor man die Frage stellt, muß man die Antwort kennen. Diese Hypothese gilt aber nur für die Philosophien, die er betrachtete und kritisierte, und nicht für seine Philosophie selbst. In seinen Schriften findet man keine vollkommene endgültige Antwort auf die in der Geschichte der Philosophie gestellten Fragen, einschließlich der von ihm selbst gestellten, sondern nur Elemente einer möglichen relativen Antwort. Seit seiner *Thesen von 1927* bleibt Bachelard dem Prinzip der annähernden Erkenntnis treu, wobei offenbleibende Fragen gegenüber endgültigen Antworten bevorzugt werden. Bereits in diesen Thesen spricht Bachelard implizit über Dialektik. In seinem philosophisch gewichtigen Werk *(NES, 1934)* machte er vom Begriff der Dialektik Gebrauch. Dort versuchte er, diesen Begriff im Rahmen seiner Auffassung des neuen wissenschaftlichen Geistes und des neuen Rationalismus zu erläutern, ohne ihn aus diesem Kontext abzusondern und ihm einen bestimmten Teil seines Werkes zu widmen. Zwei Jahre später erschien sein Werk *(DD, 1936)*, in dem das *Wort „Dialektik"* als Titel dient.[278] In diesem Werk erwartet man von Bachelard einleitend, wie es bei mehreren Philosophen der Fall ist, zumindest eine kurze Darstellung dessen, was er Dialektik nennt. Statt dessen spricht er über Dialektik, als wenn er über eine *gewöhnliche* Terminologie spräche oder der Überzeugung sei, daß man, bevor man sich mit seiner Dialektik befaßt, sich nicht nur mit dem Begriff der Dialektik, sondern mit dem Denken Bachelards schlechthin vertraut machen müsse. Was heißt also über Bachelards Dialektik sprechen? *„Die Dialektik in der Philosophie G. Bachelards besprechen heißt die grundlegenden Themen seines Denkens und die Frage ihrer methodologischen Bewältigung behandeln."* [279]

Zur vorläufigen Begriffsbestimmung der Dialektik Bachelards scheue ich mich nicht, bei Gelegenheit auf die drei oben angekündigten Definitionsversuche von *Canguilhem, M. Zigo* und *Vadée* zurückzukommen. Diese Untersuchungen liefern uns zusammen und auch jede für sich trotz ihrer unterschiedlichen theoretischen und ideologischen Einstellungen zu Bachelards Denken eine allgemeine Vorstellung von seiner Auffassung von der Dialektik. Wenn es jemandem gelingt, die Bedeutung und die Rolle der Dialektik in der Epistemologie Bachelards zu verstehen, dann gelangt er nicht nur zum Verständnis dieser *„nichtcartesische Epistemologie"* genannten Epistemologie und der philosophischen Tradition, sondern auch zum Verständnis des neuen wissenschaftlichen und philosophischen Denkens zu Beginn des *20.* Jahrhunderts. Dieses Verständnis wird dadurch ermöglicht, *„daß dialektische Tendenzen fast zur selben Zeit in der Philosophie und in der Wissenschaft auftauchten."* [280] Bereits zu Beginn dieses dritten Kapitels habe ich auf diese zwei verschiedenen dialektischen Tendenzen hingewiesen. In der Wissenschaft zeigen sich diese Tendenzen in der Entwicklung der

---

[278] *„Gaston Bachelard hat vom Ausdruck und Begriff „Dialektik" vielfach Gebrauch gemacht – implizit bereits in den Thesen von 1927. Zum ersten Mal erscheint der Ausdruck im Titel des Buches la Dialectique de la durée; die Erörterung des Begriffs und seine Einführung in die epistemologische Begriffswelt wird im Nouvel esprit scientifique bewerkstelligt."* Canguilhem, Georges: Wissenschaftsgeschichte und Epistemologie, S. 13
[279] Zigo, Milan: a. a. O., S. 481.
[280] Bachelard, Gaston: NES, S. 25.

nichtnewtonschen Physik (Quantenphysik), und in der Mathematik in der Entwicklung der nichteuklidischen Geometrie. In der Philosophie zeigen sich diese dialektischen Tendenzen in der Entwicklung philosophischen Denkens, das dem wissenschaftlichen Denken adäquat sein will *(Hamelin, Gonseth)*. Auf der Grundlage dieser revolutionären Entwicklungen interessiert sich Bachelard einerseits für die weltweiten Wandlungen im Charakter der Wissenschaft, insbesondere der Physik, andererseits für die Problematik der *Wissenschaftsgeschichte* in den ersten Jahrzehnten des *20. Jahrhunderts*.

Aufgrund seiner wissenschaftlichen Bildung steht Bachelard vom Anfang an vor der Notwendigkeit, einerseits die großen wissenschaftlichen Revolutionen und die daraus resultierenden Wandlungen im Denkstil ernst zu nehmen, andererseits die erkenntnistheoretischen Ergebnisse dieser Revolutionen auf den philosophischen Bereich zu übertragen. Als Physiker ist sich Bachelard dem wegen der aufeinanderfolgenden Krisen und Revolutionen instabil gewordenen intellektuellen Zustand von Physikern bewußt. *„Schon drei oder vier Mal standen die Physiker in den letzten zwanzig Jahre vor der Notwendigkeit, ihre Vernunft umzubauen, und intellektuell gesprochen, ein neues Leben zu beginnen."* [281]

Mit der Erscheinung seiner beiden Thesen von *1927* begann Bachelard ein neues *„philosophisches"* Leben auf dem Boden seiner zeitgenössischen Wissenschaft und nicht auf dem Boden der philosophischen Tradition seit *Descartes*.

„Nichtcartesische Epistemologie", dieser Ausdruck dient als Titel des sechsten und letzten Kapitels des *NES*. *„In der philosophischen Schlußbetrachtung dieses Buches werden wir die Grundzüge einer nichtcartesischen Epistemologie umreißen, die uns in der Tat die fundamentale Neuheit des heutigen wissenschaftlichen Denkens zu belegen scheint."* *(S. 13)*. In diesem Kapitel, das die Synthese des ganzen Werkes bildet, geht es Bachelard in erster Linie darum, den *„neuen"* wissenschaftlichen Geist zu definieren. Er spricht dabei von einer *cartesischen* und einer *nichtcartesischen Epistemologie*.

---

[281] Ebenda., S. 172-173.

Mit der ersten Art der Epistemologie rekurriert er auf den „*alten*" wissenschaftlichen Geist und mit der zweiten bezeichnet er den „*neuen*". Bachelard setzt sich mit dem alten wissenschaftlichen Geist auseinander, indem er seine philosophische Terminologie, insbesondere den Methode-Begriff, überprüft und kritisiert. Er nimmt die *cartesische* Methode als Beispiel für seine Kritik, deren Grundlagen, Beweise und Beispiele er aus der zeitgenössischen Wissenschaft zieht. Worauf fußt die *cartesische* Methode? Bachelard zufolge auf drei Punkten: *Analyse, einfacher Natur* (Nature simple) und *Evidenz*. In seiner Definition des „*neuen*" wissenschaftlichen Geistes lehnt er, wie wir sehen werden, die *cartesische* Methode ab; anschließend auch die Idee der Methode schlechthin, deshalb enthält sein Werk keine Definition der Methode des „*neuen*" wissenschaftlichen Geistes. Wenn Bachelard hier von der *nichtcartesischen* Epistemologie spricht, visiert er den *Cartesianismus* in seiner geschichtlichen Existenz nicht an. Die wissenschaftlichen Thesen von *Descartes* wurden längst für falsch erklärt. Das, was Bachelard unter dem Namen vom *Cartesianismus* anvisiert, ist eine Wissenschaftsphilosophie, die vom Stand der zeitgenössischen Wissenschaft weit entfernt ist. Kann der *Nichtcartesianismus* des „*neuen*" wissenschaftlichen Geistes als „*überholter*" *Cartesianismus* bezeichnet werden?

Bachelard bricht mit dem *Cartesianismus*, dieser Bruch ist aber nicht absolut. Der „*Bruch (besteht) zwischen dem wahrhaft modernen wissenschaftlichen Geist und dem schlichten Geist des Ordnens und Klassifizierens.*"[282]
Er kritisiert die Philosophie von *Descartes*, lehnt sie aber nicht im Ganzen ab. Er lehnt nur das ab, was mit dem „*neuen*" wissenschaftlichen Denken nicht übereinstimmt, insbesondere die „*Lehre von den einfachen und absoluten Wesenheiten.*" Er kritisiert die *cartesische Methode*, weil ihre Anwendung im wissenschaftlichen Bereich nicht mehr fruchtbar ist, sowohl in theoretischer als auch in experimenteller Hinsicht. Bachelard ist der Überzeugung, daß der *Cartesianismus* dem „*neuen*" wissenschaftlichen Denken nicht adäquat sein kann, weil einerseits „*die Basis des objektiven Denkens bei Descartes zu schmal ist, um die physikalischen Phänomene zu erklären*", und anderer-

---

[282] Ebenda., S. 145.

seits *„die cartesischen Regeln zur Anleitung des Denkens den vielfältigen Anforderungen des wissenschaftlichen Denkens sowohl in theoretischer als auch in experimenteller Hinsicht nicht mehr genügen."* [283]

Der theoretische und methodische Mangel am *Cartesianismus* führt Bachelard auf erkenntnistheoretischer Ebene zu einer wissenschaftlich orientierten Auffassung der Epistemologie, die er *„nichtcartesische Epistemologie"* nennt. Was versteht Bachelard darunter? Er widmet der Antwort auf diese Frage den letzten Kapitel seines Werkes *NES (Die nichtcartesische Epistemologie)* und beantwortet sie ausführlich in diesem schon angeführten Zitat: *„Wenn wir von einer nichtcartesischen Epistemologie sprechen, so denken wir dabei nicht so sehr an die Ablehnung der cartesischen Physik und nicht einmal an die Ablehnung einer mechanistischen Auffassung cartesischer Prägung, sondern vielmehr an die Ablehnung der Lehre von den einfachen und absoluten Wesenheiten."* *(NES, S. 141).*

Ferner darf die *nichtcartesische Epistemologie* keine Verleugnung der *cartesischen Epistemologie* sein, *„insofern das nichtcartesische Denken das cartesische vervollständigt."* *(NES, S. 165).* Der Nichtcartesianismus der modernen Epistemologie läßt sich somit nicht als Negation oder absolute Ablehnung der *cartesischen Epistemologie* verstehen. Vom ersten Aspekt der Epistemologie zum letzten besteht keine Kontinuität, sondern Diskontinuität. Dies bedeutet dennoch nicht, daß der erste Aspekt den zweiten verleugnet. *„Natürlich darf uns der Nichtcartesianismus der modernen Epistemologie nicht dazu verleiten, die Bedeutung des cartesischen Denkens zu verkennen, geradesowenig wie die Nichteuklidik uns die Organisation des euklidischen Denkens verkennen läßt."* *(NES, S. 143).* Die Entwicklung der Epistemologie läßt sich auf keinen Fall von ihrer Vergangenheit, sondern von ihrer Gegenwart her verstehen. Das Verständnis der *nichtcartesischen Epistemologie* leitet uns zum Verständnis der *cartesischen* Epistemologie an, umgekehrt ist dies aber nicht möglich. Dieser offene, rekurrente Charakter der *nichtcartesischen Epistemologie* entspricht einem entscheidenden Charakter der rekurrenten Geschichte der Wissenschaft, den Bachelard als *„offenen,*

---

[283] Ebenda., S. 137, 145, 146.

rekurrenten Zweifel an der Vergangenheit sicheren Wissens" bezeichnet.[284] Das *cartesische* und das *nichtcartesische Denken,* das *newtonsche* und das *nichtnewtonsche Denken* sowie das *euklidische* und das *nichteuklidische Denken* sind verschiedenartige Denkarten und - stile, die nebeneinander existieren und ihre Gültigkeit in Unabhängigkeit voneinander bewahren. Die ersten Aspekte des Denkens aber erweitern die letzteren, vervollständigen sie und entwickeln sie fort. So erweitert z. B. *„Einsteins Mechanik (...) das Verständnis der Newtonschen Konzepte. De Broglies Mechanik erweitert das Verständnis der rein mechanischen und rein optischen Konzepte. Zwischen diesen beiden Gruppen von Konzepten schafft die neue Physik eine Synthese, die der cartesischen Epistemologie zur Fortentwicklung und Vervollständigung verhilft."*[285]
Diese weitreichenden Wandlungen im Denkstil und im Charakter der modernen Wissenschaft, insbesondere in der Physik, interessieren Bachelard in erster Linie. Der interessanteste Charakter, dessen Akzentuierung und Erläuterung Bachelard am meisten Raum in seinen epistemologischen Schriften widmet, ist der *offene, dialektische Charakter,* sowohl der der Wissenschaft als auch der der Geschichte. *„On doit donc comprendre l'importance d'une dialectique historique propre à la pensée scientifique."*[286]
Dieses kurze Zitat deutet zumindest in den Grundzügen einige Aspekte der dialektischen Tendenzen in Bachelards Auffassung von der Wissenschaft und ihrer Geschichte einschließlich seiner Wissenschaftsphilosophie an, die weder empiristisch noch positivistisch, sondern *rationalistisch* sind. Wie schon erwähnt, unterscheidet Bachelard seinen Rationalismus vom traditionellen Rationalismus, indem er ihn vor allem als neuen Rationalismus bezeichnet und ihm besondere Charakterzüge wie z. B. *offen, angewandt* und *regional* zuschreibt. *„Jedes dieser Attribute für sich, aber insbesondere alle gemeinsam definieren"* – Milan Zigo zufolge – *„Bachelards Epistemologie, und in ihrem Inhalt verbirgt sich auch seine Auffassung von der Dialektik."*[287]

---

[284] Ders., NES, S. 163: *„Die Haltung eines offenen, rekurrenten Zweifels an der Vergangenheit sicheren Wissens zu bewahren, das ist eine Einstellung, die über die cartesische Vorsicht hinausgeht, sie verlängert und erweitert, und die es verdient, „nichtcartesisch" genannt zu werden, insofern das nichtcartesische Denken das cartesische vervollständigt."*
[285] Ebenda., S. 177.
[286] *(Man muß daher die Bedeutung der dem wissenschaftlichen Denken eigenen geschichtlichen Dialektik begreifen; Ders., ARPC, S. 25.)*
[287] Zigo, Milan: a. a. O., S. 485.

Die dialektische Position Bachelards steht somit zwischen dem Empirismus und dem Rationalismus. Die neuen Züge und Quellen seines *„angewandten Rationalismus"* bzw. *„technischen Materialismus"* entspringen dem Feld der Wissenschaft, genauer gesagt: dem *„neuen"* wissenschaftlichen Geist.

Zum Schluß dieses Abschnittes stellt sich die Frage, ob hier die Rede von einem *„neuen"* oder einem *„alten"* wissenschaftlichen Geist bei Bachelard ist und ob es überhaupt einen *„alten"* wissenschaftlichen Geist gibt, der überschritten oder veraltet ist?

III.4.1. Dialektik und wissenschaftlicher Geist

„Der neue wissenschaftliche Geist" ist ein entscheidendes epistemologisches Werk Bachelards, in dem er die Grundlinien des neuen wissenschaftlichen Denkens aufzeichnet und den neuen wissenschaftlichen Geist definiert. *„Das heutige wissenschaftliche Denken in seiner Dialektik zu erfassen und dadurch das grundlegend Neue daran aufzuzeigen, das ist die philosophische Zielsetzung dieses Buches."* [288]

Das Zeitalter dieses Geistes beginnt Bachelard zufolge mit der Etablierung der *Einsteinschen Relativitätstheorie (1905)*. Dieses revolutionäre Ereignis ermöglichte die Rede von einem neuen und einem alten wissenschaftlichen Geist, insbesondere in seinem Werk *„Die Bildung des wissenschaftlichen Geistes"*, in dem er die verschiedenen Zeitalter des wissenschaftlichen Denkens in drei große Perioden unterteilt *(vorwissenschaftlicher und wissenschaftlicher Zustand und Zeitalter des wissenschaftlichen Geistes) (S. 39)*. Der alte wissenschaftliche Geist charakterisiert sich durch zwei Grundzüge, die darauf zielen, die Besonderheiten der Wissenschaft zu verleugnen: Erstens löst er die Wissenschaft in einer allgemeinen Theorie des Geistes und der Vernunft auf, in der die Wissenschaft bloß Illustration dieses Geistes oder jener Vernunft ist. Zweitens führt er die Praxis des Wissenschaftlers auf eine einfache methodologische

---

[288] Bachelard, Gaston: NES, S. 20, 134.

Aktivität zurück. Wissenschaftstheoretisch gesehen lassen sich zwei allgemeine Bestimmungen des wissenschaftlichen Geistes unterscheiden:

1. Der wissenschaftliche Geist wurde als *Quintessenz* der menschlichen Vernunft betrachtet, die *statisch* und unveränderlich in ihren Gesetzen wie in ihrem Inhalt bleibt. (*Meyerson* etwa sucht nach den Gesetzen der Vernunft in der Wissenschaft.)

2. Es wird festgestellt, daß der wissenschaftliche Geist sich auf eine einfache strenge Methode zurückführen läßt, die ohne Bezugnahme auf die eigentliche wissenschaftliche Praxis bestimmt und erklärt werden kann. (Dies repräsentiert die Einstellung von *Descartes* in seinem „*Discours de la méthode*".)

Aufgrund dieser beiden Auffassungen über den wissenschaftlichen Geist wurde Wissenschaftsphilosophie verstanden als

1. Studie der Strukturen der Vernunft anhand der verschiedenen Wissenschaften entnommenen Beispiele *(Meyerson)*;

2. Versuch einer Ausarbeitung einer allgemeinen Methodologie, die geeignet ist, die wissenschaftliche Gültigkeit einer Erkenntnis zu bestimmen (*Stuart Mill*);

3. Rekonstruktion des Entwicklungsprozesses des wissenschaftlichen Geistes, der vom vorwissenschaftlichen Zustand ausgeht, um schließlich den reifen Zustand der Vernunft zu erreichen (z. B. „*Alter der Vernunft*" *A. Comte* zufolge).[289]

Der alte wissenschaftliche Geist wird von zwei Philosophien strukturiert, nämlich vom Rationalismus und vom Realismus. Diese beiden Philosophien sind von einer gleichartigen Problematik geprägt: Es gibt einerseits das Wirkliche und andererseits die Vernunft, und man konstatiert, daß die Wahrheit in der Übereinstimmung zwischen den beiden enthalten ist. Hier ist nicht vom traditionellen Konflikt zwischen den beiden philosophischen Richtungen die Rede, sondern nur von ihren Einstellungen zu dem Begriff der *Vernunft* und des *Wirklichen*, auf den sich die Kritik Bachelards stark konzentriert.

---

[289] Roy, Oliver: Le Nouvel Esprit Scientifique de Bachelard, Paris 1979, S.12.

1. Für den *Rationalismus* ist der wissenschaftliche Geist eine *Vernunft* am Werke; sie ist eine ein für allemal definierte Substanz. Die Vernunft besteht aus endgültigen und unveränderlichen intellektuellen Kategorien, und ihre Gesetze sind immer dieselben. Der alte wissenschaftliche Geist geht von einer Gesamtheit von endgültig beurteilten Grundbegriffen aus, weil diese sich mit den Kategorien einer unveränderlichen Vernunft identifizieren lassen.

2. Für den *Realismus* gibt es ein unveränderliches *Wirkliches* an sich, das sich enthüllen läßt. Jede Erkenntnis geht davon aus, daß es eine Einheit und eine Kohärenz in den Phänomenen gibt. Für den Rationalisten resultiert diese Einheit aus der Vernunft, für den Realisten aus der Natur. In dem alten wissenschaftlichen Geist existiert also das Wirkliche an sich außerhalb der Erkenntnis, die man daraus erwerben kann. Das Wirkliche ist keine äußerliche Kategorie, die dazu dient, Hypothesen zu bestätigen oder zu verneinen. Bachelard wendet sich gegen diese Auffassungen vom wissenschaftlichen Geist, vom Wirklichen und von der Wissenschaftsphilosophie, und wählt *Descartes* und *Meyerson* als seine Diskussionspartner.

Zunächst gehe ich auf die grundlegenden *Thesen des neuen wissenschaftlichen Geistes* bei Bachelard ein, die ich bereits bei der Darstellung seiner Epistemologie im zweiten Kapitel angedeutet habe. Diese Thesen sind, wie es zu zeigen gilt, in erster Linie *psychologisch*.

1. Die Vernunft: Es gibt keine *statische* Vernunft, die über alle unsere Erkenntnisarten herrscht.[290]

Bereits zu Beginn dieses Kapitels habe ich Bachelards Auffassung des Geistes dargestellt, dennoch versuche ich nun noch einmal, explizit auf einige Charakterzüge dieser Auffassung aufmerksam zu machen, in denen sich die Auffassung der Dialektik

---

[290] Meines Erachtens verwendet Bachelard den Begriff der Vernunft und den des Geistes mit den gleichen Charakterzügen. Er privilegiert aber meistens die Verwendung des Begriffs vom Geist, der als Titel einiger seiner Schriften gilt *(NES, FES)*. Der Geist und die Vernunft sind ihrem Wesen nach nicht a priori vorgegeben und nicht statisch, sondern sie sind konstituiert und dynamisch. Sie sind insbesondere durch ihren Bezug auf die Wissenschaft charakterisiert. *„Alles in allem leitet die Wissenschaft die Vernunft. Die Vernunft hat der Wissenschaft zu gehorchen"*; *„Im allgemeinen muß sich der Geist den Bedingungen der Wissenschaft anpassen. Er muß in sich eine Struktur entwickeln, die der Struktur der Wissenschaft entspricht."* Gaston Bachelard: PN, S. 164, 165.

Bachelards zeigt. Bei seinen Überlegungen zur Rolle der Wissenschaftsphilosophie stößt er auf die Frage nach der Struktur und der Entwicklung des Geistes, die falsch gestellt ist, sowohl von den Wissenschaftlern als auch von den Philosophen. Die Wissenschaftler gehen davon aus, daß bereits der Geist zu Anfang seines Entwicklungsprozesses *„unstrukturiert"* und *„kenntnislos"* ist. Die Philosophen dagegen gehen von einem a priorisch *„konstituierten"* Geist aus, der mit allen notwendigen Kategorien ausgerüstet ist. Bachelard lehnt diese rationalistische und empiristische Auffassungen von Geist ab.[291] Diese Ablehnung zeigt sich in zwei Punkten: erstens hinsichtlich der Natur des Geistes – er ist nicht *statisch*, sondern *dynamisch* – zweitens hinsichtlich der Grenzen seiner Erkenntnisfähigkeit. Dabei lassen sich die Grenzen des Geistes philosophisch und wissenschaftlich verstehen: In wissenschaftlicher Hinsicht bedeutet die Grenze der Erkenntnis lediglich einen vorläufigen Halt des Denkens. In philosophischer Hinsicht bedeutet jede absolute Grenze des Entwicklungsprozesses der Wissenschaft ein schlecht dargelegtes Problem.[292] Die Zerstörung dieser Grenzen bzw. dieser Barriere ist eine der Aufgaben, die Bachelard der *„wissenschaftlichen Philosophie"* zuschreibt. Sie muß aber nicht nur zerstören, sondern auch restaurieren. Im psychologischen Sinne muß sie für den Geist eine pädagogische Tätigkeit leisten. *„En résumé la philosophie scientifique doit être essentiellement une pédagogie scientifique." (Kurz, die wissenschaftliche Philosophie muß vor allem eine wissenschaftliche Pädagogik sein.)* [293]

Gegen diese beiden Auffassungen von Geist versucht Bachelard mühsam, eine dialektische Auffassung vom Geist zu etablieren. Er schlägt eine Sichtweise von einem *„konstituierten"* Geist vor, der im *dialektischen* Verhältnis zu der Erkenntnis steht, die

---

[291] *„Ein Grund für die Auffassung, der wissenschaftliche Geist bleibe letztlich doch derselbe, so tiefgreifend die Korrekturen auch sein mögen, liegt in der Tatsache, daß man die Rolle, die der Mathematik im wissenschaftlichen Geist zufällt, nicht richtig einschätzt."* Ders., NES, S. 56.

[292] Ähnlich wie Bachelard betrachtet Hans Reichenbach Irrtümer folgendermaßen:
„Irrtümer lassen sich nur psychologisch erklären; aber die Wahrheit verlangt nach logischer Analyse. Die Geschichte der spekulativen Philosophie ist die Geschichte der Irrtümer der Philosophen, die nicht in der Lage waren, die Fragen, die sie stellten, zu beantworten; und die Antworten, die sie trotzdem gaben, können nur aus psychologischen Motiven heraus erklärt werden." Der Aufstieg der wissenschaftlichen Philosophie, 2. Aufl. Vieweg 1968, S. 137.

[293] Bachelard, Gaston: Critique préliminaire du concept de frontière épistémologique, in: Études, S. 85.

er selbst produziert. Anders ausgedrückt, der Geist produziert Erkenntnis, die sich ihrerseits aber auf seine Struktur auswirkt. Dieser Einfluß auf die Struktur des Geistes läßt sich nur dadurch begreifen, daß man ihn in psychologischer Hinsicht betrachtet oder wenn man das ganze Problem des wissenschaftlichen Fortschritts auf einer psychologischen Ebene betrachtet, wie es Bachelard später in seinem Werk *(FES, S. 46)* versucht. Bereits in *(NES, S. 171)* hat er auf den psychischen Aspekt der aus der wissenschaftlichen Revolution resultierenden epistemologischen Werte aufmerksam gemacht: *„Betrachtet man das Problem der wissenschaftlichen Neuerung auf einer im engeren Sinne psychologischen Ebene, so zeigt sich, daß diese revolutionäre Einstellung der heutigen Naturwissenschaft tiefgreifende Auswirkungen auf die Struktur des Geistes haben muß."*

Diese Auswirkung fordert den Geist auf, seine Struktur an die *Dialektik* der wissenschaftlichen Erkenntnis anzupassen.

2. *Das Wirkliche der Wissenschaft*: Bei seiner Auffassung von Geist setzt sich Bachelard, einerseits mit dem traditionellen Rationalismus, andererseits mit dem Empirismus, Realismus und Positivismus polemisch auseinander. Bei seiner Auffassung vom *Wirklichen* richtet Bachelard seine Polemik gegen diese Philosophien, insbesondere gegen den Empirismus und den *„naiven"* Realismus, deren Auffassung von Geist mit der von Wissenschaftlern übereinstimmt. Ferner kritisiert er auch in diesem Zusammenhang den *Pragmatismus*.[294] Um im Rahmen des neuen wissenschaftlichen Geistes die Tätigkeit eines Wissenschaftlers oder Epistemologen zu üben, fordert Bachelard den Wissenschaftler und den Epistemologen auf, auf die philosophischen Traditionen zu verzichten, sowohl hinsichtlich der Wirklichkeit der wahrnehmenden Welt als auch hinsichtlich der angeborenen Klarheit des Geistes.

Abgesehen von dieser Kritik möchte ich die *„revolutionäre Einstellung"* der zeitgenössischen Wissenschaft zum Begriff des Wirklichen ansprechen, den die traditionellen Philosophien mißbraucht haben. Bevor ich die Auffassung des Wirklichen in der

---

[294] *„Il n'y a pas d'objectivité dans la perception utilitaire parce qu'elle est essentiellement un rapport entre la chose et le sujet où le sujet a un rôle primordial."* Ders., ECA, S. 247.

Wissenschaft darstelle, möchte ich aber hier ein Zitat hinzufügen, in dem Bachelard seine Auffassung von der Wissenschaft beschreibt:

„*La science d'aujourd'hui est délibérément factice, au sens cartésien du terme. Elle rompt avec la nature pour constituer une technique. Elle construit une réalité, trie la matière, donne une finalité à des forces dispersées. Construction, purification, concentration dynamique, voilà le travail humain, voilà le travail scientifique.*" *(Die Wissenchaft von heute ist absichtlich künstlich, im cartesischen Sinne des Ausdrucks. Konstruktion, Reinigung, dynamische Konzentration, da ist die humane Arbeit, da ist die wissenschaftliche Arbeit; ARPC, S. 3-4.)*

Zunächst sind dabei zahlreiche Charakterzüge des Begriffs vom Wirklichen zu nennen, worauf Bachelard aufmerksam machen wollte:

1. Das Wirkliche der zeitgenössischen Wissenschaft ist ein *„künstliches"* Wirkliches. Das Wirkliche bzw. der Gegenstand der Wissenschaft (Mikrophysik und Chemie) ist nicht mehr das natürlich gegebene Wirkliche, sondern wird erst vom Wissenschaftler anhand der *Technizität* konstruieren. Die Konstruktion des Wirklichen in der Wissenschaft erfolgt nur durch die Anwendung technischer Instrumente.[295] Die Anwendung der Instrumente dient aber nicht, wie in der klassischen Wissenschaft, zur Überprüfung der Beobachtung, sondern erzeugt die Beobachtung selbst. In der zeitgenössischen Naturwissenschaft arbeitet der Wissenschaftler an künstlichen Erscheinungen. Dabei steht er vor einem künstlichen bzw. konstruierten Wirklichen.

2. Das Wirkliche als Gegenstand (Objekt) der Wissenschaft ist ein *Bi-Objekt.* Es ist konkret und abstrakt, Ding und *Ding an sich* sowie Ding und kein Ding (non-chose) zugleich. Bachelard versteht das Ding an sich nicht im *kantischen* Sinne als Grenze der wissenschaftlichen Erkenntnis, sondern als entscheidendes Merkmal für die revolutionäre Entwicklung der Wissenschaft. Kurzum, er versucht dabei, entgegen dem Empirismus und dem naiven Realismus aufzuzeigen, daß der Gegenstand der Wissenschaft keineswegs ein gegebener Gegenstand ist, sondern ein Gegenstand, des noch theore-

---

[295] Ebenda., S. 5.

tisch und technisch zu konstruieren ist. In dieser Konstruktion sind der rationale und der technische Aspekt komplementär.

3. Das Verhältnis zwischen dem Objekt und der Methode ist dialektisch. Das Wirkliche wurde von den Philosophen unabhängig von der Methode betrachtet, mit der sie es untersuchten. Die Rolle der Methode besteht nur darin, den Wissenschaftlern bei der Untersuchung zu helfen. Sie hat deswegen keine Auswirkung auf das beobachtete Objekt. Bachelard ist sich der Arbeit in der zeitgenössischen Wissenschaft voll bewußt, deshalb lehnt er die Einstellung der Philosophen zum Verhältnis der Methode zum Objekt ab. *„In der Mikrophysik gibt es keine Beobachtungsmethode, bei der das Beobachtungsverfahren nicht selbst auf das beobachtete Objekt einwirkte. Es kommt also unvermeidlich zu einer Interferenz zwischen Methode und Objekt."* [296]

Aus diesem Zitat kann man konstatieren, daß Bachelard ein dialektisches Verhältnis zwischen dem Objekt und der Methode zuläßt, die zur Untersuchung dieses Objektes angewandt wird. Dieses dialektische Verhältnis bedeutet nicht unbedingt eine Dominanz der Methode über das Objekt, weil das Objekt unabhängig von der Methode objektiv vorhanden ist. In diesem Zusammenhang bedeutet das dialektische Verhältnis zwischen dem Wirklichen und der Methode Bachelard zufolge eine Wechselwirkung zwischen den beiden.

4. Rolle der Mathematik im Verständnis des Wirklichen. Wie schon erwähnt kritisiert Bachelard die philosophische Auffassung, der wissenschaftliche Geist bleibe statisch und unveränderlich – jene Auffassung, die aus der Mißachtung der Rolle von Mathematik resultiert. Die Mathematik wurde Bachelard zufolge immer bloß als eine Sprache, ein Ausdrucksmittel und sogar ein Werkzeug berücksichtigt, das einer vollkommene, *„reinen"* Vernunft zur Verfügung steht.[297] Dies ist auch Bachelards These in bezug auf die Rolle der Mathematik in der Entwicklung der Physik. Welche Rolle schreibt Bachelard dann der Mathematik zu, mit deren Epistemologie er sich nie befaßt

---

[296] Ders., NES, S. 123.
[297] *„Immer wieder ist gesagt worden, die Mathematik sei eine Sprache, ein bloßes Ausdrucksmittel. Man hat sich daran gewöhnt, in ihr ein Werkzeug zu erblicken, ein Werkzeug im Dienste einer ihrer selbst bewußten, mit vormathematischer Klarheit ausgestatteten, über reine Ideen gebietenden Vernunft."* Ebenda., S. 56-57.

hat?[298] „*Die mathematische Aktivität ist die eigentliche Achse der Entdeckung; nur der mathematische Ausdruck ermöglicht es, das Phänomene zu denken.*" [299] Aufgabe der Mathematik ist Bachelard zufolge die Entdeckung und nicht die Äußerung über die Entdeckung. Die wissenschaftliche Entdeckung bzw. die wissenschaftliche Arbeit schlechthin benötigt nicht nur ein Experiment, sondern auch eine mathematische Theorie. In der wissenschaftlichen Arbeit gibt es also ein dialektisches Verhältnis, oder genauer gesagt, ein Komplementarität zwischen einer mathematischen Theorie und einem empirischen Experiment. Bachelard schreibt der Rolle der Mathematik im Verständnis des Wirklichen und in der Formulierung seiner Gesetze eine grundlegende Wichtigkeit zu, weil das Wirkliche selbst ein mathematisches Wirkliches ist. „*Le monde caché dont nous parle le physicien contemporain est d'essence mathématique.*" *(Die verborgene Welt, von der uns der zeitgenössische Physiker berichtet, ist dem Wesen nach mathematisch.)*[300]

Der mathematische Charakter des Wirklichen ermöglicht der Mathematik, die Aufgabe der Entdeckung zu erfüllen. Bachelard geht aber so weit zu behaupten, daß die Mathematik über das Wirkliche herrsche.[301] Das Wirkliche ist seinem Wesen nach ein mathematisches Wirkliches. Mit dieser mathematischen Auffassung vom Wirklichen will Bachelard darauf hinweisen, daß das Wirkliche in den zeitgenössischen Wissenschaften, insbesondere in der Mikrophysik, nicht mehr ein bestimmtes, getrenntes Wirkliches, sondern ein Bündel von Relationen ist. „*Au commencement est la relation, c'est pourquoi les mathématique règnent sur le réel.*" *(Im Anfang ist die Beziehung, deswegen herrscht die Mathematik über das Wirkliche.)* [302]

Bachelard gelangt also bei der Charakterisierung der Rolle der Mathematik im Verständnis des Wirklichen zu zwei inhaltlich entgegengesetzten Ergebnissen, nämlich zur

---

[298] Vgl. Martin, R.: „Bachelard et les mathématiques", in: Bachelard, Colloque de Cerisy, Paris 1974, S. 46-67.
[299] Ebenda.
[300] Vgl. Bachelard, G.: „Noumène et Micropysique", in: Études, S. 18.
[301] Ebenda., S. 19.
[302] Ebenda.

Bedeutung der Mathematik für die wissenschaftliche Entdeckung und zur Dominanz der Mathematik über das Wirkliche. Diese beiden Ergebnisse, insbesondere das zweite, führt Bachelard zur idealistischen Einstellung, die er von Anfang an zu überschreiten versuchte. Er faßt diese Ergebnisse in folgendem Zitat zusammen, in dem das Merkmal seiner idealistischen Einstellung deutlich zum Ausdruck kommt: *„L'exigence empiriste qui ramène tout à l'expérience, exigence si nette encore au siècle dernier, a perdu sa primauté, en ce sence que la force de la découverte est presque entièrement passée à la théorie mathématique."* [303]

Die Behauptung, daß *„die Kraft der Entdeckung beinahe ganz an der mathematischen Theorie vergangen"* sei, bedeutet dennoch nicht, daß es in der wissenschaftlichen Arbeit kein komplementäres Verhältnis zwischen dem Experimentieren und der mathematischen Theorie gibt und nur die Rolle der Mathematik zählt. Sicherlich spricht Bachelard über das Verhältnis des Denkens zum Wirklichen – in diesem Fall über das Verhältnis der mathematischen Theorie zum physikalischen Wirklichen –, in dem er dem Denken den Vorrang gibt. Somit bevorzugt er alles, was mathematisch ist, vor allem, was physisch ist, d.h. er bevorzugt rationale Aktivität gegenüber physischer Wirklichkeit. Diese Übertreibung bei der Charakterisierung der Rolle von Mathematik in der Wissenschaft stößt auf heftige Kritik an den idealistischen Tendenzen der Epistemologie Bachelards. Die idealistische Einstellung Bachelards besteht *D. Lecourt* zufolge darin, daß die Rolle der Mathematik bei ihm zum *„Subjekt"* der physikalischen Wissenschaft werde.[304] Dieses *„Subjekt"* ist nicht nur fähig, sich zu äußern und zu entdecken, sondern auch schöpferisch zu sein (z. B. *Die Tensorrechnung, NES, S. 54*). Die Schöpfung bedeutet Bachelard zufolge, daß die Mathematik einerseits neue physikalische Theorien hervorbringt, andererseits sie eine physikalische Realität erschafft, die in der Natur nicht existiert.

---

[303] *(Der empiristische Anspruch, alles auf das Experiment zurückführen, der noch im vorigen Jahrhundert so deutlich war, hat sein Primat verloren, als die Entdeckungskraft fast völlig auf die mathematische Theorie übergegangen ist; Ebenda., S. 15.)*
[304] Vgl. Lecourt, Dominique: Bachelard ou le jour et la nuit, S. 102.

Um die Auffassung Bachelards von dem Wirklichen der Wissenschaft genauer zu verstehen, müssen zumindest zwei Fragen beantwortet werden: Erstens, gibt es bei Bachelard bestimmte philosophische Zielsetzungen, die ihn bei seiner Auffassung des Wirklichen – eines der komplexesten Problem der Philosophie – zur idealistischen Einstellung führen? Zweitens, gegen wen wendet er sich mit seiner Kritik? Wendet er sich gegen Wissenschaftler oder gegen empirische Philosophen? Bereits zu Beginn meiner Überlegungen zu Bachelards Epistemologie bin ich von der Überzeugung ausgegangen, daß sein Denken dann klar zu verstehen ist, wenn man seine Polemik versteht oder seine Gegner kennt. In der Frage, die mich hier beschäftigt, polemisiert er gegen die epistemologische Position, die im *19. Jahrhundert vorherrschte, insbesondere bei Claude Bernard (1813-1878).* Die Kritik ist aber im Grunde nicht an den Wissenschaftler, sondern an den empirischen Philosophen (des naiven Empirismus oder traditionellen Materialismus) gerichtet. Bei seiner Kritik am *„empirischen Anspruch"* der experimentellen Naturwissenschaft richtet Bachelard seine Angriffe in Wirklichkeit gegen jede *„realistische"* oder *„materialistische"* Theorie, welche die Existenz einer objektiven Realität außerhalb und unabhängig von unserer Erkenntnis und unserer Verfahrensweisen behauptet. Mit dem Realismus zielt Bachelard eigentlich auf die Grundthese des gesamten Materialismus.

Ist die Epistemologie Bachelards trotz ihrer Kritik an den philosophischen Richtugen eine idealistische Philosophie wie die Philosophien, die sie kritisiert und ablehnt, eine Philosophie, die ihre ontologische Einstellung in der Epistemologie statt in der Philosophie ausdrückt? *M.Vadée* hat dieses Thema bereits in seinem Werk über die Epistemologie Bachelards behandelt.[305] An dieser Stelle meiner Betrachtung, interessiert mich die Antwort hierauf nicht, weil mein Ziel nicht darin besteht, die Epistemologie Bachelards in eine der beiden philosophischen Richtungen (Idealismus oder Materialismus) zu fügen, sondern nur darin, mögliche *dialektische Tendenzen* in Bachelards Auffassung des Wirklichen herauszustellen. Gewiß, mein Ziel ist die Suche nach möglichen *Definitionselementen* von Bachelards Dialektik.

---

[305] Vgl. Vadée, Michel: Zu G. Bachelards neuem epistemologischen Idealismus, S. 57

Schließlich ist noch ein letzter Charakter des Begriffs des Wirklichen zu nennen, worauf Bachelard seit den beiden Thesen seiner Doktorarbeit den Akzent legt. Es handelt es sich hier um den Begriff des *Indeterminismus* im zeitgenössischen wissenschaftlichen Denken.

Indeterminismus: Bachelard hat der indeterministischen Deutung der Naturwissenschaft (Physik) sehr früh einen entscheidenden Platz eingeräumt. Schon *1927* entwickelte er in *ECA* eine zentrale Polemik und Kritik gegen jede deterministische Konzeption der Wirklichkeit, insbesondere im Kapitel über Induktion, Korrelation und Wahrscheinlichkeit *(S. 127)*, wobei er eine umfassende Argumentation zu diesem umstrittenen Punkt entwickelt. Schon in diesem Werk skizziert er seine indeterministische Auffassung des Wirklichen, der er treu bleibt.[306] Bereits in *„Noumène et microphysique"* (1931) lassen sich zahlreiche Argumente finden, die eine auf der Basis der zeitgenössischen Naturwissenschaften beruhende Kritik jeder deterministischer Konzeption zeigen.[307] Das *„Essai sur la connaissance approchée"* ist ein deutlicher Ausdruck für die indeterministische Tendenz Bachelards, die seine Gedanken geprägt hat. Diese Tendenz äußert sich durch den Begriff des *Bruchs* und generell durch seinen Begriff der Wahrheit, den ich schon erläutert habe. Bezüglich des Bruch-Begriffs betrachtet er den Übergang vom Determinismus zum Indeterminismus als absolut, d.h. zwischen diesen beiden Begriffen besteht für ihn keine Wechselbeziehung, sondern ein Bruch. Bemerkenswerterweise sieht Bachelard in diesem Falle kein komplementäres Verhältnis zwischen den beiden epistemologischen Werten. Der Indeterminismus darf aber nicht als absolute Ablehnung des Determinismus, sondern als umfangreiche Erklärungsweise des Wirklichen betrachtet werden, wobei sich der Determinismus seine Gültigkeit in bestimmten Fällen bewahren darf.

---

[306] Siehe die Überschrift der Schlußfolgerung des Werkes ARPC, S. 212, in der er den Rationalen Determinismus als technischen Determinismus definiert.

[307] Dazu auch, NES, S. 122: *„In dieser Revolution ging es um nichts Geringeres als die These einer objektiven Unbestimmtheit."*

Um im Gedanken Bachelards über die *Rolle der Dialektik* im wissenschaftlichen Geist zu bleiben, muß ich mich beim Versuch, seine Dialektik zu charakterisieren, auf seine Auffassung vom wissenschaftlichen Geist berufen: *„Der wissenschaftliche Geist ist seinem Wesen nach eine Korrektur von Wissen, eine Erweiterung des Rahmens von Erkenntnis. Er urteilt über seine Vergangenheit, indem er sie verurteilt. Seine Struktur ist das Bewußtsein der eigenen historischen Irrtümer. Wissenschaftlich denkt man das Wahre als historische Korrektur eines alten Irrtums und die Erfahrung Berichtigung einer gemeinsamen Täuschung. Das ganze geistige Leben der Wissenschaft bewegt sich dialektisch an dieser Grenze zwischen dem Wissen und dem Nichtwissen."* [308]

Dieses längere Zitat aus dem *NES* deutet zumindest in den Grundzügen einige Aspekte der *dialektischen Tendenz* in Bachelards Auffassung von der Wissenschaft an, ihrer Geschichte und ihrer philosophischen Theorie. Es weist darüber hinaus deutlich auf die *Quelle der dialektischen Züge* seiner Epistemologie hin, nämlich auf den revolutionären Charakter oder, genauer gesagt, auf den dialektischen Charakter der zeitgenössischen Wissenschaft und ihrer Geschichte. Bereits in seiner These von *1927* setzt Bachelard den Akzent auf den dialektischen Charakter der Wissenschaft und der Erkenntnis schlechthin,[309] indem er die Erkenntnis als *annähernd* beschreibt. Die Proklamierung der beiden Charakterzüge der *Annäherung* und der *Approximation* ist aber nicht nur das Thema seines ersten Werkes, sondern seines ganzen Schaffens. Sie ist *M. Vadée* zufolge zugleich ein Problem und ein bestimmender Charakter seines Schaffens. Ein richtiges Verständnis der beiden Begriffe der Annäherung und der Approximation *„soll uns gestatten, zum Kern aller von Bachelard später untersuchten und entwickelten Dialektiken und Problematiken vorzudringen."* [310]

---

[308] Bachelard, Gaston: NES, S. 171-172.
[309] *„La connaissance en mouvement est ainsi une manière de création continue; l'ancien explique le nouveau et l'assimile; vice versa le nouveau affermit l'encien et le réorganise."* (Die Erkenntnis in Bewegung ist also eine fortlaufende Schaffensart; das Alte erklärt das Neue und assimiliert es; umgekehrt stärkt das Neue das Alte und reorganisiert es; ECA, S. 15.)
[310] Vadée, Michel: a. a. O., S. 31.

Bei seiner Betrachtung der Erkenntnis als annähernd gelangt er zu einer epistemologischen Auffassung von wissenschaftlicher Erkenntnis, den er als *Approximationalismus* bezeichnet (*ECA*, Abschluß, *S. 295-300*). Bachelard definiert diesen Begriff meines Wissens erst im letzten Satz des *ECA*: *„L'approximation, c'est l'objectivation inachevée, mais c'est l'objectivation prudente, feconde, vraiment rationnelle puisqu'elle est à la fois consciente de son insufisance et de son progrès."*[311]
Dringt man etwas tiefer in das erste Werk Bachelards vor, dann gelangt man früher oder später zu der Überzeugung, daß dieses Werk nicht bloß ein *„Versuch zur annähernden Erkenntnis"*, sondern eine zweckorientierte Darstellung einer *„Philosophie des Ungenauen"* ist *(ECA, S. 8)*. Ich werde vielfach Gelegenheit haben, auf die Charakterzüge dieser Philosophie zurückzukommen, weil die Idee der Annäherung und der Approximation in den nachkommenden Werken Bachelards weiterverfolgt wird. Mit der Einführung der epistemologischen Kategorie von Annäherung und Approximation beabsichtigt Bachelard zur Lösung des Problems der Erkenntnis und des damit zusammenhängenden Problems der Wahrheit beizutragen: Jenem Problem, das die traditionelle Antinomie des Rationalismus und Empirismus, des Realismus und Idealismus zur Erscheinung brachte. Als Wissenschaftler und Philosoph war er nicht nur vertraut mit Problemen der wissenschaftlichen Erkenntnis, die aus der wissenschaftlichen Revolution im *20.* Jahrhundert entstanden, sondern er hat selbst sie erlebt. Die Erkenntnis wird Bachelard zufolge im Laufe ihrer Bildung immer *polemisch* und *dialektisch* präsentiert. Sie wird präsentiert als *Dialog* zwischen entgegengesetzten Polen – ein *Dialog*, den man erst dann begreifen kann, wenn man sich in diese schwere zentrale Stellung zwischen den gegensätzlichen Philosophien stellt, die er seiner Epistemologie zuschreibt. Dabei lassen sich zahlreiche Beispiele finden, in denen dieser *Dialog* deutlich zum Ausdruck kommt: *Dialog* zwischen dem Denken und dem Wirklichen,[312] der Theorie und dem Experiment, dem a priori und dem a posteriori, dem Konkreten und

---

[311] *(Die Approximation, das ist die unvollendete Objektivierung, das ist aber wirklich die behutsame, fruchtbare, rationelle Objektivierung, weil sie zugleich ihrer Mangelhaftigkeit und ihrem Fortschritt bewußt ist; ECA, S. 300.)*

[312] Dem Dialog des Denkens mit dem Wirklichen, wodurch das Denken ständig berichtigt wird, widmet Bachelard sein ganzes Werk ECA: *„Cette rectification incessante de la pensée devant le réel, c'est l'objet unique du présent ouvrage."* (Diese ständige Berichtigung des Denkens vor dem Wirklichen, dies ist der einzige Gegenstand des vorliegenden Werkes; ECA, S. 16.)

dem Abstrakten, und letztlich - und nicht zu letzt - zwischen dem Objekt und dem Subjekt. Bachelard stößt denn gleich zu Anfang seiner philosophischen Überlegungen über die Natur der Erkenntnis auf das Problem des *Dynamismus* der Erkenntnis, nämlich: woher resultiert der Dynamismus, der die Entwicklung und den Fortschritt der Erkenntnis erlaubt, und wie läßt sich der Dynamismus der Erkenntnis, deren Gegenstand eine äußere Wirklichkeit ist, erklären? Bachelards Antwort lautet: „*Il faut expliquer la connaissance dans son dynamisme intime en s'appuyant sur ses propres éléments.*" *(Die Erkenntnis muß in ihrem innersten Dynamismus erklärt werden, indem man sich auf ihre eigene Elemente stützt; ECA, 245.)*

Wie lassen sich Ideen – der Gegenstand der Erkenntnis – einerseits mit dem Dynamismus der Erkenntnis und andererseits mit der Wirklichkeit versöhnen?[313] Dies sind die schwerwiegenden Probleme, die das ganze Schaffen Bachelards durchdringen, deren Lösung er seine Philosophie widmet.[314]

Bachelard gelangt anhand der Kategorie der Approximation und Annäherung zu einer Lösung bezüglich der Natur der Erkenntnis. Die Erkenntnis umfaßt in der Tat drei Handlungen: zuerst die *rationelle Organisation*, dann die *Überprüfung* und schließlich die *Berichtigung*. Der Geist hat also die zwei erforderlichen Gründe – die in *FES* ausführlich erklärt sind – erreicht, die seine Erkenntnis völlig rationell machen, nämlich einen abstrakten Gegenstand, der keinen Bezug auf die ersten Intuitionen hat, und einen Dynamismus, der ihm erlaubt voranzukommen. Um nicht in die Metaphysik zu geraten, sondern seinem Rationalismus realistischen Grund zu schaffen, versucht Bachelard im Laufe des *NES*, das „*Rationale*" oder „*Mathematische*" in der physikalischen Erfahrung zu realisieren. Diese Realisierung des Rationalen, die Bachelard zu-

---

[313] „*Le monde est „ma vérification", il est fait d'idées vérifiées, par opposition à l'esprit qui est fait d'idées essayées.*" *(Die Welt ist „meine Überprüfung", sie besteht aus verifizierten Ideen, im Gegensatz zum Geist, der aus prüfbaren Ideen besteht; ECA, S. 272.)*

[314] Vgl. Mauris Lalande: La théorie de la connaissance scientifique selon Gaston Bachelard, 4. Kap.: *Principes directeurs et problèmes fondamentaux de la philosophie de M. Bachelard*, Ottawa, 1966, S. 87.

folge einem „*technischen Realismus*" entspricht, hat mit dem traditionellen philosophischen Realismus nichts zu tun. Der „*technische Realismus*" ist also eines der bedeutendsten charakteristischen Merkmale des heutigen wissenschaftlichen Denkens, wodurch es sich vom wissenschaftlichen Denken der letzten Jahrhunderte unterscheidet *(NES, S. 5)*. Damit will Bachelard darauf bestehen, daß „*es in der Wissenschaftsphilosophie weder einen absoluten Realismus, noch einen absoluten Rationalismus gibt.*" *(NES, S. 2)*.

Die heutige Wissenschaft, insbesondere die Physik, muß sich mit einer „*Synthese*" dieser beiden gegensätzlichen Pole des wissenschaftlichen Denkens beschäftigen. Zur Verwirklichung dieser „*Synthese*" muß man auf den Grund der charakteristischen Merkmale der „*Ambiguität*" im wissenschaftlichen Denken gehen. Dies bedarf sogar, wie Bachelard sagt, einer „*Art Pädagogik der Ambiguität*", die er dem wissenschaftlichen Geist vorschlägt und die ihm Geschmeidigkeit und Flexibilität für das Verständnis neuer Lehren liefert *(NES, S. 15)*. Diese „*Synthese*", sowie eine mögliche „*Versöhnung*", die sich bloß als „*Kompromiß*" darstellt, eliminiert den Dualismus nicht, der die Wissenschaftsgeschichte durchdringt. Um diesen Dualismus aufzuzeigen, genügt es durchaus, das wissenschaftliche Handeln zu betrachten, in dem das Verhältnis zwischen Realismus und Rationalismus so eng ist, „*daß jeder wissenschaftliche Gedanke sich zugleich in der Sprache des Realismus und in der des Rationalismus ausdrückt.*" *(NES, S. 3)*. [315]

Die heutige Wissenschaftsphilosophie soll also eine zweisprachige Philosophie sein, d.h. sie soll zugleich die „*Sprache*" des Realismus und die des Rationalismus beherrschen. „*Die Philosophie muß daher ihre Sprache so anpassen, daß sie das zeitgenössische Denken in seiner ganzen Flexibilität und Veränderlichkeit auszudrücken vermag.*" *(NES, S. 3)*.

Bachelard zufolge muß diese Philosophie mit zwei gegensätzlichen Mitteln (Methoden), gleich ob experimentelle oder rationale Methoden, arbeiten und zugleich die Gültigkeit der beiden Methoden respektieren und sie nebeneinander gelten lassen. Die

---

[315] Datzu auch NES, S. 15: „*Beginnt man über wissenschaftliches Handeln nachzudenken, bemerkt man also, daß Realismus und Rationalismus einander beständig in der Rolle des Ratgebers ab-*

Wissenschaftsphilosophie soll schließlich eine „*angewandte Philosophie*" sein.[316] Diese Philosophie hat Bachelard in seinem Werk *PN*, dessen Untertitel „*Versuch einer Philosophie des neuen wissenschaftlichen Geistes*" ist, begründet und unter dem Namen des *Rationalismus* in seinen anderen Werken *(RA, MR)* weiterentwickelt.

Mit seiner dialektischen Auffassung von Erkenntnis zeichnet Bachelard seine philosophische Einstellung zu den traditionellen herrschenden philosophischen Lehren auf, die zur Lösung des Erkenntnisproblems beitrugen. Betrachtet man den *ECA* in dieser Hinsicht näher, dann stellt man fest, daß er seine ersten epistemologischen Überlegungen im Rahmen des Gegensatzes zwischen dem Idealismus und Realismus entwickelt. Bachelard teilt bis *1940*, dem Jahr des Erscheinens von *PN*, „*nach allen Seiten*" ständige Kritik an diese philosophischen Richtungen aus. Der *ECA* bewegt sich ständig zwischen diesen gegensätzlichen Ontologien, dem Idealismus und dem Realismus, hin und her. Bachelard kündigt seine philosophische Position als *zentrale Position* zwischen den traditionellen Philosophien immer wieder in seinen epistemologischen Schriften an. Es genügt nur an dieser Stelle eine Passage aus seinem Werk, *NES (S. 61)*, zu zitieren:

„*Wir möchten selbst eine Mittelstellung einnehmen, zwischen den Realisten und den Nominalisten, zwischen den Positivsten und den Formalisten, zwischen den Anhängern der Fakten und den Anhängern der Zeichen.*"[317]

In diesem Zitat sowie in anderen, die ich aus Platzmangel nicht erwähnen kann, zeigt sich deutlich der dialektische Charakter der philosophischen Position Bachelards, die sich als „*Rationalismus*" versteht. Der Rationalismus, dessen dialektischen Charakter ich später erneut aufgreifen werde, ist sowohl ein Idealismus als auch ein Realismus, denn er ist ein „*angewandter Rationalismus*". Meines Erachtens bietet sich der „*neue Rationalismus*" als eine philosophische Kategorie dar, die die gegensätzlichen Ontolo-

---

wechseln. *Keiner von beiden vermag für sich allein wissenschaftliche Beweisführung zu gewährleisten.*"
[316] „*Wenn sie experimentiert, muß sie nachdenken; wenn sie nachdenkt, muß sie experimentieren. Jede Anwendung ist Transzendenz.*" NES, S. 3.
[317] Dazu auch, NES, S. 2, 10; PN, S. 20, 29 und RA, S. 4.

gien überschreiten will. Die Antwort auf die Frage, inwieweit es Bachelard gelingt, diese Überschreitung zu realisieren, verbirgt sich in der Auffassung von der Dialektik Bachelards selbst. Explizit stellt er seine philosophische Position und seine philosophische Zielsetzung, wie schon erwähnt, erst in der Einleitung seines philosophisch schwerwiegenden Werkes, PN (S. 21), dar. Er ist der Auffassung, daß „*eine der beiden metaphysischen Richtungen höher bewertet werden muß: und zwar die, die vom Rationalismus zur Erfahrung hin verläuft.*"

Von den idealistischen Philosophien vertritt Bachelard in gewisser Weise, wie ich im vorangehenden Kapitel geschildert habe, nur den Idealismus *Hamelins*. Seine Annäherung an dessen idealistische Thesen von *Hamelin* bedeutet aber nicht, daß sich Bachelards philosophische Position für idealistisch erklärt. Er stimmt dem Idealismus nicht völlig zu. Was ihn davon abhält, ist die Existenz des *Irrtums* in der Erkenntnishandlung. Die Existenz solcher *Irrtümer*, die ihrem Wesen nach nicht völlig beseitigt sein können, fordert Bachelard auf, die epistemologische Kategorie der Approximation anzunehmen: „*... l'existence indéniable d'une erreur qui ne peut, par nature, être totalement éliminée et qui nous oblige à nous contenter d'approximations.*" *(... die unleugbare Existenz eines Fehlers, die von Natur aus nicht total eliminiert sein kann und die uns verpflichtet, uns von den Approximationen zufriedenzustellen; ECA, S.13.)*

Das Problem des Irrtums hindert Bachelard daran, das Problem der Wahrheit zu lösen, deshalb muß dieses Problem vor dem der Wahrheit behandelt werden. Vor allem gilt es, Irrtümer zu eliminieren oder zumindest zu berichtigen. „*Le problème de l'erreur nous a paru primer le problème de la verité.*" *(Das Problem des Irrtums scheint uns die Priorität vor dem Problem der Wahrheit zu haben; ECA. S. 244.)*

Was ist denn das für eine Notwendigkeit, aus der heraus der Irrtum bei Bachelard gegenüber der Wahrheit bevorzugt ist? Bachelards Antwort lautet: „*L'erreur est un des temps de la dialectique qu'il faut nécessairement traverser (...), elle est l'élément moteur de la connaissance.*" *(Der Irrtum gehört zu den Schritten der Dialektik, die notwendig durchlaufen werden müssen (...), er ist die Triebkraft der Erkenntnis; ECA, S. 249.)*

Anhand dieser aus dem *ECA* hintereinander zitierten Passagen, versuche ich gewissermaßen, die Aufmerksamkeit auf die Bedeutung, die Bachelard dem Irrtum zuschreibt, zu lenken, weil das Problem des Irrtums künftig immer wieder akzentuiert wird. Bachelard stellt also den Irrtum und die Wahrheit in ein *dialektisches* Verhältnis zueinander. Mit der Feststellung der Dialektik dieser beiden Instanzen sowie von Berichtigung und Approximation macht er aus dem Problem des Irrtums ein philosophisches Problem des Approximationalismus und der *„Philosophie des Ungenauen"*.

Der Idealismus soll sich also als ein offenes System darstellen, das ständig bereit ist, sich zu entwickeln und infolgedessen unvollkommen zu bleiben. Mit anderen Worten, er soll ein *„diskursiver Idealismus"*[318] sein. Der Idealismus allein liefert keine Garantie für die Objektivität des Wissens, deshalb wendet sich Bachelard – kritisch – dem Empirismus zu. Eine solche Garantie ist aber in der unmittelbaren Wirklichkeit auch nicht gegeben. Der Empirismus, der von der ersten Erfahrung ausgeht, erreicht das wissenschaftliche Wirkliche nicht, weil dieses Wirkliche nicht a priori gegeben ist, sondern es a posteriori als Resultat des *Dialogs* zwischen der Vernunft und dem Wirklichen konstituiert und rekonstruiert werden muß. Ein solcher *Dialog* wird im *NES* fortgesetzt und streckt sich auf mehrere Ebenen. Der Empirismus allein seinerseits liefert Bachelard infolgedessen keine Garantie für die objektive Erkenntnis. Es kann keine mögliche unmittelbare Erkenntnis, keine apriorische Objektivität, sondern nur mögliche *Berichtigung* anhand der ersten schematischen Erkenntnis geben. *„Die Berichtigung ist eine Realität, mehr noch, sie ist die wahre epistemologische Realität, denn sie ist das Denken in Aktion, in seiner tiefen Dynamik."* *(ECA, S. 300)*.
Die Schlußfolgerung des *ECA* besteht aus der Dialektik von der Berichtigung des Idealismus und von der Approximation des Realismus *(ECA, 295)*. Bachelard gelangt anschließend zu einer philosophischen Kategorie, die er *„Approximationalismus"* oder, genauer gesagt, eine *„Philosophie des Ungenauen"* nennt. Allein diese *„gestreute Philosophie"* kann den Dynamismus der wissenschaftlichen Erkenntnis in ihrer Entwick-

---

[318] Vgl. G. Bachelard: Idéalisme discursif, in: Études, 1970, S. 89.

lung erklären. Dies ist genau die Philosophie, die das ganze Schaffen Bachelards Durchdringt.

In seinem Werk *NES* untersucht Bachelard die Grundlagen seiner *„Philosophie des Ungenauen"* und des *„Nein"*. Diese Grundlagen suchte er nicht in der Geschichte der Philosophie, sondern in der Wissenschaftsgeschichte, insbesondere in der Geometrie, in der die entscheidende Revolution des *NES* in der Mitte des *19.* Jahrhunderts mit der Entwicklung der *nichteuklidischen Geometrie*[319] stattfand. Sie tritt zu der euklidischen Geometrie hinzu, um ihr Verständnis zu erweitern und somit das geometrische Denken zu vervollständigen, und nicht, um ihr zu widersprechen. *„Die nichteuklidische Geometrie ist nicht dazu da, der euklidischen Geometrie zu widersprechen. Vielmehr tritt sie zu dieser hinzu und ermöglicht die Totalisierung, die Vervollständigung des geometrischen Denkens."* [320]

Dies gilt für alle neuen Formen des wissenschaftlichen Denkens, in denen es ein *dialektisches* Verhältnis der Erweiterung, der Vervollständigung und der Berichtigung zwischen dem *„Neuen"* und dem *„Alten"* im wissenschaftlichen Denken, insbesondere in der Physik, gibt. Zum Beispiel *„Einsteins Mechanik erweitert das Verständnis der Newtonschen Konzepte." (NES, S. 179)*.

Bachelard war sich der revolutionären Wirkung des nichteuklidischen Denkens auf das wissenschaftliche Denken, insbesondere auf die Physik bewußt. Er hat sogar die *„Umgestaltung"* des Wissens miterlebt, die das nichtbaconsche, nichteuklidische, nichtnewtonsche Denken mit sich brachten. In der nichteuklidischen Geometrie entwickelte sich die *Dialektik* am deutlichsten als *„Öffnung"* der euklidischen Geometrie und als Korrektur ihrer Grundprinzipien. Entsprechend entwickeln sich solche *Dialektiken* in der Physik durch Reorganisation von Wissen. *„Das nichtbaconsche, nichteuklidische, nichtcartesische Denken ist in diesen geschichtlichen Dialektiken aufgehoben, die*

---

[319] *„Zum ersten müssen wir das dialektische Spiel aufzeigen, das für die Entwicklung der Nichteuklidischen Geometrien von grundlegender Bedeutung gewesen ist, ein Spiel, das letztlich darauf hinausläuft, den Rationalismus zu öffnen."* Ders., NES, 24. Dazu auch, PN, S. 140: *„Von der Seite der Geometrie her auf dem Wege der nichteuklidischen Geometrie sind die ersten wissenschaftlichen Dialektisierungen erfolgt."*
[320] Ebenda., S. 13.

durch die Korrektur eines Irrtums, durch die Erweiterung eines Systems, durch die Vervollständigung eines Gedankens zustande kommen." (NES, S. 174). Die Bedeutung dieser Negationen „wird" nach sechs Jahren in „*Die Philosophie des Nein"* festgelegt. Der Bedeutung, die Bachelard der Negation in seiner Epistemologie beimißt, widme ich das nächste Kapitel.

Im *NES* beschreibt Bachelard diese „*Umgestaltung"* des Wissens, insbesondere in der Physik. Bei seinen Überlegungen über Techniken und Konzepte der nichtnewtonschen Physik gelangt er zur folgenden Überzeugung: Die Philosophie ist unfähig, die Wissenschaftsgeschichte zum Beginn des 20. Jahrhunderts in voller Mutation zu begreifen. Es bedarf einer offenen dynamischen Wissenschaftsphilosophie, die ständig bereit ist, die Entwicklung des wissenschaftlichen Denkens zu beobachten, zu erleben und auszudrücken. Die Aufgabe dieser Philosophie wurde erst in seinem Werk *ARPC (1951)* in einem einführenden Kapitel präziser festgelegt. Die Philosophie des „*neuen wissenschaftlichen Geistes"*, die der zeitgenössischen Wissenschaft adäquat sein soll, soll eine „*nichtcartesische Epistemologie"*, eine „*Philosophie des Nein"* auf dem Model des nichteuklidischen und nichtnewtonschen Denkens sein.

Wodurch ist der „*neue wissenschaftliche Geist"* charakterisiert? Das, was ihn charakterisiert, ist sein Dynamismus, seine polemische, konstruktive Tätigkeit und seine ständige Öffnung gegenüber den neuen Experimenten und Ergebnissen. „*Er urteilt über seine Vergangenheit, in dem er sie verurteilt" (NES, 171-172)*, reorganisiert sein Wissen, in dem er Grundprinzipien und Begriffe berichtigt, negiert, relativiert und *dialektisiert* und seine eigenen Irrtümer berichtigt. Ich habe bereits einleitend darauf hingewiesen, daß Bachelard auf der Reorganisation von Wissen, auf den Perioden des Bedeutungswandels von den Begriffen besteht: „*In dem Augenblick, da ein Konzept einen Bedeutungswandel erfährt, hat es die meiste Bedeutung, und genau in diesem Augenblick ist es im wahrsten Sinne des Wortes ein Konzeptualisierungsereignis."* [321]

---

[321] G. Bachelard: NES, S. 56. Dazu auch: „*In der Tat bemißt sich der Reichtum eines wissenschaftlichen Konzeptes in unseren Augen nach seiner Fähigkeit zur Deformation."* Ders., FES, S. 110.

Die Reorganisation des Wissens hängt mit einem epistemologischen Zweifel, mit einem *„offen, rekurrenten Zweifel an der Vergangenheit sicheren Wissens"* zusammen, der auf einer *Dialektik* von Gegenwart und Vergangenheit fußt *(NES, S. 165)*. Der zeitgenössische wissenschaftliche Geist muß in die Vergangenheit des Wissens zurückkehren, um dort *„Auslegungen"* zu entdecken, die über epistemologischen bzw. rationellen Wert verfügen. Diese Rekurrenz des Denkens hat die Reorganisation eines vergangenen terminologischen Korpus zum Ziel, der durch die gegenwärtigen Entdeckungen erläutert und vollendet wird. Im Laufe der Reorganisation von Wissen muß der wissenschaftliche Geist übrigens seinen eigenen Irrtümern bewußt sein und sie zugleich berichtigen.

In *„Der neue wissenschaftliche Geist"* findet ein *Dialog* zwischen mannigfaltigen Instanzen statt, nämlich zwischen der Vernunft und der Erfahrung, den Theorien zwischen ihnen, die sich vollständigen, ohne sich zu zerstören, und zwischen den Begriffen selbst, weil sich jeder Begriff nur durch seine Beziehung zu den anderen Begriffen definieren läßt. Für den neuen wissenschaftlichen Geist sind alle Grundbegriffe provisorisch. Ihr Entwicklungsprozeß verläuft nicht geradlinig durch Anhäufungen, sondern durch Umgestaltungen, Umbildungen Negationen und Berichtigungen. Das, was den neuen wissenschaftlichen Geist charakterisiert, ist sein Dynamismus, der der Erkenntnis erlaubt, sich unablässig zu übertreffen und sich rational zu reorganisieren. Ihre rationalen Organisationen vervollständigen sich, ohne einander zu widersprechen. Und er erlaubt dem Wissenschaftler, immer mehr komplexe Experimente zu realisieren. Kurzum, diese Reorganisation des Wissens ist das, was Bachelard *Dialektik* nennt. Mit einem Wort: Was den wissenschaftlichen Geist charakterisiert, ist seine *Dialektik*. Diese vorzeitige allgemeine Bestimmung der Dialektik Bachelards beansprucht keinen endgültigen Definitionsversuch seiner Dialektik, sondern nur eine mögliche Annäherung an die Bedeutung, die er ihr, im Laufe seiner Charakterisierung und Bildung des neuen wissenschaftlichen Geistes, beimißt.

Das *„Wort"* Dialektik ist *„vage"*. Bachelard gibt ihm nirgends eine *Definition*. Die Dialektik des neuen wissenschaftlichen Geistes ist nichts anderes als diese *Bewegung* des Denkens, das gewisse Begriffe untersucht, die einen allgemeinen erklärenden Wert in ihrer Einfachheit haben.[322] Diese Bewegung gelang, vielmehr als die umgekehrte Bewegung, von der Vernunft zum realisierten Wirklichen. Sie entspricht der Bewegung des sogenannten *„epistemologischen Vektors"*, die *„ohne Zweifel vom Rationalen zum Realen und keineswegs in die entgegengesetzte Richtung"* verläuft *(NES, S, 4)*. Daraus läßt sich also behaupten, daß sich der Grund des Fortschritts von Erkenntnis innerhalb der Erkenntnis selbst befindet. Auf diesen umstrittenen Punkt komme zu an einem späteren Zeitpunkt zurück. Das Wort *„Dialektik"* selbst bedeutet in der Tat Entwicklung, Fortschritt, Dynamismus. Es handelt sich in der Dialektik Bachelards vor allem um die Erkenntnis, die sich von dem befreit, was er als *Absoluta* versteht, um eine Erkenntnis zu erreichen, die über die erste Erkenntnis hinausgeht und zu neuen Schlußergebnissen gelangt, die, ohne den anderen Schlußergebnissen zu widersprechen, unvereinbar bleiben. Die Dialektik ist also, allgemein ausgedrückt, der progressive Entwicklungsprozeß des Geistes selbst, der die Grundbegriffe einer Theorie in Zweifel legt und dem es anhand neuer Gesichtspunkte gelingt, neue Theorien zu entwickeln. Die Grundbegriffe der physikalischen Wissenschaften, die in der klassischen Wissenschaft als absolute Begriffe betrachtet wurden, wurden als solche negiert, aber nicht preisgegeben: Sie wurden relativiert und dialektisiert. Der neue wissenschaftliche Geist ist also vor allem polemisch, er ist Negation und er ist eine *„Philosophie des Nein"*. Diese Dialektik ist schließlich nichts anderes als ein Fortschritt einer genaueren Erkenntnis vom Wirklichen. Sie schreitet dadurch voran, daß sie sich kompliziert und mit immer mehr Variablen vereinigt, die zuerst einzeln untersucht wurden. Diesen *komplementierenden* Charakter des neuen wissenschaftlichen Geistes, der sich im Begriff der *Negation* verbirgt, will Bachelard auf der philosophischen Ebene mit seiner *„Philosophie des Nein"* übersetzen. Er legt diese Aufgabe in der Einleitung des *„Der neue wissenschaftliche Geist" (S. 21)* dar und formuliert Ansätze zu ihrer Realisierung in den nachkommenden epistemologischen Werken *(PN, AR, MR)*. *„Darum wäre es an*

---

[322] *„Will man zu neuen experimentellen Beweisen kommen, so ist es erforderlich, die ursprünglichen Konzepte erst einmal zu deformieren, die Anwendungsbedingungen dieser Konzepte zu untersuchen, vor allem aber die Anwendungsbedingungen eines Konzeptes in den Bedeutungsumfang des Konzeptes selbst hineinzubringen."* Ders., FES, S. 110-111.

der Zeit, eine Ontologie der Komplementarität zu begründen, die sich dialektisch weniger zugespitzt darstellte als die Metaphysik des Widerspruchs." [323]

Schon das wenige, was ich zum Schluß dieses Kapitels über die Auffassung der Dialektik Bachelards skizziert habe, zeigt deutlich einen entscheidenden Charakter dieser Dialektik auf, nämlich den Charakter der *„Komplementarität"*. Die nächsten Kapitel tragen zu einer Darstellung des Konzepts der *„Komplementarität"* und seiner Bedeutung in der Dialektik Bachelards bei.

III.4.2. Dialektik und Philosophie des Nein

In *„Le Nouvel esprit scientifique"* versucht Bachelard, die Dialektik auf die Analyse der Naturwissenschaften des *20. Jahrhunderts* (Mathematik, Physik) zu gründen und sie anhand seiner *nichtcartesischen Epistemologie* auf die Geschichte der abstrakten naturwissenschaftlichen Theorien anzuwenden. Mit diesem Werk führt er von *1934* an den Gedanken der Dialektik in seine *nichtcartesischen Epistemologie* und in seine allgemeine Philosophie der Einbildungskraft ein. Bevor ich die Suche nach der Bedeutung der Dialektik Bachelards fortsetze, muß ich noch einmal das Problem der Doppelung des Werkes Bachelards in Erinnerung rufen. Die beiden Teile seines Werkes (Epistemologie und Einbildungskraft) sind hinsichtlich der Wahrheit nicht widersprüchlich, sondern *komplementär* zueinander. Die Philosophie des *„Tages"* (Epistemologie) und die Philosophie der *„Nacht"* (Einbildungskraft) stehen in seinem Werk in einem komplementär entgegengesetzten Verhältnis zueinander. Eine der erwünschten Aufgaben der Philosophie besteht Bachelard zufolge darin, diese beiden Disziplinen als zwei komplementäre Gegensätze (contraires) zu vereinigen: *„Alles, was die Philosophie erhoffen kann, ist, Poesie und Wissenschaft zu zwei komplementären Bereichen zu machen, sie wie zwei gut aufeinander abgestimmte Gegenstände zu verbinden."* (PF, S. 6).

---

[323] G. Bachelard: NES, S. 21.

Dieses aus der „*La Psychanalyse du feu*" angeführte Zitat zeigt allein und auch zusammen mit dem oben aus dem „*Le Nouvel esprit scientifique*" angeführten Zitat den dialektischen Charakter des Denkens Bachelards. Dieser Charakter zeigt sich auch allein in der gleichzeitigen Erscheinung von zwei inhaltlich entgegensetzten Werken: „*La Formation de l'esprit scientifique*", das er der Psychologie des naturwissenschaftlichen Geistes widmete, und „*La Psychanalyse du feu*", das er der Psychologie der poetischen Einbildungskraft widmete. Auch im Bereich der Einbildungskraft sind Dialektiken überall zu finden. Bachelard war aber von Anfang an dem Unterschied zwischen den Dialektiken des wissenschaftlichen Denkens und denen der Einbildungskraft bewußt. Bachelard zufolge muß man den Unterschied zwischen den Dialektiken der Vernunft und denen der Einbildungskraft berücksichtigen. Er sagt ausdrücklich:

„*... saisir la différence entre les dialectiques de la raison qui juxtapose les contradictions pour couvrir tout le champ du possible et les dialectiques de l'imagination qui veut saisir tout le réel.*"[324]

Die eine Art von Dialektiken bezeichnet er als „*Dialektiken des Nebeneinanderstellens*", die andere Art als „*Dialektiken des Überlagerns*" *(TRR, S. 25)*.

Da mein Vorhaben sich nur auf den epistemologischen Teil des Werkes Bachelards beschränkt, begrenze ich mich bei der Untersuchung seiner Dialektik nur auf den Bereich der Epistemologie der Naturwissenschaften. Am Beispiel der Relativitätstheorie und der Wellenmechanik betont Bachelard die Existenz einer Dialektik bzw. einer *dialektischen Aktivität* in der Wissenschaft. Diese Aktivität, die bei der Erneuerung des wissenschaftlichen Geistes überall gegenwärtig ist, zeigt sich als eine negierende Aktivität, die das nichteuklidische, das nichtnewtonsche Denken usw. hervorbringt.[325] Dieser negierenden Aktivität oder, genauer gesagt, dieser *Dialektik der Negation* und des „*Nein*" widmet Bachelard sein Werk „*Die Philosophie des Nein*". In der zeitgenössischen Wissenschaft hat die Negation eine spezifische Bedeutung. Die Negation der

---

[324] *(... den Unterschied zwischen den Dialektiken der Vernunft, die die Gegensätze nebeneinanderstellt, um das ganze Feld des Möglichen zu erfassen, und den Dialektiken der Einbildungskraft, die das Wirkliche im ganzen erfassen will, erkennen; TRR, S. 25.)*
[325] „*Die zeitgenössische Naturwissenschaft ist mit einer echten Synthese der metaphysischen Widersprüche gefaßt.*" G. Bachelard: NES, S. 9.

Begriffe der Newtonschen Wissenschaft beispielsweise ist keine logische Negation und kein Verwerfen. Diese dialektische negierende Aktivität bezeichnet Bachelard als *„Einwicklung"* und *„Einhüllung"*. In seiner Betrachtung des epistemologischen Verhältnisses der gegenwärtigen und der klassischen Wissenschaft stellt er fest, *„daß keine Entwicklung der alten Lehren zu den neuen, sondern vielmehr eine Einwicklung der alten Gedanken durch die neuen stattfindet. Die geistigen Generationen schreiten durch aufeinanderfolgende Umhüllungen fort. Zwischen dem nichtnewtonschen und dem newtonschen Denken besteht auch kein Widerspruch; ihr Verhältnis ist vielmehr durch eine Kontraktion gekennzeichnet."* (NES, S.61).

Die Einwicklung und Einhüllung der Newtonschen Theorien in die nichtnewtonschen bedeutet keineswegs, daß die ersteren Theorien a priori durch ein logisches Spiel von den letzteren abzuleiten sind.[326] Für den synthetischen Geist, *„der die moderne Naturwissenschaft beseelt"*, geht es Bachelard zufolge nicht um eine Dialektik der Entfaltung, sondern der Einwicklung, wobei das Alte (als System, Theorie oder Begriff) im Neuen enthalten ist. Der Begriff der Einwicklung muß uns aber nicht daran hindern, die Entwicklung der Wissenschaft als Prozeß von dialektischen Umgestaltungen, Berichtigungen und Negationen vorausgegangener Erkenntnis zu verstehen. Bereits in der Einleitung des *NES* hat Bachelard meines Erachtens die Bedeutung des Begriffs der Negation dargestellt, die er bei der Charakterisierung des neuen wissenschaftlichen Geistes häufig verwandt hat. Im neuen wissenschaftlichen Geist versteht sich die Negation bloß als Aktivität der Erweiterung, Ausdehnung, Verallgemeinerung, Ergänzung und der Vervollständigung: *„Die angeführten Negationen haben nichts Automatisches an sich; wir dürfen nicht hoffen, eine simple Umkehrung zu finden, welche die neuen Lehren logisch auf die alten zurückzuführen vermöchte. Es handelt sich um eine echte Erweiterung. Die nichteuklidische Geometrie ist nicht dazu da, der euklidischen Geometrie zu widersprechen. Vielmehr tritt sie zu dieser hinzu und ermöglicht die Totalisierung, die Vervollständigung des geometrischen Denkens."* (NES, S. 13).

---

[326] Dazu auch: *„Es gibt also keinen Übergang zwischen dem Newtonschen und dem Einsteinschen System. Man gelangt nicht von ersterem zu letzterem, indem man Erkenntnisse ansammelt, die Meßergebnisse verbessert und irgendwelche Prinzipien leicht korrigiert."* Ebenda., S. 46.

Der *Einwicklungsgedanke* (Fortschritt durch Einwicklung) ist der Kern des Denkens Bachelards in *„Der neue wissenschaftliche Geist"* und einer der charakteristischen Leitgedanken zur Charakterisierung der Dialektiken in der naturwissenschaftlichen Tätigkeit.

Nach sechs Jahren setzt Bachelard seinen Gedanken der Dialektik durch Negation in *„Die Philosophie des Nein"* fort. In diesem Werk hört er mit seiner polemischen Kritik an den Philosophien auf, nachdem er die Grundlagen für eine neue Philosophie untersucht hat. Er beschäftigt sich dabei wesentlich mit der Gründung *„einer Philosophie des neuen wissenschaftlichen Geistes"*, den er in seinem Werk *„Der neue wissenschaftliche Geist"* dargestellt hat. Bekanntlich nennt er diese Philosophie, wie es aus dem Titel seines Werkes zu erkennen ist, *„Die Philosophie des Nein"*. Die Negation bzw. das *„Nein"*, das sein gesamtes Werk der *PN* beseelt, ist meines Erachtens der Kern seiner Philosophie und ein Schlüsselbegriff seiner Auffassung der Dialektik. Im Folgenden muß infolgedessen ein Überblick über die Bedeutung dieses *„Nein"* gegeben werden, sonst wird diese Philosophie auf die eine oder andere Art als *„Negativismus"* angesehen. Bachelard hat, zumindest meines Wissens, mehrmals vor einer solchen Interpretation in der *PN* gewarnt. Befragt man den vorliegenden Text Bachelards nach einer bestimmten Definition seiner *„Philosophie des Nein"* oder seiner Dialektik, so findet man keine Erklärung, sondern bloß allgemeine im negativen Sinne formulierte Bestimmungen. Desgleichen gilt für alle anderen Texte, denen ich mich noch zu wenden habe. Recht bemerkenswert ist, daß Bachelard bei der Charakterisierung der *„Philosophie des Nein"* dasselbe *„Nein"* und dieselbe Negation zuzuwendet, die er zur Geltung zu bringen versucht. Er bestimmt seine Philosophie folgendermaßen: *„Die Philosophie des Nein"* ist *„kein Negativismus"*; sie ist *„nicht identisch mit dem Willen zur Negierung"* und sie *„hat ebenfalls nichts mit einer apriorischen Dialektik zu tun."* *(PN, S. 30, S. 155)*. Es gibt infolgedessen nur eine Möglichkeit, die Bedeutung der *„Philosophie des Nein"* zu verstehen, nämlich sie durch ihre Funktion zu charakterisieren. Auf diesem Punkt hat Bachelard selbst oft bestanden. Er bestimmt seine *„Philosophie des Nein"* dadurch, daß er sie von einer apriorischen Dialektik und von der *Hegelschen* Philosophie abgrenzt. Er sagt ausdrücklich: *„Die Philosophie des Nein hat* *ebenfalls nichts mit einer apriorischen Dialektik zu tun. Ganz besonders gilt, daß sie kaum in den Bereichen der Hegelschen Dialektik angewandt werden kann.*" [327]

Um eine unmittelbare Konfrontation mit *Hegel* zu vermeiden, bezieht er sich unmittelbar auf ein Zitat des Wissenschaftlers *C. Bialobrzeski*, der die wissenschaftliche Dialektik durch ihren konstruktiven Charakter von der philosophischen Dialektik unterscheidet. Bachelard leitet jenes Zitat mit folgendem Satz ein: *„Darauf hat C. Bialobrzeski ganz deutlich hingewiesen. Die Dialektik der zeitgenössischen Wissenschaft"* – und damit beginnt er das Zitat – *„ unterscheidet sich [für ihn] eindeutig von den philosophischen Dialektiken, da sie keine apriorische Gedankenkonstruktion ist. Sie tut vielmehr den Weg kund, den der Geist in der Naturerkenntnis beschritten hat. Die philosophische Dialektik, die Hegelsche z. B., vollzieht sich in der Opposition von These und Antithese und ihrer Verschmelzung in einem höheren Begriff der Synthese. In der Physik sind geschlossene Begriffe nicht widersprüchlich wie bei Hegel. These und Antithese sind vielmehr komplementär."* (PN, S. 155-156).

Worauf hat aber *C. Bialobrzeski* ganz deutlich hingewiesen, um Bachelards Worte zu verwenden? Anders gefragt: Worum geht es ihm? Geht es ihm um die Unterscheidung einer Philosophie von der anderen, der Bachelardschen z. B. von der *Hegelschen* Philosophie, oder um den Unterschied der Dialektik der zeitgenössischen Wissenschaft (wissenschaftlichen Dialektik) zur philosophischen Dialektik, insbesondere zur *Hegelschen* Dialektik? In welchem Zusammenhang steht dieses Zitat mit dem Kontext, in dem Bachelard seine *„Philosophie des Nein"* zu bestimmen versucht? Bachelard drückt sich oft nicht deutlich aus und gibt damit Anlaß für Fragen und Anregungen. Sollte der Kontext des von Bachelard angeführten Zitates mit dem Kontext der angeführten Definition der *„Philosophie des Nein"* übereinstimmen, dann stellt sich die

---

[327] PN, S. 155. In der Einleitung dieses Werkes sagt Bachelard nachdrücklich: *„Denn wir werden immer wieder daran erinnern müssen, daß die Philosophie des Nein psychologisch gesehen kein Negativismus ist und daß sie nicht zu einem Nihilismus gegenüber der Natur führt. In uns und außerhalb von uns geht sie vielmehr aus einem konstruktiven Tun hervor."* (PN, S. 30). Im Schlußkapitel desselben Werkes akzentuiert er erneut den konstruktiven Charakter der *„Philosophie des Nein": „Die Philosophie des Nein ist nicht identisch mit dem Willen zur Negierung. Sie geht nicht aus einem Geist des Widerspruchs hervor, der ohne Beweise widerspricht und unbegründete Spitzfindigkeiten ins Feld führt."* Ebenda., S. 155.

Frage, ob Bachelard die „*Philosophie des Nein*" und den Begriff der Dialektik mit derselben Bedeutung verwende? Sollte das nicht der Fall sein, dann läßt sich nun behaupten, daß er sich auf jenes Zitat bezieht, um seine philosophische Position zu stützen und seine Einstellung zur *Hegelschen* Dialektik zu rechtfertigen. Bachelard setzt das Zitieren fort und führt eine Passage an, in der der Autor feststellt, „*daß es eine gewisse Ähnlichkeit gibt zwischen der Beschaffenheit physikalischer Begriffe und der synthetischen Methode Octave Hamelins, bei dem die Antithese keine Negation der These ist, denn die beiden Begriffe, die sich in einer (Hamelinschen) Synthese verbinden, sind einander entgegengesetzt, widersprechen aber nicht einander.*" (PN, S. 156).

Aus diesem Zitat läßt sich deutlich konstatieren, daß, was Bachelard bei diesem Zitieren interessiert, nicht die Meinung dieses – wenig bekannten – Wissenschaftlers ist, sondern seine positive Einstellung zu den dialektischen Thesen *Hamelins*, die zu dieser Zeit von *A. Lande, Meyerson* und *L. Brunschvicg* abgelehnt wurden. Bachelard scheut sich nicht, die synthetische Dialektik *Hamelins* offensichtlich auszudrücken. Um einen Beweis dafür zu erbringen, genügt es, an ein vorangehendes Zitat zu erinnern, das uns deutlich zeigt, weswegen Bachelard *Hamelin* gegenüber anderen Philosophen bevorzugt.[328]

Betrachtet man die oben aus dem Schlußkapitel der „*Philosophie des Nein*" angeführten Zitate näher, stellt man fest, daß die Rede dabei explizit vom Unterschied der „*Philosophie des Nein*" von der „*apriorischen*", „*philosophischen*" oder „*Hegelschen*" Dialektik ist, implizit aber vom Unterschied der „*naturwissenschaftlichen Dialektik*" von der „*philosophischen Dialektik*". Daraus scheint mir hervorzugehen, daß er seine „*Philosophie des Nein*" und seine wissenschaftliche Dialektik mit derselben Bedeutung versteht. Aufgrund dieser Bemerkung erhebt sich die Frage, ob Bachelard mit dem Begriff der Dialektik die „*Philosophie des Nein*" oder zumindest ihren synthetischen Charakter meinte? Um diese Frage zu beantworten, muß die Festlegung

---

[328] „*Wenn die dialektischen Thesen Octave Hamelins auch noch weit von den konstruktiven Bedingungen der Philosophie der zeitgenössischen Naturwissenschaft entfernt bleiben, so trifft dennoch nicht weniger zu, daß sich mit ihr die philosophische Dialektik der naturwissenschaftlichen Dialektik annähert.*" PN, S. 136.

der Bedeutung des „*Nein*" und der Negation schlechthin in der „*Philosophie des Nein*" fortgesetzt werden. Bachelard hat bereits im „*Der neue wissenschaftliche Geist*" die Kategorie des „*Nein*" angeführt. Unter dieser Kategorie subsumiert er die radikale Erneuerung der modernen Naturwissenschaften. Er wendet die Opposition dieses „*Nein*" auf die Theorien zur Geometrie an. Er erweitert und generalisiert sie auch auf andere Bereiche als die nichteuklidische Geometrie, insbesondere auf die nichtnewtonsche Physik und die nichtlavoisierische Chemie. Dabei bedeutet das „*Nein*" nicht, daß das alte System falsch geworden ist, sondern nur, daß sein Gültigkeitsbereich vom neuen umgestellt wird. Im Laufe der Suche nach einer Bachelard eigenen Auffassung von Dialektik komme ich immer wieder auf die Bedeutung des „*Nein*" in seiner Philosophie zurück. Zunächst wende ich mich einem der charakteristischen Merkmale des „*Nein*" zu, das Bachelard nachdrücklich in der *PN (S. 24)* akzentuiert: „*Vor allem muß man sich darüber im klaren sein, daß die neue Erfahrung nein zur alten Erfahrung sagt, denn ohne dies handelt es sich ganz eindeutig nicht um eine neue Erfahrung. Aber dieses Nein ist niemals endgültig für einen Geist, der seine Prinzipien in einen dialektischen Prozeß zu bringen vermag.*"

Das Verständnis der Bedeutung des „*Nein*", das sein ganzes vorliegendes Werk durchdringt, verlangt vor allem das Verständnis des Wesens der „*Philosophie des Nein*" und ihrer Aufgabe. Wie schon erwähnt, versteht sich diese Philosophie nicht als „*Willen zur Negierung*" oder „*Negativismus*" oder eine „*Haltung der Ablehnung*", sondern als eine „*Haltung der Versöhnung*": „*Zwischen den beiden Polen des klassischen Realismus und Kantianismus wird ein besonders aktives epistemologisches Feld entstehen. Die Philosophie des Nein wird sich so nicht als eine Haltung der Ablehnung, sondern als eine Haltung der Versöhnung erweisen.*" *(PN. S. 29).*

Die Aufgabe der Versöhnung wurde an mehreren Stellen in Bachelards Schriften akzentuiert: Sei es Versöhnung zwischen den beiden entgegensetzten Polen der traditionellen Philosophien, sei es zwischen dem philosophischen und dem wissenschaftlichen Denken oder zwischen mathematischen und physikalischen Theorien.[329]

---

[329] „*So bleibt die Philosophie der Wissenschaften nur allzu oft auf die beiden Extreme des Wissens beschränkt: auf die Untersuchung der allzu allgemeinen Prinzipien durch die Philosophen und auf die Untersuchung der allzu partikulären Ergebnisse durch die Wissenschaftler.*" Bachelard, PN,

Neben diese Aufgabe stellt Bachelard „*die präzisen Aufgaben einer Philosophie der Wissenschaften auf der Ebene eines jeden Begriffs. Jede Hypothese, jedes Problem, jede Gleichung verlangt eine eigene Philosophie.*" *(PN, S. 27)*. Diese mannigfaltigen Aufgaben kann nur eine „*gestreute*", „*distribuierte*" „*Philosophie des epistemologischen Details*" erfüllen, die dazu verpflichtet, „*das Werden eines Denkens zu verfolgen.*" Diese Charakterzüge entsprechen einer „*offenen Philosophie*", die Bachelard definieren will „*als Bewußtsein eines Geistes, der sich dadurch selbst begründet, daß er am noch Unbekannten arbeitet und im Wirklichen das sucht, was seinen vorausgegangenen Erkenntnissen widerspricht.*" *(PN, S. 24, 26, 27)*.

Die Annahme des Begriffs der Negation im Entwicklungsprozeß der Erkenntnis bringt die „*Philosophie des Nein*", wie es auf den ersten Augenblick scheint, der *Hegelschen* Dialektik nahe. Dieses Problem ist Bachelard aber bewußt. Da sein Ziel der synthetischen Dialektik *Hamelins* näher ist als der *Hegelschen* Dialektik, distanziert er sich offensichtlich von der *Hegelschen* Dialektik und ihrer Tradition schlechthin. „*Das aber heißt, dem Rat zum Idoneismus Folge zu leisten, den wir dem Werk von Ferdinand Gonseth entnehmen (...) Da unser Ziel leicht verschieden ist, sahen wir uns veranlaßt, den Idoneismus fortzuführen, ihn noch mehr zu streuen.*" *(PN, S. 64)*.

Um die dialektischen Thesen *Hamelins* den „*konstruktiven Bedingungen*" der Philosophie der zeitgenössischen Wissenschaft nahe zu bringen, muß nun der *Idoneismus* Bachelard zufolge fortgeführt und mehr gestreut werden. Bachelard scheut sich nicht, seine positive Einstellung zur Philosophie *Hamelins* ganz offensichtlich zu proklamieren: nicht nur, weil diese Philosophie seine Einstellung zur *Hegelschen* Dialektik rechtfertigt, sondern weil sie über ähnliche Charakterzüge wie die „*Philosophie des Nein*" und der „*neue Rationalismus*" verfügt. Bachelard kann den positiven Einfluß des *Gonsethschen Idoneismus* nicht leugnen, er besteht sogar absichtlich darauf, um

---

S.19. Genauer noch schreibt er der Philosophie der Wissenschaft eine versöhnende Aufgabe in ARPC (S. 56) zu: „*La tâche du philosophe concordataire que nous assumons, [est] la tâche du philosophe qui voudrait réconcilier la pensée philosophique et la pensée scientifique.*" (Die Aufgabe des konkordanten Philosophen, die wir übernehmen, [ist] die Aufgabe des Philosophen, der das philosophische Denken und das wissenschaftliche Denken versöhnen würde; *ARPC, S. 56.*)

die Konfrontation mit der philosophischen Dialektik im Namen von *Hegel* zu vermeiden. Eine einzige Stelle aus der *PN (S. 122)* genügt eigentlich, um zu wissen, weswegen er die Philosophie *Hamelins* privilegiert: *„Die Lehre des Gonsethschen Idoneismus erfordert eine korrelative Umgestaltung der Intuitionen und der mathematischen Begriffe. Es handelt sich um eine Art von anpassungsfähigem und beweglichem Rationalismus. Besser als irgendeine andere moderne Lehre hat er es verstanden, den Reichtum und den Fortschritt des mathematischen Denkens in Erscheinung treten zu lassen."*

Was ist positiv an der Philosophie *Hamelins*, insbesondere an seinem Werk *„Philosophie Mathematik?"* Bachelards Antwort lautet an derselben Stelle folgendermaßen: *„Es befinden sich darin zahlreiche Argumente für eine Dialektik der wissenschaftlichen Erkenntnis."*

Dabei geht es nicht darum, die Berührungspunkte zwischen diesen beiden philosophischen Positionen festzustellen, sondern nur darum, auf den Anlaß hinzuweisen, aus dem Bachelard bei der Philosophie *Hamelins* Argumente für seine *„Philosophie des Nein"*, seinen *„neuen Rationalismus"* und für seine *„Dialektik der wissenschaftlichen Erkenntnis"* sucht. Aus dem oben angeführten Zitat lassen sich einige Gemeinsamkeiten zwischen den beiden Philosophien darin erblicken, daß sie die Umgestaltung des Wissens und seinen dynamischen Charakter betonen. Um noch nur ein Beispiel dafür zu erbringen, füge ich hinzu, daß die Anschauungsbilder (les intuitions) bei Bachelard nicht nur umgestellt, sondern zerstört werden sollen. Sie dienen nicht als Prinzipien des Wissens, sondern als Erkenntnishindernisse. *„Anschauungsbilder sind sehr wertvoll: sie dienen dazu, beseitigt zu werden."* (PN, S. 160).

In Anlehnung an die dialektischen Thesen *Hamelins* und an die Konzeptualisierung der physikalischen Begriffe sowie in Ablehnung der Annäherung an die *Hegelsche* Dialektik versucht Bachelard, eine eigene Auffassung von Dialektik zu formulieren, wobei Dialektik als negierende, konstruktive und synthetische Tätigkeit verstanden wird. Solange seine *„Philosophie des Nein"* nichts zu tun hat mit einer apriorischen Dialektik im *Hegelschen* Sinne, ist die von ihm gesuchte Dialektik auch unvereinbar mit der *Hegelschen* Idee einer Dialektik. Dieser Schlußfolgerung bedarf noch zusätzlicher Erläuterungen. Es muß aber betont werden, daß Bachelard statt von einer Dialektik auch von einer *„dialektischen Aktivität der Wissenschaft"* spricht, *„da sie keine apriorische Gedankenkonstruktion ist. Sie tut vielmehr den Weg kund, den der Geist in der Naturerkenntnis beschritten hat." (PN, S. 155)*.

Ich werde bei jeder Gelegenheit versuchen, die Charakterzüge der Bachelardschen eigener Dialektik herauszuarbeiten, die sich hinter den Kennzeichnungen verbergen, durch die er seine Philosophie in fast jedem Werk charakterisiert (*„Philosophie des Nein"*, *„angewandter Rationalismus"* und *„materialistischer Rationalismus"*). In der *„Philosophie des Nein"* um nicht zu sagen in seinem ganzen Schaffen, legt Bachelard auf die Negation, wie schon erwähnt, besonderes Gewicht, weil sie nach seiner Auffassung zweifellos zu den Hauptmomenten der Dialektik zu zählen ist. Im folgendem setze ich das oben aus dem Schlußkapitel der *PN (S. 155)* angeführte Zitat fort, in dem Bachelard bei der Charakterisierung seiner *„Philosophie des Nein"* die Bedeutung des *„Nein"* von der des *„Widerspruchs"* abgrenzt. Er definiert seine Philosophie im negativen Sinne folgendermaßen: *„Die Philosophie des Nein ist nicht identisch mit dem Willen zur Negierung. Sie geht nicht aus einem Geist des Widerspruchs hervor, der ohne Beweise widerspricht und unbegründete Spitzfindigkeiten ins Feld führt. Sie lehnt nicht grundsätzlich jede Regel ab. Im Gegenteil, sie bekennt sich zu Regeln im Rahmen eines Systems von Regeln. Sie nimmt nicht den inneren Widerspruch hin. Sie negiert nicht irgendetwas, irgendwann, irgendwie."*

Anhand seiner Auffassung von Negation selbst definiert er seine Philosophie als negierende Tätigkeit im Erkenntnisprozeß. Die Negation ist also kein psychischer Zustand des Philosophen, sondern eine konstruktive Tätigkeit, die die vorausgegangene Erkenntnis zerstört, um sie wiederaufzubauen. Sie ist Tätigkeit der Negierung und Ablehnung, sie ist aber eine zweckorientierte und keine spontane Tätigkeit. Sie negiert willentlich und sie ist sich dessen, was sie negiert, bewußt. Es ist daher zu fragen, *was*, *wann* und *wie* sie negiert. Diese Frage wird weiter unten behandelt.

Zunächst zitiere ich eine Passage aus dem Schlußkapitel der *„Philosophie des Nein"*, in der sich die Negation als Moment der Dialektik erweist, nachdem Bachelard ihr natürlich eine besondere Bedeutung zugeschrieben hat. Dieses Moment der Dialektik ist meines Verständnisses nach das, was er eine „*dialektische Generalisierung*" durch das „*Nein*" nennt: „*Die Negierung muß in Beziehung bleiben zur ersten Begriffsbildung. Sie muß eine dialektische Generalisierung ermöglichen. Die Generalisierung mit Hilfe des Nein muß das beinhalten, was sie verneint. In der Tat leitet sich der gesamte Aufschwung des wissenschaftlichen Denkens seit einem Jahrhundert von jenen dialektischen Generalisierungen her, die das, was sie verneinen, mit einbeziehen.*" *(PN, S. 157).*

In diesem Zitat lassen sich Elemente einer Antwort auf die oben gestellte Frage finden. Dabei zeigt sich das, was negiert und wie es negiert werden soll. Negiert werden sollen Begriffe. Wie sie aber negiert werden sollen, ist ein markantes Merkmal der Negation in der Auffassung Bachelards. Diese Negation ist nicht absolut, sondern sozusagen relativ. Sie muß, mit Bachelards Worten, das beinhalten, was sie negiert. Hier ist keineswegs die Rede von einem inneren Widerspruch der Ideen oder der Dinge. Die Negierung betrifft wesentlich die *Begriffsbildung*, die rekonstruiert werden soll. Dies bedeutet, daß Begriffe rektifiziert und dialektisiert werden sollen. Aus diesen Bemerkungen läßt sich bereits feststellen, daß es für Bachelard in der Dialektik durch Negation nur um Dialektik der *Erkenntnis* geht. Zum genaueren Verständnis der Bedeutung des „*Nein*" verweise ich auf eine präzise Bestimmung von *G. Canguilhem*. Der Autor hat bereits in den sechziger Jahren versucht, eine präzise Bedeutung des „*Nein*" in der „*Philosophie des Nein*" herauszuarbeiten. Er sagt: „*Dans la progression du savoir, le non n'a point le sens d'anti. La Philosophie du Non a été pensée sur le modèle des géométries non-euclidiennes, sur le modèle des mécaniques non-newtoniennes.*" [330]

Ort der Dialektik, an dem der Fortschritt des Wissens stattfindet, wird bei Bachelard das Denken und zwar das wissenschaftliche, und nicht das philosophische Denken sein. Ausgangspunkt dieser Dialektik sind die dialektischen Tendenzen, die in der zeitgenössischen Wissenschaft erschienen. Bachelard ist sich der Tatsache bewußt, „*daß*

---

[330] *(Das Nein hat beim Fortschreiten des Wissens keineswegs den Sinn von anti. Die Philosophie des Nein wurde nach dem Modell der nichteuklidischen Geometrien, nach dem Modell der nichtnewtonschen Mechanik gedacht; G. Canguilhem: a. a. O., 1968, S. 207.)*

dialektische Tendenzen fast zur selben Zeit in der Philosophie und in der Wissenschaft auftauchten." (NES, S. 25).

Auf die Erscheinung dieser beiden dialektischen Tendenzen hat er bereits in seinem Aufsatz „*Le surrationalisme*" hingewiesen. Er sagt: *„La dialectique tout interne de la pensée rationelle n'apparaît vraiment qu'au XIX siècle. Elle apparaît en même temps dans la philosophie et dans la science, sans qu'il y ait d'ailleurs aucune influence entre les deux mouvements."* [331]

Bachelard wollte mit den dialektischen Tendenzen – außer dialektischen Thesen *Hamelins* – nichts zu tun haben, deshalb distanziert er sich von der *Hegelschen* Dialektik. Er sagt wörtlich: *„Die Philosophie des Nein hat ebenfalls nichts mit einer apriorischen Dialektik zu tun. Ganz besonders gilt, daß sie kaum in den Bereichen der Hegelschen Dialektik angewandt werden kann."* *(PN, S. 155)*. Diese Erklärung von Bachelard leugnet *G. Canguilhem* zufolge jeden Interpretationsversuch des Denkens Bachelards, der irgendeine Dialektik des *Denkens*, der *Geschichte* oder der *Natur* bestätigt.[332] Bereits in „*Le surrationalisme*" *(S. 8)* kritisiert Bachelard scharf den Begriff der Dialektik bei *Hegel*. Er lehnt jeden Versuch ab, der darauf zielt, den dialektischen Rationalismus mit den *Hegelschen* Themen zu verknüpfen. Die *Hegelsche* Dialektik versteht sich durchaus als apriorische Dialektik, die dem Geist zuviel unbedingte Freiheit zuspricht. Bachelard charakterisiert sie ironisch folgendermaßen: *„Elle correspond à ces sociétés sans vie où l'on'est libre de tout faire mais où l'on n'a rien à faire. Alors, on est libre de penser, mais on n'a rien à penser." (Sie entspricht diesen Gesellschaften ohne Leben, wo man frei ist, alles zu machen, aber wo man nichts zu machen hat. Dann ist man frei zu denken, aber man hat nichts zu denken; ER, S. 8.)*

Die Dialektik Bachelards läßt sich in der Abgrenzung zur Dialektik *Hegels* charakterisieren: Während die *Hegelsche* Dialektik erlaubt, das Entzweite in einem Dritten zu vermitteln, läßt die Dialektik Bachelards kein Entzweites zu. Bachelards Konzeption

---

[331] G. Bachelard: Le surrationalisme, in: L'Engagement rationaliste, Paris 1972, S. 8.

[332] *„Cette déclaration de Bachelard a désavoué, pour avant et pour après sa mort, toute tentative d'interprétation de sa pensée aux fins de confirmation de telle ou telle dialectique de l'Idée, de l'Histoire ou de la Nature."*
(Diese Erklärung von Bachelard hat, vor und nach seinem Tode, allen Versuch von Interpretation seines Denkens an den Zielen von Bestätigung von solcher oder solcher Dialektik der Idee, der Geschichte oder der Natur geleugnet; Ebenda., S, 196.)

der Dialektik ist also weder mit einer *Hegelschen* noch einer *materialistischen* Auffassung von Dialektik – im Sinne von *Engels* – in Einklang zu bringen. Wie *Canguilhem* schon ausführte, kann diese Auffassung der Dialektik mit keinen klassischen Auffassungen von Dialektik in Übereinklang gebracht werden. Im Gegensatz zur *Hegelschen* Dialektik verschmelzen These und Antithese in der Dialektik Bachelards nicht in der Synthese, sondern beide bewahren ihren Wert, aber für je einen bestimmten Bereich und einen Teil der Wirklichen. Bei Bachelard handelt es sich nicht um eine Dialektik im *Hegelschen* Sinne, die durch These und Antithese im Sinne von Bestätigung und Negation vorgeht, sondern vielmehr um eine Dialektik, die in *Komplementarität* begründet ist. Aber anders als bei der *Hegelschen* Dialektik stehen These und Antithese bei Bachelard nicht im Widerspruch zueinander. Der eine ist nicht die Negation vom anderen. Es handelt sich hier vielmehr um zwei sehr verschiedene Aspekte, die aber eher ergänzend als widersprüchlich sind. Wie ersichtlich ist, handelt es sich mehr um eine Kontinuität und eine Verlängerung als um eine radikale Entgegensetzung.

Bachelard geht von einer Überzeugung aus, daß die Dialektik zwischen den physikalischen Begriffen nicht wie in der *Hegelschen* Dialektik *kontradiktorisch*, sondern These und Antithese eher *komplementär* sind. Die Negation in der Wissenschaft (Physik) hat einen positiv dialektischen Inhalt. Die positive Bedeutung des *„Nein"* bezeichnet er als *„dialektische Generalisierung"*. Die Generalisierung durch das *„Nein"* versteht sich als gegensätzliche konstruktive Tätigkeit. Der Gegensatz in dieser Hinsicht führt nicht zum Widerspruch. Zwei entgegengesetzte Begriffe in der Physik beispielsweise, widersprechen einander nicht, sondern sie ergänzen und verständigen sich. Die positive Bedeutung des *„Nein"* versteht sich grundsätzlich als synthetisierende und komplementierende Tätigkeit der *„Philosophie des Nein"*, deren Aufgabe darin besteht, *„das Werden eines Denkens zu verfolgen." (PN, S. 28)*. Es muß aber noch betont werden, daß das *Werden* nicht im evolutionistischen Sinne verstanden werden muß. Der Entwicklungsprozeß der wissenschaftlichen Erkenntnis verläuft nicht geradlinig durch Anhäufungen, sondern durch Umgestaltungen, Umbildungen und Brechungen. Der neue wissenschaftliche Geist selbst ist nichts mehr als eine *„Philosophie des Nein"*. Das *„Nein"* des wissenschaftlichen Geistes bedeutet die Negation des klassischen wissenschaftlichen Denkens, d.h. die Konzeptualisierung der Naturwissenschaft muß umgestaltet werden. Die nichteuklidische Geometrie, die nichtklassische Phsyik und die nichtlavoisierische Chemie sind die charakteristischen Äußerungen der „Philosophie des Nein". So wird jede Entgegensetzung von Bachelard als immer schon in sich komplementär aufgefaßt. Die Gegensätze sind nicht kontradiktorisch, sondern konträr. Deshalb kann es bereits im Gegensatz selber einen Moment seiner Versöhnung geben. Die Bedeutung der Negation in der Dialektik Bachelards verbirgt sich in seiner Auffassung der Philosophie der Wissenschaft selber als „Philosophie des Nein" oder genauer gesagt als „zweipolige Philosophie". Die zwei schon erwähnten Pole der „Philosophie des Nein" (Empirismus und Rationalismus) sind nicht kontradiktorisch, sondern konträr, d.h. komplementär. Sie ergänzen sich, so daß der eine auf den anderen angewiesen ist. Die „Philosophie des Nein" zielt darauf, diese beiden komplementären Pole nicht abzulehnen, sondern zu versöhnen. Bachelard sagt deutlich, *„daß jede der beiden philosophischen Lehren, die wir mit den Wörtern Empirismus und Realismus schematisiert haben, die tatsächliche Ergänzung der anderen ist."* *(PN, S. 20).*[333]

Diese Auffassung der Negation bei Bachelard läßt sich nur dann verstehen, wenn sie in den Rahmen der zeitgenössischen Wissenschaft eingefügt wird, d.h. wenn man sie wissenschaftlich betrachtet. Was heißt aber etwas wissenschaftlich betrachten, oder *„wissenschaftlich denken"* überhaupt? *„Wissenschaftlich denken heißt, sich in den epistemologischen Bereich versetzen, der zwischen Theorie und Praxis, zwischen Mathematik und Erfahrung liegt."* *(PN, S. 20).*

Was ist denn das für eine Notwendigkeit, aus der heraus Bachelard seine *„Philosophie des Nein"* als *„eine Haltung der Versöhnung"* darstellt? Diese Notwendigkeit ist aus der Natur der zeitgenössischen Wissenschaft selber entstanden. *„Die Wissenschaft, die ja die Summe von Beweisen und Experimenten, die Summe von Regeln und Gesetzen, die Summe von Evidenzen und Fakten ist, braucht daher eine zweipolige Philoso-*

---

[333] G. Canguilhem nennt die Epistemologie Bachelards sogar eine *„épistémologie concordataire".* Vgl. Canguilhem, in: Hommage à G. Bachelard, Paris 1963, S. 3-12.

phie. Genauer gesagt, sie braucht ein dialektisches Vorgehen, denn unter zwei verschiedenen philosophischen Gesichtspunkten wird ein Begriff in komplementärer Weise erhellt." (PN, S. 20).

Die Wissenschaft selbst gibt also den Anlaß zur Versöhnung zwischen den traditionellen entgegengesetzten Philosophien. Der Konflikt zwischen dem Rationalismus und dem Empirismus kann infolgedessen nicht mehr in der Wissenschaft existieren. Eine eindimensionale Philosophie kann allein die dialektische Entwicklung der Wissenschaft nicht begreifen. Es bedarf deshalb einer *„zweipoligen Philosophie"*, in der die zwei Pole der traditionellen Philosophien in komplementärer Weise arbeiten. Anhand seiner Analyse des *„philosophischen Reifungsprozesses"* der wissenschaftlichen Begriffe am Beispiel vom *„Massebegriff"* gelangt Bachelard zu der Überzeugung, daß die philosophische Konzeptualisierung der traditionellen Philosophien nicht in der Lage ist, den heutigen Stand der Wissenschaft ins Philosophische zu übertragen. *„Ein einziger Begriff* (damit ist Massebegriff gemeint) *hat genügt, um die verschiedenen Philosophien zu streuen, um zu zeigen, daß die jeweiligen partiellen Philosophien sich auf nur einem Aspekt des Begriffs gründeten und nur eine seiner Seiten erhellten." (PN, S. 55).*

Um ein Beispiel für die Komplementarität in der Wissenschaft zwischen Begriffen, Prinzipien, Gesetzen etc. zu erbringen, fügt er hinzu: *„Ein Naturgesetz wissenschaftlich erkennen heißt, es sowohl als Phänomen als auch als Noumenon erkennen." (PN, S. 20-21).*

Die Negation muß also ein Vorgang der Überschreitung, ein Moment der Dialektik sein. Bachelard verfährt mit einer *Dialektisierung* des Wissens, in dem er die Grundlagen des Wissens durch die Rektifikation von Begriffen erweitert, jene Rektifikation, die sich auch in Form der Überschreitung aufzeigt. *„So umfaßt die nichteuklidische Geometrie die euklidische Geometrie. Die nichtnewtonsche Mechanik umfaßt die newtonsche Mechanik. Die Wellenmechanik umfaßt die relativistische Mechanik." (PN, S. 157).*

Das, was die Wissenschaft im Verlauf ihrer Fortschritte überschreitet, ist nicht die Nicht-Wissenschaft, sondern sich selbst in einem vorherigen Zustand. Durch eine innerliche Dialektik arbeitet sie unermüdlich, *„um so herauszustellen, was noch in den strengsten Methoden an Subjektivem bleibt."* *(PN, S. 27)*, oder um *„aufzuzeigen, was noch an Alltagerkenntnis in den wissenschaftlichen Erkenntnissen steckt."* *(PN, S. 56)*.

Anhand seiner Auffassung von der Negation gelingt es Bachelard, in Anlehnung an die wissenschaftliche Revolution von *1905*, einerseits die dialektischen Charakterzüge der wissenschaftlichen Erkenntnis, andererseits die so intensiv erscheinende dialektisch-negierende Aktivität des menschlichen Geistes zu erfassen. Der philosophisch schwerwiegende Charakter der wissenschaftlichen Erkenntnis besteht in der *Diskontinuität* zwischen der klassischen und der modernen Wissenschaft, Diskontinuität, die durch die Negation ausgedrückt ist. Eine entsprechende Diskontinuität läßt sich *„ins Philosophische übertragen"* anhand der Spannung zwischen dem klassischen und dem *„neuen Rationalismus"*. Aufgrund seiner Auffassung der Vernunft gelangt Bachelard dazu, seine Auffassung der Negation auf den philosophischen Bereich zu übertragen. Die Vernunft ist Bachelard zufolge dazu fähig, geschmeidig zu sein und sich zu öffnen, so daß sie sogar die Annahme von widersprüchlichen Lehren (Rationalismus und Empirismus) erlaubt. Diese Geschmeidigkeit und diese Offenheit resultieren aber aus dem ständigen *Dialog* der Vernunft mit der Wirklichkeit. Ohne diese dialektische Auffassung von der Vernunft gelingt es Bachelard nicht, seine markante philosophische Einstellung in Abhängigkeit von den traditionellen Lehren zu gründen. Er sagt nachdrücklich: *„Die traditionelle Lehre von der absoluten und unveränderlichen Vernunft stellt nur eine Philosophie dar, und diese Philosophie ist überholt."* *(PN, S. 165)*.
Diese Philosophie bzw. die traditionellen Philosophien ohne Ausnahme konnten sich an den neuen Zustand des wissenschaftlichen Denkens nicht anpassen, an dem die führende Rolle von der Philosophie auf Wissenschaft übergegangen ist.[334] Sie sind deshalb überholt und sollen durch eine Philosophie ersetzt werden, die von der Auffassung ausgeht, *„daß der arbeitende Geist ein Entwicklungsfaktor ist"*, um *„das Denken*

---

[334] In den Schriften Bachelards kann man eine solche Dominanz des wissenschaftlichen Denkens über das philosophische Denken deutlich erkennen. Er besteht selbst darauf, *„daß die wissenschaftliche Erkenntnis das Denken bestimmt, daß die Wissenschaft die Philosophie selbst bestimmt. Das wissenschaftliche Denken liefert also ein Prinzip zur Klassifizierung der Philosophien und zum Studium des Fortschritts der Vernunft."* PN, S. 34.

in einen dialektischen Prozeß" zu bringen *(PN, S. 30).* Dieser Philosophie soll der dialektische Charakter des wissenschaftlichen Denkens bewußt sein, das *„sich ständig zwischen den epistemologischen Werten, zwischen dem a priori und dem a posteriori, zwischen den experimentellen und den rationalen Werten hin und her bewegt."* *(PN, S. 19).*

Sie soll also eine *„distribuierte"* und *„gestreute"* Philosophie sein, die aus verschiedenen Philosophien besteht, die jede der *„vorwissenschaftlichen", „wissenschaftlichen"* und die Stufe des *„Neuen wissenschaftlichen Geistes"* erklären. Von allen diesen Philosophien transzendiert er diejenige Philosophie, welche die Stufe des *„Neuen wissenschaftlichen Geistes"* erklärt, die Stufe, in der sich die wahre rationale Erkenntnis des Wirklichen befindet. Diese Philosophie ist das, was er *„angewandten Rationalismus"* nennt. Eine *„gestreute Philosophie"* erklärt die Entwicklung des vorwissenschaftlichen Denkens zum wissenschaftlichen Denken. Der *„angewandte Rationalismus"* erklärt teilweise die wissenschaftliche Erkenntnis und den Neuen wissenschaftlichen Geist im ganzen. *„Dieser angewandte Rationalismus, dieser Rationalismus, der die von der Wirklichkeit gelieferten Lehren aufnimmt und sie in Realisierungsprogramme umsetzt",* unterscheidet sich vom traditionellen Rationalismus durch seinen Charakter als wissenschaftlicher Rationalismus und durch seine Anwendbarkeit *(PN, S. 21).*

Wie kann man zugleich Rationalist und Empiriker sein? In welchem Sinne überwindet der neue Rationalismus, der *„Surrationalismus",* den uns Bachelard vorschlägt, diesen *„Widerspruch"*? Die Analyse des heutigen Standes der Wissenschaft und ihrer Geschichte führt Bachelard zu der Ansicht, daß die wissenschaftliche Revolution des 20. Jahrhunderts Anläße und Möglichkeiten für eine denkbare *Versöhnung* zwischen den traditionellen Philosophien gibt. Im neuen wissenschaftlichen Denken ist nicht mehr die Rede vom Widerspruch, sondern von der *Komplementarität* zwischen dem Rationalismus und dem Empirismus. Diese philosophischen Lehren, die im wissenschaftlichen Denken eng miteinander verknüpft sind, widersprechen einander nicht, sondern, im Gegenteil, sie ergänzen sich. Die Existenz des einen ist auf die Existenz des anderen angewiesen. Sie bilden zusammen eine *„zweipolige Philosophie",* die fähig ist, die *„Doppelbewegung"* des wissenschaftlichen Denkens hin und her zwischen den epistemologischen Werten philosophisch zu begreifen. Bachelard nimmt den Fortschritt der Wissenschaft und seinen dialektischen Charakter als Achse seiner philosophischen Untersuchungen des heutigen Standes der traditionellen Problematik in der zeitgenössischen Wissenschaft zwischen dem Rationalismus und dem Empirismus. Er gelangt somit zu einer auf *Kantscher* Art und Weise formulierten Antwort, *„daß der Wechsel zwischen a priori und a posteriori obligatorisch ist, daß Empirismus und Rationalismus im wissenschaftlichen Denken durch ein sonderbares Band miteinander verknüpft sind, das genau so stark ist wie das Band, das Freude und Schmerz verbindet. Denn der Triumph des einen bedeutet die Anerkennung des anderen: Der Empirismus braucht das Verstehen, der Rationalismus die Anwendung. Ein Empirismus ohne klare, koordinierte, deduktive Gesetze kann weder gedacht noch gelehrt werden; ein Rationalismus ohne faßbare Beweise, ohne Anwendung auf die unmittelbare Wirklichkeit vermag nicht völlig zu überzeugen."* (PN, S. 20).

Bachelard entwickelt die Schlußfolgerungen seines *1949* erschienen Werkes „*Die Philosophie des Nein*" in seinem Werk „*Le Rationalisme appliqué*" *(Der angewandte Rationalismus)* weiter, in dem er seine Beschäftigung mit den epistemologischen Themen wiederaufnimmt. Dieses Werk, das er der Charakterisierung seines *„neuen Rationalismus"*, dem *„angewandten Rationalismus"* widmet, verbessert und realisiert in vielen Punkten das Vorhaben der *„Philosophie des Nein". „Gestreute Philosophie", „distribuierte Philosophie"* und *„zweipolige Philosophie"* sind Kennzeichnungen, mit denen Bachelard seine Philosophie der Wissenschaft charakterisiert. Diese Kennzeichnungen werden in seinem Werk *RA* im Konzept des *„angewandten Rationalismus"* verschwinden.

Zum Schluß dieses Kapitels füge ich noch ein Zitat aus der *PN (S. 65)* hinzu, das den Übergang von der *PN* zum *RA* zum Ausdruck bringt. Dieses Zitat wird zugleich als Schlußfolgerung des ersteren Werkes und als Einführung in das nachkommende epistemologische Werk *(RA)* dienen: *„Unsere Schlußfolgerung ist eindeutig: eine Philosophie der Wissenschaften ist selbst dann (...) notwendigerweise eine gestreute Philosophie. Dennoch besitzt sie einen Zusammenhalt: den ihrer Dialektik, ihres Fortschritts. Jeder Fortschritt in der Philosophie der Wissenschaften erfolgt in Richtung auf einen zunehmenden Rationalismus; dabei wird im Zusammenhang mit allen Be-*

griffen der anfängliche Realismus ausgeräumt. Die verschiedenen Probleme, die dieses Ausräumen mit sich bringt, haben wir in unserem Werk über die Bildung des wissenschaftlichen Geistes untersucht." (PN, S. 65).

III.4.3. Dialektik und angewandter Rationalismus: dialektischer Rationalismus

Ist Bachelard Rationalist? Die Frage habe ich mir gestellt und zum Teil beantwortet. Befragt man die Texte Bachelards, dann erhält man dessen Antwort selbst, aber aus den poetischen und nicht aus den epistemologischen Texten. Erst in *„L'Eau et les rêves"* (*1942, S.10*) bekennt sich Bachelard als rationalistischer Philosoph. In den beiden Thesen von *1927* und in den Schriften der dreißiger Jahre hat Bachelard seine Epistemologie im Rahmen der Gegensätze zwischen Idealismus und Realismus entwickelt. Er setzt diese beiden metaphysischen Ontologien bis *1940* ständiger Kritik aus. In diesem Jahre gelingt es ihm in seinem Werk *PN*, einen *„Versuch einer Philosophie des neuen wissenschaftlichen Geistes"* zu unternehmen. Dieser Philosophie schreibt er mehrere Namen zu wie z. B. *„Philosophie des Nein"*, *„gestreute Philosophie"*, und *„zweipolige Philosophie"*. Er führt seine Philosophie letztlich unter dem Namen der *„dialogisierten Philosophie"* und des *„angewandten Rationalismus"* fort. Diese zuletzt genannte Kennzeichnung seiner Philosophie dient als Titel seines *1949* erschienen Werkes *„Le Rationalisme appliqué"*. Die Prinzipien, auf die sich dieses Werk stützt, sind dieselben Prinzipien, die Bachelard vor fünfzehn Jahren in seinem Werk *NES* aufgestellt hatte. Er greift auf sie zurück und versucht, sie anhand von zwei neuen Auffassungen von Wissenschaftsphilosophie zu analysieren, die von ihm nach der Erscheinung vom *NES* in die epistemologische Begriffswelt eingeführt wurden: *„dialogisierte Philosophie"* und *„regionale Rationalismus"*.

Zur genaueren Kennzeichnung dieser Prinzipien, die ich bereits in einem vorausgegangenen Kapitel angedeutet habe, verweise ich auf eine Studie von *Oliver Roy*, der sie in vier Prinzipien untergliedert[335]:

---

[335] Roy, Oliver: Le Nouvel Esprit Scientifique de Bachelard, Paris 1979, S. 12-14.

1. Es gibt keine *statische unveränderliche Vernunft*, die über alle unsere Erkenntnisarten herrscht. Die dialektische Vernunft ist Bachelard zufolge keine a priori vollständig konstituierte Vernunft, sondern eine a posteriori konstituierte und entwickelnde Vernunft. Sie bildet sich im Laufe ihres wechselseitigen Verhältnisses mit dem Wirklichen. Sie bildet das Wirkliche und wird vom Wirklichen gebildet. Die dialektische Vernunft ist also nicht in einer perfekt vollständigen Konstruktion gegeben, weil die dialektische Aktivität des wissenschaftlichen Denkens *offen* bleiben muß. *„On croit donc à une raison constituée avant tout effort de rationalité."* *(Man glaubt also an eine vor aller Rationalitätsbemühung konstituierten Vernunft; RA, S. 9.)*

2. Es gibt keine *allgemein gültige Methode*: Ebensowie die Vernunft wird die Methode im Laufe der praktischen Tätigkeit des Wissenschaftlers nach und nach konstituiert. Die Gültigkeit und Fruchtbarkeit einer Methode hängen vom Gegenstand der Erkenntnis ab. Sie kann nicht immer auf jeden Gegenstand angewandt werden. Bachelard sagt: *„Das Verhältnis zwischen Theorie und Erfahrung ist so eng, daß keine Methode, gleich ob experimentell oder rational, sicher sein kann, ihren Wert zu behalten."* Er fügt hinzu: *„Selbst die exzellenteste Methode verliert am Ende ihre Fruchtbarkeit, wenn man ihren Gegenstand nicht erneuert." (NES, S. 15).*

3. *Das Wirkliche der Wissenschaft*: Es gibt kein einfaches Wirkliches (Phänomen, Gegenstand), das unmittelbar beobachtet und erklärt werden kann. Das wissenschaftliche Wirkliche ist durch die theoretische und technische Tätigkeit des Wissenschaftlers konstituiert. Bachelard sagt: *„Le seul fait du caractère indirect des déterminations du réel scientifique nous place dans un règne épistémologique nouveau."* *(Allein der Umstand, daß die Bestimmungen des wissenschaftlichen Realen indirekt geworden sind, versetzt uns in einen neuen epistemologischen Bereich; RA, S. 103).*

4. *Epistemologie*: Die Wissenschaftstheorie muß den Raum für eine Epistemologie frei machen, die in der Lage ist, der Wissenschaft adäquat zu sein, und die sich mit der Begriffsbildung und mit dem Anwendungsvermögen der wissenschaftlichen Begriffe beschäftigt. *„Die Epistemologie muß daher genau am Kreuzungspunkt zwischen Realismus und Rationalismus ansetzen. Nur dort vermag sie die neue Dynamik dieser beiden gegensätzlichen Philosophien zu erfassen, die zweifache Bewegung, vermöge deren die Wissenschaft das Wirkliche vereinfacht und die Vernunft kompliziert. Damit ver-*

kürzt sich der Weg von der erklärten Realität zum angewandten Denken." (NES, S. 15-16).

Diese skizzierten vier Prinzipien charakterisieren den neuen wissenschaftlichen Geist, den Bachelard im Zusammenhang mit seiner Auffassung von Philosophie konkreter im vorliegenden Werk als *„angewandten Rationalismus"* bezeichnet. Dieser Rationalismus ist dadurch charakterisiert, daß er sich zwischen zwei gegensätzliche Metaphysiken stellt, nämlich zwischen den Idealismus und den Realismus. Aufgrund der zentralen Position des *„angewandten Rationalismus"* zwischen diesen beiden philosophischen Richtungen ist dieser Rationalismus Bachelard zufolge die einzige fähige Philosophie, die den Idealismus und den Realismus versöhnen kann.

In *RA* setzt Bachelard seine Untersuchung der oben genannten Prinzipien fort, indem er sie anhand der neuesten Ergebnisse der Wissenschaft erläutert, erweitert, vertieft und entwickelt. Er entwickelt sie in zwei Richtungen:
- in eine theoretische Richtung, unter dem Titel: *„dialogisierte Philosophie"*. Dabei erklärt er, wie das wissenschaftliche Wirkliche konstituiert wird. Bei dieser Konstruktion, die sich vor allem als Prozeß versteht, spielt das Subjekt die Rolle des Lehrers und des Schülers zugleich, zwischen denen sich der *Dialog* des Empiristen und des Rationalisten etabliert;
- in praktische Richtung unter dem Titel: *„Regionaler Rationalismus"*. Bachelard formuliert die Auffassung von seinem neuen Rationalismus dort in seinem Werk *(RA)*, wo er in eine als *„zentrale Position"* zwischen Positivismus, Empirismus und Realismus einerseits und Formalismus, Konventionalismus und Idealismus andererseits stellt. *„C'est précisément dans cette position centrale que la dialectique de la raison et de la technique trouve son efficacité. Nous essaierons de nous installer dans cette position centrale ou se manifestent aussi bien un rationalisme appliqué qu'un matérialisme instruit."* [336]

---

[336] *(Genau in dieser zentralen Position wird die Dialektik von Vernunft und Technik wirksam. Wir werden versuchen, uns in einer solchen zentralen Position einzurichten, wo sich ebenso ein angewandter Rationalismus wie ein unterrichteter Materialismus manifestieren; RA, S. 4.)*

Der „*angewandte Rationalismus*" präsentiert eine vierte Periode, die Bachelard dem Dreistadiengesetz *A. Comtes* hinzufügt. Diese Periode versteht sich als Bewußtsein eines Bruches zwischen der gewöhnlichen und der wissenschaftlichen Erkenntnis *(RA, S. 102)*. Aufgrund seines philosophisch schwerwiegenden Inhaltes mißt Bachelard diesem Bruch eine entscheidende Bedeutung bei. Aus diesem Grunde wählt er den Bruch zwischen den beiden Erkenntnisarten als Thema der Schlußfolgerung seines letzten epistemologischen Werkes *RA*. Wie schon erwähnt, widmet er dieses Werk seiner Auffassung vom Rationalismus. Das Vorhaben dieses Werkes weitet sich aber auf die Themen der letzten epistemologischen Werke *ARPC* und *MR* aus. In „*De la nature du Rationalisme*", einer Sitzung von *1950* an der *Société Française de Philosophie*, bringt Bachelard seine Argumente über die Natur des Rationalismus deutlich zum Ausdruck. Diese Sitzung schematisiert die letzte Form der Wissenschaftsphilosophie Bachelards als „*angewandten Rationalismus*"[337]

Nach dieser Rekapitulation dessen, was ich schon an mehreren Stellen über den neuen Rationalismus Bachelards gesagt habe, versuche ich nun, die dialektischen Charakterzüge dieses Rationalismus herauszuarbeiten, die als Quellen der Dialektik Bachelards dienen. „*Angewandtheit*" ist einer der charakteristischen Charakterzüge, die Bachelard seinem Rationalismus zuspricht, wodurch er ihn von den klassischen Rationalismen abgrenzt. Im Folgenden möchte ich zuerst einige klassische Formen des Rationalismus skizzieren, die Bachelard ablehnt. Im ersten Satz des *RA* lenkt Bachelard die Aufmerksamkeit auf einen in der Aktivität des zeitgenössischen Wissenschaft belebten „*philosophischen Dialog*": „*Le dialogue de l'expérimentateur pourvu d'instruments précis et du mathématicien qui ambitionne d'informer étroitement l'expérience.*" *(Der Dialog zwischen dem praktischen Forscher, versehen mit präzisen Instrumenten, und dem Mathematiker, der den Ehrgeiz hat, das Experimentieren direkt zu gestalten.)* Von Anfang an bringt er den Unterschied zwischen dem „*wissenschaftlichen Dialog*" (zwischen dem experimentierenden Forscher und dem Theoretiker) und den „*philosophischen Polemiken*" (zwischen dem Realisten und dem Rationalisten)

---

[337] Vgl. M. J.-C. Parient: a. a. O., S. 6.

zum Ausdruck. Diese zwei Formen von *Dialog* darf man in eine umfangreiche Form eines *Dialogs* einfügen, nämlich in den *Dialog* der *Vernunft* und der *Erfahrung*.

Dieser *Dialog* innerhalb der französischen zeitgenössischen Epistemologie begann mit *A. Comte* und entwickelte sich in verschiedene Richtungen je nach seinen Themen bei *Meyerson, Brunschvicg* und Bachelard weiter.[338] Hinsichtlich des Positivismus scheint mir, daß Bachelard die Wissenschaftsphilosophie von *Comte* nicht total ablehnt, insofern er dessen Positivismus als eine Periode betrachtet, die das wissenschaftliche Denken in seiner Entwicklung durchlaufen muß. Er sagt nachdrücklich: *„Il faut passer par le positivisme pour le dépasser".*[339] Bachelard hat sich der Aufgabe hingegeben, den Übergang vom Empirismus zum Rationalismus zu überprüfen *(RA, S. 120)*. Die Überschreitung des Positivismus besteht darin, daß Bachelard in Anlehnung an die Philosophie von *Comte* selbst, dessen Dreistadiengesetz eine vierte Periode hinzufügt *(RA, 102)*. In seiner philosophischen Topologie *(RA, S. 5)* stehen der Positivismus und der Formalismus dem *„angewandten Rationalismus"* am nächsten. Seine Annäherung an den Positivismus und an den Formalismus drückt er folgendermaßen aus: *„ On pourrait déjà éclairer bien des problèmes de l'épistémologie des sciences physiques si l'on instituait la philosophie dialoguée du formalisme et de positivisme. "* [340]

Der Einfluß des Positivismus von *Comte* auf die Auffassung des Rationalismus Bachelards zeigt sich deutlich im folgenden Zitat, in dem Bachelard den technischen und rationalistischen Charakter des wissenschaftlichen Experimentes in Anlehnung an die positivistische Auffassung bestimmt. Er sagt: *„C'est donc à partir de la positivité de l'expérience scientifique propre au troisième état de l'épistémologie comtienne qu'il*

---

[338] Zu einer ausführlichen Darstellung des Dialogs der Erfahrung und der Vernunft verweise ich auf das Werk von Georges Mourélos: *L'épistémologie positive et la critique meyersonienne*, Paris 1962, Kap. 5 (*Le dialogue de l'expérience et de la raison dans l'épistémologie française contemporaine)*, S. 193.
[339] *(Man muß den Positivismus durchlaufen, um ihn zu überschreiten; RA, S. 104.)*
[340] *(Man könnte schon gut die Probleme der Epistemologie von physikalischen Wissenschaften erleuchten, wenn man die dialogisierte Philosophie des Formalismus und des Positivismus gründete; Ebenda., S. 8.)*

nous faudra définir le sens profondément instrumental et rationaliste de l'expérience scientifique. "[341]

Wie schon erwähnt, geht Bachelard über den Positivismus hinaus und versucht, ihn durch die Hinzufügung einer vierten Periode zu überschreiten. Diese Periode entspricht der Periode des „*angewandten Rationalismus*", der den radikalen Bruch zwischen gewöhnlicher und wissenschaftlicher Erkenntnis, zwischen allgemeiner Erfahrung und wissenschaftlicher Technik ausdrückt *(RA, S. 102)*. Dieser Bruch bedeutet durchaus, daß die Erfahrung in dieser vierten Periode nicht mehr die gleiche Struktur und die gleiche Form hat, die sie im Positivismus hatte. Der Bruch mit dem Positivismus besteht wesentlich in der Akzentuierung der epistemologischen Kategorien der „*Angewandtheit*" und „*Approximation*" des Rationalismus.[342]

Zunächst füge ich nur noch ein Zitat Bachelards aus dem *RA (S. 8-9)* hinzu, in dem er den *Dialog* der Erfahrung und der Vernunft bei *Meyerson* deutlich charakterisiert. Der Anwendungsbereich dieses *Dialogs* beschränkt sich auf zwei Begriffe, auf denen sich sein ganzes philosophisches System beruht: der Begriff der *Identität,* der die jedes Mal neue, aber ähnlich bleibende Entwicklung der Vernunft ausdrückt, und der Begriff des *Irrationalen*, der die Erfahrung vom Wirklichen ausdrückt. Bachelard scheut sich nicht, bei jeder Gelegenheit seine ironische Kritik an seinen „*bevorzugten*" Gegner zu richten. Er sagt: „*Une philosophie à deux pôles éloingnés comme celle d'Emile Meyerson, òu l'on détermine à la fois l'attachement du savant au Réel et à l'Identique ne nous semble pas manifester un champ épistémologique assez intense. Faire du savant, à la fois, un réaliste absolu et un logicien rigoureaux conduit à juxtaposer des philo-*

---

[341] *(Von der Positivität des dem dritten Stadium der Comtschen Philosophie eigenen wissenschaftlichen Experiments an, werden wir also den tief instrumentalen und rationalistischen Sinn des wissenschaftlichen Experiments definieren müssen; Ebenda, S. 104.)*
[342] „*Le positivisme n'a rien de ce qu'il faut pour décider des ordres d'approximations.*" *(Der Positivismus hat nichts, was benötigt wird, um über die Anordnung von Approximationen zu entscheiden; RA, S. 6.)*

sophies générales, inopérantes. Ce ne sont pas là des philosophies au travail, ce sont des philosophies de résumé."[343]

Diese Kritik an *Meyerson* darf nicht über seine Polemik gegen den klassischen Rationalismus hinwegtäuschen. Im Grunde kritisiert Bachelard im Namen von *Meyerson* alle „*allgemeinen*" Philosophien, die er als „*nicht-arbeitende*" Philosophien und Philosophien der „*Zusammenfassung*" bezeichnet. Der *Cartesianismus, der Kantischer Kritizismus* und der *Bergsonismus*, um nur einige bevorzugten Beispiele Bachelards zu nennen, werden von ihm unter dem Banner der Philosophie angeordnet, die „*klar*", „*behende*" und „*eingängig*" ist, „*die aber eine Philosophenphilosophie bleibt*" *(PN, S. 23)*. Das, was er vor allem in diesen rationalistischen Philosophien ablehnt, ist das, was er als eine Schließung der Vernunft betrachtet. Er negiert den alten Rationalismus, indem er seine Grundlagen erweitert, indem er sie berichtigt und doch einen Rationalismus beibehält. Einerseits berichtigt und *dialektisiert* er die alten Grundbegriffe des Rationalismus, andererseits bewahrt er den Rationalismus. Er sagt: „*La pensée rationaliste ne „commence" pas. Elle rectifie.*" *(Das rationalistische Denken „fängt nicht an". Es berichtigt; RA, S. 112.)*

Bachelard distanziert sich dann von allen oben genannten philosophischen Lehren, die ich bei der Darstellung seines Denkens in den einleitenden Kapiteln erwähnt habe. Unter allen Philosophen bevorzugt er, wie er in seinen Schriften oft herausstreicht, *L. Brunschvicg* und *F. Gonseth*, weil sie seine Auffassung vom „*angewandten Rationalismus*" oder, noch genauer gesagt, seinen „*Dialog*" der Vernunft und der Erfahrung an mehreren Stellen rechtfertigen. Was er an Positivem bei diesen Philosophen findet, sind ihre dialektischen Tendenzen bei der Auffassung von der Vernunft und der Erfahrung, d.h. ihre Akzentuierung deren relativistischen Charakters *(RA, S. 9)*.

Nach seiner polemischen Auseinandersetzung mit den traditionellen Formen des Rationalismus, die er nicht nur kritisiert, sondern sogar ablehnt, kündigt er erneut, wie er es oft in seinen Schriften tut, seine philosophische Position und Zielsetzung an. Im folgenden Zitat zeichnet er seine philosophische Einstellung folgendermaßen: „*Nous*

---

[343] Ebenda., S. 8, 82.

devrons donc nous installer dans la position centrale du rationalisme appliqué, en travaillant à instituer pour la pensée scientifique une philosophie spécifique." [344]

In Anlehnung an die Aktivität der zeitgenössischen Wissenschaft (Physik), in der ein *„philosophischer Dialog"* belebt, akzentuiert Bachelard den *„dialogisierten"* Charakter der Wissenschaftsphilosophie, die der Wissenschaft adäquat sein will. Diese Philosophie, von der er seit seinen ersten beiden Thesen von *1927* spricht und die er in seinem vorliegendem Werk von *1949* als *„dialogisierte Philosophie"* bezeichnet, erklärt er noch im letzten epistemologischen Werk für *„fehlende"* Philosophie *(MR, S. 20).* Bereits in seinen Werke *NES* und *PN* hat sich Bachelard mit dem *Dialog* der Vernunft und der Erfahrung ausführlich auseinandergesetzt. Was ist die Natur des *Dialoges* zwischen Erfahrung und Vernunft? Was sind also Anwendungsbereich, Gesprächspartner und Themen dieses *Dialogs*? Erst wenn die zweite Frage beantwortet wird, dann kann die erste leicht beantwortet werden. Wie ersichtlich ist, lassen sich diese Fragen schon seit dem ersten Satz des *RA* beantworten.

- *Anwendungsbereich* dieses *Dialogs* ist die zeitgenössische Wissenschaft (Physik), die Bachelard zufolge *„zwei philosophische Pole"* besitzt: den *„rationalen"* und den *„technischen"* Pol. Diese beiden Pole, die in der physikalischen Wissenschaft aktiv sind, zeigen sich dabei als zwei gegensätzliche Philosophien. Die Physik ist also ein einziges *„gedankliches Feld"*, das über einen *„abstrakt-konkreten"* Charakter verfügt, der die beiden Pole der physikalischen Wissenschaft vereinigt.

- *Gesprächspartner* sind der *„praktische Forscher"* und der *„Mathematiker"* oder mit anderen Worten der *„Rationalist"* und der *„Praktiker"*. Bachelard sagt nämlich: *„On ne peut fonder les sciences physiques sans entrer dans le dialogue philosophique du rationaliste et de l'expérimentateur".* [345]

Was ist das denn für eine Notwendigkeit, bei der die Existenz der physikalischen Wissensenschaft auf den *Dialog* zwischen dem Rationalisten und dem Praktiker angewiesen ist? In der physikalischen Wissenschaft dringt eine *Doppelsicherheit* in der Synthe-

---

[344] *(Wir müssen uns in der zentralen Position des angewandten Rationalismus einrichten, wenn wir daran arbeiten, eine spezifische Philosophie für das wissenschaftliche Denken einzusetzen; RA, S. 6.*
[345] *(Man kann die physikalischen Wissenschaften nicht begründen, ohne in den philosophischen Dialog zwischen dem Rationalisten und dem Praktiker einzutreten; Ebenda., S. 3.)*

se von *Theorie* und *Praxis* durch, die sich nicht anders ausdrückt als durch „*eine Philosophie mit doppelter Bewegung, als durch einen Dialog*" *(RA, S. 4)*. Diese *Doppelsicherheit* faßt Bachelard im Stil der *Kantschen Philosophie* folgendermaßen: „*Pas de rationalité à vide, pas d'empirisme décousu*" *(Keine Rationalität ins leere, kein ungeregelter Empirismus; RA, S. 3.)*

- Themen des Dialogs sind die Aktivität der zeitgenössischen physikalischen Wissenschaft und das wechselseitige Verhältnis zwischen dem Tun des Theoretikers und des Praktikers. Auf diese Themen komme ich später bei der Betrachtung von Themen der „*dialogisierten Philosophie*" Bachelards zurück.

Natur dieses Dialogs: Ausgehend von der Betrachtung des Anwendungsbereichs, des Gesprächspartners und der Themen des *Dialogs* der Vernunft und der Erfahrung läßt sich die Natur dieses Dialogs deutlich feststellen. Seine Natur ist dadurch charakterisiert, daß er sich von den philosophischen Polemiken unterscheidet, die beiden Gesprächspartner (*Realist* und *Rationalist*) nicht „*von der gleichen Sache*" sprechen und „*Argumente austauschen*". Es handelt sich also um einen „*wissenschaftlichen Dialog*", wobei die beiden Gesprächspartner (Praktiker und Theoretiker) „*vom selben Problem sprechen*" *(RA, S. 1)*. In diesem *Dialog* ist „*die Spur des alten Dualismus der Philosophen*" Bachelard zufolge nicht mehr zu finden, und die Kluft zwischen den beiden gegensätzlichen Philosophien (dem Rationalismus und dem Empirismus) nicht mehr vorhanden *(RA, S. 4)*. Zwischen dem Theoretiker und dem Praktiker gilt „*eine philosophische Zusammenarbeit*", ein „*Austausch*" von Interessen und eine wechselseitige Annerkennung. Bachelard schreibt nämlich: „*Le théoricien doit en effet posséder tout le passé mathématique de la physique - autant dire toute la tradition rationaliste de l'expérience. L'expérimentateur, de son côté, doit connaître tout le présent de la technique.*" [346]

---

[346] *(Der Theoretiker muß in der Tat die ganze mathematische Vergangenheit besitzen was soviel heißt wie die ganze rationalistische Tradition der Erfahrung. Der Praktiker muß seinerseits die ganze Gegenwart der Technik kennen; Ebenda.)*

Zusammengefaßt: Der *Dialog*, auf den Bachelard aufmerksam zu machen versucht, ist ein Dialog anderer Natur, wobei „*der erkennende Geist*" im wechselseitigen Verhältnis des „*Austausches*" und der Wechselwirkung mit dem „*Gegenstand seiner Erkenntnis*" steht: Er wird vom Gegenstand seiner Erkenntnis bestimmt und wird seine Erfahrung bestimmen.[347] „*Genau in dieser zentralen Position wird die Dialektik von Vernunft und Technik wirksam.*" Genau an dieser Stelle richtet Bachelard seine „*dialogisierte Philosophie*" als „*angewandter Rationalismus und technischer Materialismus*" ein *(RA, S. 4)*.

Nach der Festlegung der philosophischen Position Bachelards als eine „*dialogisierte Philosophie*" müssen im Folgenden ihr „*dialogisierter*" Charakter und ihre Themen behandelt werden. Während die *Hegelsche* Dialektik ein *Dialog* der „*reinen*" Vernunft mit sich selbst ist, ist die wissenschaftliche Dialektik, wie sie Bachelard versteht, ein *Dialog* des „*Geistes*" mit dem „*wissenschaftlichen Wirklichen*". Die zeitgenössische Wissenschaft schafft Bachelard zufolge ihre eigene Philosophie und stellt sich selbst als eine „*dialogisierte*" Philosophie dar: eine Philosophie, die den Philosophen daran hindert, sich in einem geschlossenen philosophischen System einzurichten. Bekanntlich schließt sich der klassische Philosoph in seinem eigenen geschlossenen System ein und erklärt jeden Gegenstand anhand eines einzigen Elementes seines Systems. Er betrachtet Gegenstände der Erkenntnis aus einer eindimensionalen Betrachtungsweise, deshalb trat die bekannte Entgegensetzung zwischen dem Empirismus und dem Rationalismus bzw. und dem Idealismus und dem Realismus zutage. Im Gegensatz dazu, neigt die Philosophie der Wissenschaft Bachelards dazu eine „*offene*" Philosophie zu sein, die einen *Dialog* mit den vorausgegangenen Philosophien durchführt. Alle Themen dieses *Dialogs*, der sich in den *Dialog* des Geistes und der Erfahrung einfügt, müssen ausreichend erläutert werden. Es müssen aber vorher noch die Gesprächspartner dieses *Dialogs* (Geist - Erfahrung) in der Bachelardschen Auffassung

---

[347] Die Aufzeichnung der Natur des Dialogs zwischen dem Geist und der Erfahrung hat Bachelard bereits im NES (S. 14) angekündigt: „*Nach einem Dialog, der nun schon so viele Jahrhunderte zwischen der Welt und dem Verstand stattfindet, kann man nicht mehr von stummer Erfahrung sprechen.*"

festgestellt werden. Die Gesprächspartner dieses *Dialogs* sind der Geist und der Gegenstand seiner Erkenntnis. Da ich Bachelards Auffassung von diesen beiden Gesprächspartnern bereits eingehend erläutert habe, möchte ich nur noch die Aufmerksamkeit auf zwei Charakterzüge lenken, die dem Geist und dem Gegenstand seiner Erkenntnis gemeinsam sind. Es handelt sich um die gegenseitige Wechselwirkung zwischen dem Geist und dem wissenschaftlichen Wirklichen (Gegenstand seiner Erkenntnis),[348] sowie ihre durch ihre Wechselwirkung etablierte *rationalistisch-technische Konstruktion*.[349]

Seit seiner beiden Thesen von *1927* hat sich Bachelard mit einem Hauptproblem beschäftigt, an dem sich alle anderen Probleme schneiden, nämlich mit dem Problem der Erkenntnis des Wirklichen. Bei Bachelard ist der Gegenstand der Erkenntnis nicht mehr die durch die Sinne wahrgenommene Wirklichkeit. Diese ist Gegenstand des vorwissenschaftlichen Denkens. Diese Wirklichkeit, die sich dem Sinn anbietet, und aus der der Wissenschaftler unmittelbar seine Begriffe abstrahiert, lehnt Bachelard völlig ab. Als Wissenschaftler gibt er die Existenz einer objektiven Wirklichkeit zu. Er gibt aber nie eine Erkenntnis zu, die von den Sinnen ausgeht, weil das Wirkliche *irrational* ist. Sollte das Wirkliche irrational sein, wie gelingt es Bachelard dann, *Realist* zu sein? Es kann Bachelard zufolge keine Erkenntnis des Wirklichen vom ersten Augenblick angeben, sondern es kann nur durch Erfahrung verwirklichte *rationale Organisation* geben. Diese durch die Vernunft produzierte Erfahrung wird dem Wissenschaftler ein technisch organisiertes Wirkliches liefern, das von Bachelard als wissenschaftliches Wirkliches bezeichnet wird.

---

[348] Bachelard sagt: „*Il ne sagit plus de confronter un esprit solitaire et un univers indifférent. Il faut désormais se placer au centre où l'esprit connaissant est déterminé par l'objet précis de sa connaissance et où, en échange, il détermine avec plus de précision son expérience.*"
(Es handelt sich nicht mehr darum, einsamen Geist und indifferentes Universum einander gegenüberzustellen. Von nun an ist es notwendig, sich ins Zentrum zu stellen, wo der erkennende Geist vom präzisen Gegenstand seiner Erkenntnis bestimmt wird und wo er, im Austausch, mit größerer Präzision seine Erfahrung bestimmt; RA, S. 4).

[349] Bereits im *NES*, (S. 15) liest man folgende Passage: „*Im Bereich der Physik ist kein Platz für eine intuitive Erfassung der Phänomene, die mit einem Schlage die Grundlagen der Realität erschlösse; und ebensowenig für eine absolute, endgültige rationale Überzeugung, die unseren experimentellen Forschungsmethoden die Grundkategorien vorgäbe.*"

Inwiefern kann Bachelard von einer objektiven Erkenntnis sprechen, solange er das Wirkliche nicht als Gegenstand der Erkenntnis anerkennt und es als *„unbekannten"* Gegenstand betrachtet? Er ersetzt das nicht erkennbare *Noumenon* (realen Gegenstand) durch ein wissenschaftliches *Noumenon* (Theorie) und das natürliche Phänomen (Gegenstand der Wahrnehmung) durch ein durch die Technik produziertes wissenschaftliches Phänomen. Das unmittelbar Wirkliche ist nichts mehr als Gelegenheit oder Anlaß für das wissenschaftlich Wirkliche und für die wissenschaftliche Erkenntnis. Da das wissenschaftliche Wirkliche Konkretisierung der rationalen Verarbeitung – der Erfahrung – ist, ist dies die einzige gültige Realität. Bei Bachelard *„hat die Realisierung den Vorrang vor der Realität"*, denn *„ein Physiker kennt erst dann eine Realität wirklich, wenn er sie realisiert hat."* (PN, S. 48).

Es handelt sich bei ihm nicht um einen *Dialog* zwischen *„der Welt und dem Verstand"*, oder einem *„indifferenten Universum"* und einem *„einsamen Geist"*, sondern um einen *Dialog* zwischen der *„wissenschaftlichen Vernunft"* und der *„wissenschaftlichen Realität"*, mit anderen Worten: um einen *wissenschaftlichen Dialog*. Das Neue an diesem *Dialog* ist, daß *„die wissenschaftliche Realität bereits in einem dialektischen Verhältnis zur wissenschaftlichen Vernunft steht."* (NES, S. 14).

In diesem wechselseitigen Verhältnis erreichen die beiden Gesprächspartner nicht das gleiche Niveau und spielen nicht dieselbe Rolle in der wissenschaftlichen Aktivität. In diesem Verhältnis läßt sich, wie ich zu zeigen versuche, eine solche Dominanz der Vernunft über die Realität festzustellen. Bachelard sagt ausdrücklich: *„Die Auskünfte der Realität haben nur insofern Wert, als sie eine rationelle Verwirklichung ermöglichen"* (NES, S. 15).

Bachelard fügt dem dialektischen Charakter des wissenschaftlichen Wirklichen noch einen anderen Charakter hinzu, nämlich das Wirkliche ist, mit Bachelards Worten, *„ein Geflecht von Beziehungen."* (NES, S. 147).

Dies war ein kurzer Überblick über den *Dialog* zwischen der Realität und der Vernunft und ihr *dialektisches* Verhältnis in der Epistemologie Bachelards. Auf diesen *Dialog* komme ich später zurück, weil dieser *Dialog* der Kernpunkt des *„angewandten Rationalismus"* Bachelards ist.

Diese Art von *Dialog* zwischen der Realität und der Vernunft ruft einen anderen *Dialog* hervor: ein *Dialog* zwischen dem *a priori* und dem *a posteriori*. Der traditionelle Streit zwischen den Philosophen über die Natur und die Quellen der Erkenntnis hat auch Bachelard beschäftigt. Aufgrund seiner zentralen philosophischen Position zwischen dem Rationalismus und dem Realismus und in Anlehnung an die wissenschaftliche Aktivität versucht er, die beiden Gegner in diesem Streit zu versöhnen. Er lehnt deshalb die Trennung dessen, was a priori ist, von dem, was a posteriori ist, ab. Die wissenschaftliche Erkenntnis selbst und die Erkenntnis schlechthin versteht sich Bachelard zufolge als *Dialog* zwischen dem, was a priori, und dem, was a posteriori ist. Er geht deshalb soweit zu sagen, *„daß es in der Wissenschaftsphilosophie weder einen absoluten Realismus noch einen absoluten Rationalismus gibt." (NES, S. 8)*.

Dies bedeutet, daß eine solche Erkenntnis nicht vorhanden ist, die entweder völlig a priori gegeben ist oder völlig a posteriori aus der Erfahrung erworben ist. Die Erkenntnis ist also Resultat des *Dialogs* zwischen dem, was a priori, und dem, was a posteriori ist, und nicht Resultat einer *„Rationalität ins Leere"* oder eines *„ungeregelten Empirismus" (RA, S. 3)*.

Mit diesem *Dialog* hängt ein anderer *Dialog* zusammen, jener des *„Konkreten"* und des *„Abstrakten"*. In der zeitgenössischen Wissenschaft ist das Abstrakte nicht mehr der Gegenstand, den die erste Erfahrung anbietet, sondern ein Resultat komplexer wissenschaftlicher Experimente, in denen komplexe Instrumente verwandt werden. Der wissenschaftliche Gegenstand ist also eine mathematisch-technische Konstruktion, eine *„phénomènothechnique"*, ein *abstrakt - konkretes Objekt* und ein *Bi - objekt* (z. B. elektrische Birne). Das Konkrete und das Abstrakte widersprechen einander nicht, wie in den klassischen Philosophien, sondern sie ergänzen sich als zwei Aspekte einer einzigen Wahrheit. Bachelard sagt nachdrücklich: *„De toute évidence, ici, l'objet perçu et l'objet pensé appartiennent à deux instances philosophiques différentes. On peut alors* *décrire l'objet deux fois: une fois comme on le perçoit, une fois comme on le pense. L'objet est ici phénomène et noumène.*" [350]

Zusammengefaßt: Die „*dialogisierte Philosophie*" ist eine offene Philosophie, in der ein *Dialog* stattfindet, und zwar ein *Dialog* zwischen dem Geist und der Erfahrung, dem Abstrakten und dem Konkreten, dem Apriori und dem Aposteriori und dem Subjekt und dem Objekt *(RA, S. 104).* Sie ist weder ein „*absoluter Realismus*" noch ein „*absoluter Rationalismus*", sondern eine Synthese der beiden gegensätzlichen Philosophien. Sie ist eine „*angewandte Philosophie*" oder genauer gesagt: ein „*angewandter Rationalismus*". Dieser Rationalismus ist eine „*mittelbare*", „*mittlere*" und „*vermittelnde*" Philosophie. Er ist durch seine Anwendung charakterisiert, und dadurch unterscheidet er sich auch von den traditionellen Rationalismen. Bachelard sagt: „*C'est par ses applications que le rationalisme conquiert ses valeurs objectives. Il ne s'agit donc plus, pour juger la pensée scientifique, de s'appuyer sur un rationalisme formel, abstrait, universel. Il faut atteindre un rationalisme concret, solidaire d'expériences toujours particulières et précises. Il faut aussi que ce rationalisme soit suffisamment ouvert pour recevoir de l'expérience des déterminations nouvelles. En vivant d'un peu près cette dialectique, on se convainc de la réalité éminent des champs de pensée. Dans ces champs épistémologiques s'échangent les valeurs du rationalisme et de l'expérimentalisme.*" [351]

Auch dieses Zitat, ebenso wie die vorherigen, weist auf weitere wichtige Charakterzüge des Rationalismus Bachelards hin, die einige Aspekte der dialektischen Tendenz

---

[350] *(Offensichtlich gehören hier das wahrgenommene Objekt und das gedachte Objekt zwei verschiedenen philosophischen Instanzen an. Man kann dann das Objekt zwei Male beschreiben: ein Mal, wie man es wahrnimmt, ein Mal, wie man es denkt. Das Objekt ist hier Phänomen und Noumenon; RA, S.109.)*
[351] *(Zuallererst durch seine Anwendungen erobert der Rationalismus objektive Werte. Es handelt sich also, wenn das wissenschaftliche Denken beurteilt werden soll, nicht mehr darum, sich auf einen formalen, abstrakten und universalen Rationalismus zu stützen. Erreicht werden muß ein konkreter Rationalismus, den Experimenten verpflichtet, die immer partikular und präzis sind. Dieser Rationalismus muß auch offen genug sein, um die Erfahrung neuer Determinierungen zu empfangen. Wenn man diese Dialektik ein wenig erlebt, überzeugt man sich von der überragenden Realität gedanklicher Felder. Auf den Epistemologischen Feldern findet ein Austausch zwischen den Werten des Rationalismus und denen des Experimentalismus statt; RA, S. 4.)* Dazu auch S. 122.

in seiner philosophischen Position aufzeigen. In seinem Werk *RA* formuliert Bachelard seine Auffassung vom Neurationalismus dort, wo er ihn als *„angewandten Rationalismus"* bezeichnet. Diese konkrete Auffassung von Rationalismus bildet eines der Hauptmerkmale von Bachelards Rationalismus, wodurch er sich vom *„formalen, abstrakten und universalen Rationalismus"* unterscheidet. Daraus läßt sich schlußfolgern, daß Bachelard dazu neigt, die Konkretheit gegenüber der formalen Abstraktheit zu privilegieren. Im oben angeführten Zitat äußert er sich offensichtlich zu dieser Tendenz folgendermaßen: *„ Erreicht werden muß ein konkreter Rationalismus. "*

Die Akzentuierung der Konkretheit in diesem Falle darf uns nicht über die wesentliche Natur seines Rationalismus hinwegtäuschen. Sein *„ angewandter Rationalismus"* bzw. *„ technischer Materialismus"* steht zwischen zwei extremen *„ Polen"*; gerade darum ist dieser Rationalismus Bachelard zufolge die einzige *„ offene"* Philosophie, die fähig ist, diese gegensätzlichen Pole zu versöhnen. Er zielt nur darauf, den Rationalismus und den Empirismus miteinander zu versöhnen, ohne in die Metaphysik zu verfallen. Die Frage nach dem Verhältnis Bachelards zur Metaphysik verbirgt sich hinter seiner Auffassung von Dialektik. Auf diese Frage komme ich noch in der Schlußfolgerung meiner Arbeit zurück. Bei dieser erwähnten *Versöhnung* ist aber der rationalistische mehr als der empiristische Pol berücksichtigt worden. Mit anderen Worten: die Vernunft ist gegenüber der Erfahrung privilegiert worden.

Es bleibt noch ein weiterer wichtiger Charakter seines Rationalismus anzuführen, der mit den anderen Charakterzügen (Offenheit, Angewandtheit, Konkretheit) eng verknüpft ist. Es handelt sich um einen Charakter, den Bachelard seinem Rationalismus zuschreibt, damit er dem aktuellen Stand der Wissenschaft adäquat sein kann. Bei der Spezialisierung der Wissenschaft entstehen mehrere Teildisziplinen, deren Beurteilung keinem *„universalen"*, sondern einem *„regionalen Rationalismus"* bedarf. Entsprechend vertieft, konkretisiert und dialektisiert sich der wissenschaftliche Rationalismus bei seiner *„regionalen"* Anwendung. Ein Jahr später *(1950)* widmet Bachelard eine ganze Sitzung bei der *Société Française de Philosophie* der Charakterisierung seines Rationalismus. Er sagt ausdrücklich: *„Alors, ne répétons pas ce leitmotiv que la sci-*

ence en se spécialisant rétrécit l'esprit! Elle l'ouvre. Ici, il faudra encore insister sur un caractère nouveau: il faudra montrer que ces rationalismes régionaux se font nécessairement par des définitions d'interconcepts; il faudra encore montrer que, quand on s'installe dans un rationalisme régional, on est obligé de sortir d'un rationalisme général, on est oblégé de laisser de côté les thèmes généraux qui donneraient une adhésion trop facile; il faut entrer en polémique, et il faut organiser conceptuellement les relations que donnent ces rationalismes Régionaux." [352]

Die Offenheit des neuen Rationalismus verdankt ihre Existenz dem permanenten *Dialog*, der Wechselwirkung von Vernunft und Erfahrung. Um diesen *Dialog* gliedern sich, wie schon erklärt, andere *Dialoge*. Der markanteste *Dialog* unter ihnen, auf den Bachelard den Akzent legt, ist, allgemein ausgedrückt, der *Dialog* zwischen Theoretischem und Empirischem. Durch diesen *Dialog* wird eine *„Dialektik von Vernunft und Technik"* hervorgerufen *(RA, S. 4)*. Was ist das denn für eine Dialektik, die Bachelard immer wieder hinter dem *Dialog*, dem Verhältnis und der Wechselwirkung von Vernunft und Wirklichkeit sucht? Vor der Antwort auf diese Frage muß zuerst an eine Gewißheit erinnert werden: Für Bachelard handelt es sich stets nur um *„wissenschaftliches"* Reales, das in einem dialektischen Verhältnis zur wissenschaftlichen Vernunft steht. Er hat bereits in der Einleitung des *NES* seine Auffassung von der Dialektik formuliert, wobei er sie um den Gedanken der *„Komplementarität"* gefügt hat. Er schreibt nämlich: *„Darum wäre es an der Zeit, eine Ontologie der Komplementarität zu begründen, die sich dialektisch weniger zugespitzt darstellte als die Metaphysik des Widerspruchs." (NES, S. 21)*.

In diesem Zitat ist die Rede also von einer Dialektik der *Komplementarität*, und nicht des *Widerspruchs*. Diese neue Auffassung von Dialektik, die von der zeitgenössischen Wissenschaft geprägt ist, ist in den anderen epistemologischen Werken Bachelards

---

[352] *(Wiederholen wir also dieses Leitmotiv, wonach die Wissenschaft durch ihre Spezialisierung den Geist beschränkt, nicht mehr! Sie öffnet sie ja. Hier wird es notwendig sein, den neuen Charakter herauszustreichen, zu zeigen, daß die regionalen Rationalismen notwendigerweise durch die Festlegung von Zwischenbegriffen entstehen; man wird ferner darlegen müssen, daß man bei der Einnahme des Standpunktes eines bestimmten regionalen Rationalismus von einem allgemeinen Rationalismus ausgehen muß; man ist gezwungen, allgemeine Themen, die zu einer allzu leichten Zusammenfassung führen, beiseitezulassen; man wird in eine Polemik eintreten und die Beziehungen, die sich aus diesen regionalen Rationalismen ergeben, begriffsmäßig organisieren müssen; Bachelard: De la nature du rationalisme, 1950, S. 56.)*

weiterentwickelt worden. Die Dialektik der *Komplementarität* besteht, allgemein ausgedrückt, in der wissenschaftlichen Tätigkeit, weil die revolutionäre Entwicklung der Wissenschaft zum Beginn des 20. Jahrhunderts dieser Typ von Dialektik hervorgerufen hat. Was von Bachelard als Dialektik im wissenschaftlichen Handeln bezeichnet wird, sind zahlreiche *komplementäre* Verhältnisse von Vernunft und Wirklichkeit, von der Wissenschaft und der Technik, von Theorie und Instrument, vom Rationalismus und Empirismus. Er bezeichnet sie, grob gesprochen, als wechselseitiges Verhältnis zwischen *komplementären* und *koordinierten* Polen. In seinen Werken lassen sich leicht zahlreiche Zitate finden, in denen er auf diesem dialektischen Verhältnis besteht. Im *NES (S. 15)* sagt er: *„Beginnt man über wissenschaftliches Handeln nachzudenken, bemerkt man also, daß Realismus und Rationalismus einander beständig in der Rolle des Ratgebers abwechseln. Keiner von beiden vermag für sich allein wissenschaftliche Beweisführung zu gewährleisten."*

Sechs Jahre später kommt Bachelard in der *PN* auf das wechselseitige Verhältnis von Empirismus und Rationalismus zurück und kündigt die Dialektik der beiden philosophische Polen an *(PN, Vorwort)*. Er schreibt: *„Der Empirismus braucht das Verstehen, der Rationalismus die Anwendung. Ein Empirismus ohne klare, koordinierte, deduktive Gesetze kann weder gedacht noch gelehrt werden; ein Rationalismus ohne faßbare Beweise, ohne Anwendung auf die unmittelbare Wirklichkeit vermag nicht völlig zu überzeugen."* (PN, S. 20).
Bachelard bringt die Dialektik der *Komplementarität* dort deutlich zum Ausdruck, wo er das Verhältnis von der Vernunft und dem wissenschaftlichen Gegenstand als *„Dialektik der Kooperation"* beschreibt. Er sagt: *„Nous verrons en effet que c'est en mettant systématiquement en dialectique de coopération la raison et l'objet scientifique nous nous assurerons le mieux des caractères rationnels du matérialisme technique et vice versa des caractères réels du rationalisme appliqué."* [353]

---

[353] *(Dadurch, daß wir systematisch die Vernunft und den wissenschaftlichen Gegenstand in Dialektik der Kooperation stellen, werden wir in der Tat sehen, daß wir uns den rationalen Charakterzügen*

Was als Dialektik im wissenschaftlichen Handeln bezeichnet wird, das sind Verhältnisse wechselseitigen Austauschs, wechselseitigen Zusammenwirkens und gegenseitiger Abwandlungen zwischen zwei Polen oder „Instanzen", die ich vorher als „Gesprächspartner" der erwähnten Typen von Dialogen bezeichnet habe. Der permanente Dialog und die Wechselwirkung von Vernunft und Erfahrung bilden also die Quelle der Offenheit und Geschmeidigkeit des Rationalismus Bachelards. Die Auffassung vom Neurationalismus als *„angewandten Rationalismus"* und *„dialogisierte Philosophie"* bildet ihrerseits die Hauptquelle der dialektischen Tendenzen des epistemologischen Werkes Bachelards. Seine *„dialogisierte Philosophie"* selbst ist in Wirklichkeit, wie er in *RA* zugibt, nichts mehr als ein Dialog zwischen Mathematik und Experiment oder zwischen *„mathematischem Denken"* und *„experimentellem Denken"*. Genau dort richtet Bachelard seine dialektische Position zwischen den beiden gegensätzlichen Philosophien ein, um eine *„spezifische Philosophie"* der Wissenschaft einzusetzen. Er sagt: *„Nous devrons donc nous installer dans la position centrale du rationalisme appliqué, en travaillant à instituer pour la pensée scientifique une philosophie spécifique."* *(Wir müssen uns in der zentralen Position des angewandten Rationalismus einrichten, wenn wir daran arbeiten, eine spezifische Philosophie für das wissenschaftliche Denken einzusetzen; RA, S. 6.)*

Hat Bachelard wirklich seine philosophische Zielsetzung durch die Festlegung seiner philosophischen Position als *„zentrale Position des angewandten Rationalismus"* bzw. des *„technischen Rationalismus"* erreicht? Die Antwort auf diese Frage gibt Bachelard in der Einleitung seines letzten epistemologischen Werkes *(MR, S. 20)*: *„La science n'a pas la philosophie qu'elle merite."* *(Die Naturwissenschaft hat nicht die Philosophie, die sie verdient.)*
In diesem Werk sucht er weiter nach einer Philosophie, die ideologisch nicht an die Wissenschaft herankommt, sondern nur die Wirkung der Wissenschaft auf die geistige Struktur untersucht. Dies sind eigentlich die philosophischen Zielsetzungen, die bereits in der *PN* festgelegt sind. In *MR* versucht Bachelard, eine den materialistischen, na-

---

des technischen Materialismus und umgekehrt den wirklichen Charakterzügen des angewandten Rationalismus am besten versichern; RA, S. 9.)

turwissenschaftlichen Erkenntnissen adäquate Philosophie zu konstituieren. Diese Philosophie bezeichnet er in seinem Werk als „*rationalen Materialismus*". Diese Bezeichnung gilt sogar als Titel dieses Werkes. Dieser „*rationaler Materialismus*" ist dann eine „Philosophie", eine Philosophie, die aber von der zeitgenössischen Naturwissenschaft selbst erschaffen wird. Um die Frage nach dem materialistischen Aspekt des Rationalismus Bachelards in den Rahmen seines ganzen Schaffens und in den Rahmen der philosophischen und wissenschaftlichen Umstände seiner Zeit einzuordnen, führe ich eine entscheidende Passage aus dem *MR* an. Bachelard sagt: „*Nous verrons qu'après l'échec des essais rationalistes prématurés, se constitue vraiment, dans la science contemporaine, un rationalisme matérialiste. Nous aurons ainsi à présenter un nouvel ensemble de preuves qui confirment, croyons-nous, les thèses que nous avons soutenues dans nos deux derniers ouvrages sous les titres: Le rationalisme appliqué (Paris, P.U.F., 1949) et L'activité rationaliste de la physique contemporaine (Paris, P.U.F., 1951). Le matérialisme, lui aussi, est entré dans une ère de rationalisme actif.*" [354]

Hinsichtlich Sprache und Stil läßt sich dieses Zitat meiner Meinung nach auf das Werk *RA* zurückführen. Hinsichtlich des philosophischen Inhaltes scheint mir aber, zumindest auf den ersten Blick, daß es uns vor eine neue Version des Rationalismus stellt. Geht es dabei für Bachelard um „*rationalisme matérialiste*" (materialistischen Rationalismus) oder um „*matérialisme rationnel*" (rationalen Materialismus), wie der Titel des entsprechenden Werkes lautet? Diese Frage kann anders formuliert werden, nämlich: Bleibt Bachelard in seinem letzten epistemologischen Werk noch Rationalist oder „*wäre er plötzlich Materialist geworden?*" [355] An diesem Punkt stimme ich *Vadée* völlig zu: „*Bachelard ist für die französische marxistische Philosophie und für die Philosophen von heute schlechthin zu einem Problem geworden.*" (Vadée 1979, S. 9).

---

[354] *(Wir werden sehen, daß sich nach dem Mißerfolg der frühzeitigen rationalistischen Versuche in der zeitgenössischen Wissenschaft wirklich, ein materialistischer Rationalismus konstituiert. Insofern werden wir eine neue Gruppe von Beweisen zu präsentieren haben, die, glauben wir, die Thesen bestätigen, die wir in unseren zwei letzten Werken unter den Titeln: Der angewandte Rationalismus [Paris, P.U.F., 1949] und Die rationalistische Aktivität der zeitgenössischen Physik [Paris, P.U.F., 1951] verteidigt haben. Auch der Materialismus ist in ein Zeitalter des aktiven Rationalismus eingetreten; MR. S, 4.)*
[355] M. Vadée: Epistemologie oder Philosophie, S. 174.

Jean-Claude Pariente hält die endgültige Form der Philosophie Bachelards für Rationalismus. Er sagt nachdrücklich: „*Bachelard inscrit sa dernière philosophie sous le signe du rationalisme.*" *(Bachelard schreibt seine letzte Philosophie unter dem Zeichen des Rationalismus ein.)*

Im Gegensatz dazu hält sie *F. Dagognet*, im Hinblick auf das letzte Werk Bachelards, für Materialismus: „*Cette philosophie peut se concevoir comme un authentique matérialisme*" *(Diese Philosophie kann als ein authentischer Materialismus begriffen werden.)*[356]

Dazu kommt noch der Beitrag von *D. Lecourt* und der von *M. Vadée*, die ich bereits einleitend erwähnt habe. *Lecourt* hält die letzten epistemologischen Werke Bachelards für eine wirkliche philosophische Entwicklung im Sinne eines Übergangs zum Materialismus. *Vadée* aber hält die Epistemologie Bachelards für einen „*neuen epistemologischen Idealismus*".[357]

Bachelard scheute sich nicht, seine Tendenz zum Rationalismus zuzugeben: „*Rationalist? versuchen wir eben erst zu werden.*" *(EER, S. 10)*. Gegenüber dem Materialismus hat er seine Einstellung nie explizit geäußert. Zu letzerem hat er sich nie explizit geäußert. Sein Verhältnis zum Materialismus „*bringt die Philosophen in Verlegenheit und uns mit ihnen*", äußert sich *M. Vadée (1979, S. 174)*. Zuerst muß seine Einstellung zum Materialismus geprüft werden, um die Natur seines Rationalismus zu charakterisieren. In den früheren epistemologischen Werken Bachelards ist von einem Materialismus überhaupt nicht die Rede. Seit seinen beiden Thesen setzt er sich polemisch mit allen traditionellen Philosophien, insbesondere mit dem Realismus und Idealismus, auseinander. Bereits in *ECA (1928)* formuliert er seine epistemologische Position als zentrale Position zwischen den gegensätzlichen Metaphysiken (Idealismus und Realismus). In seinem Werk *NES (1934)* bewahrt er seine zentrale Position zwi-

---

[356] Dagognet, François: „*Le matérialisme rationnel de Gaston Gachelard*", in: Cahiers de l'Institut de science économique appliquée, série M, no 126, juin 1962, S. 21.
Pariente, Jean-Claude: „*Rationlisme et ontologie chez Gaston Bachelard*", in: Bulletin de la Société Française de Philosophie, Paris, janvier-mars 1985, S. 1.
[357] Zu einer ausführlichen Darstellung der Thesen von Lecourt und Vadée verweise ich auf die Studie von Marcel Voisin: „*Gaston Bachelard et le matérialisme*", Les Cahiers Rationalstes, Nr. 324, Paris 1976, S. 243-246.

schen zwei gegensätzlichen und komplementären Metaphysiken (Rationalismus und Realismus). Die *PN (1940)* verwirklicht und entwickelt nur noch das Vorhaben des vorhergehenden Werkes *NES* weiter. In seinem Werk *RA (1949)* bleibt Bachelard seiner zentralen philosophischen Position – zwischen zwei komplementär dialogisierten Philosophien – treu. In diesem Werk und mittels seiner berühmten *Topologie (RA, 4-7)* legt er seine philosophische Position im Mittelpunkt des wissenschaftlichen Denkens als *„angewandten Rationalismus und technischen Materialismus"* fest. Erst in diesem Werk gibt Bachelard die Existenz eines sogenannten *„technischen Materialismus"* zu, der auf die gleiche philosophische Ebene wie der *„angewandte Rationalismus"* gestellt ist. Recht bemerkenswert ist, daß sich Bachelard nur auf die Charakterisierung des rationalen Aspektes seiner philosophischen Position beschränkt. Vom *„materialistischen"* Aspekt ist kaum die Rede. Aber erst im *MR (1953, S.4)* deutet er die Existenz eines *„materialistischen Rationalismus"* in der zeitgenössischen Wissenschaft an. Er widmet diesem neuen Aspekt des Rationalismus, über ihre Existenz, er meines Erachtens in *RA* schweigt, sein letztes epistemologisches Werk *MR*. Es genügt nun, auf einen Satz des erwähnten Zitates hinzuweisen, wobei es sich Bachelard im *MR* zur Aufgabe macht, neue Beweise aus der naturwissenschaftlichen Wissenschaft (*Chemie*) zu erbringen, die seine in *RA* und *ARPC* verteidigte Thesen rechtfertigen.

Bachelard ist sich darüber im klaren, daß der Abstand zwischen Wissenschaft und Philosophie eher größer wird. Die *„frühzeitigen rationalistischen Versuche"* haben Bachelards zufolge der sich ständig entwickelnden Wissenschaft adäquat zu sein. Das Versagen der *„abstrakten"* Rationalismen und die Konstituierung des *„materialistischen Rationalismus"* einerseits und die Entwicklung des Materialismus in die Richtung des *„aktiven Rationalismus"* andererseits sind meines Erachtens die Merkmale der gesuchten Philosophie, die Bachelard immer noch, auch in seinem letzten Werk, für *„fehlende"* Philosophie erklärt: *„La science n'a pas la philosophie qu'elle merite" (Die Wissenschaft hat nicht die Philosophie, die sie verdient; MR, S. 20)*, wobei zu präzisieren ist, daß es für Bachelard im *MR* nur um die *Chemie* geht. Er wendet sich also einem neuen Bereich zu, jenem der *„Entwicklung wissenschaftlicher Erkenntnisse über die Materie (MR, S. 1)*. Bachelard kann oder will nicht mehr über die Existenz des

Materialismus in der Aktivität wissenschaftlicher Erkenntnisse von der „*Materie"* schweigen. Er kündigt deshalb die Existenz dieses Materialismus ab dem ersten Satz des *MR* an. Ferner scheute er sich nicht, von Anfang an die Natur des in den „*Wissenschaften von der Materie"* existierenden Materialismus zu charakterisieren. Er schreibt nämlich: „*Dès qu'on suit l'évolution des connaissances scientifiques sur la matière dans la période contemporaine, on est amené à s'étonner que le matérialisme puisse encore être tenu, par les philosophes, comme une philosophie simple, voire comme une philosophie simpliste. En effet, les problèmes envisagés par les sciences de la matière se multiplient actuellement et se diversifient avec une telle rapidité que le matérialisme scientifique (...) est en passe de devenir la philosophie la plus complexe et la plus variable qui soit.*"[358]

In diesem Zitat handelt es sich also um zwei Aspekte des Materialismus: der philosophische und der wissenschaftliche Materialismus, die scharf voneinander getrennt sind. Gegen den ersten Aspekt des Materialismus, den er für „*massiven, naiven, überholten Materialismus"* richtet er eine scharfe Kritik. Er ist Bachelard zufolge ein unmittelbarer Materialismus, der „*sich mit seinen ersten Erfahrungen begnügt.*" Um Bachelards Kritik des philosophischen Materialismus in kurzer Form zu charakterisieren, füge ich dem Gesagten nur ein kurzes Zitat hinzu: „*Le matérialisme philosophique traditionnel est un matérialisme sans matière, un matérialisme tout métaphorique.*" *(Der traditionelle philosophische Materialismus ist ein Materialismus ohne Materie, ein ganz metaphorischer Materialismus; MR, S. 3.)*

Der zweite Aspekt des Materialismus, der wissenschaftliche Materialismus, entwickelt sich aus der Wissenschaft von der Materie. Er ist ein „*unterrichteter Materialismus".* Er ist durch mehrere Merkmale, insbesondere rationale, technische und soziale Merkmale, charakterisiert. Dieser „*neue"* Rationalismus unterscheidet sich also völlig vom philosophischen Materialismus durch wissenschaftliche und gesellschaftliche Charak-

---

[358] *(Sobald man die Entwicklung der naturwissenschaftlichen Erkenntnisse über die Materie in der gegenwärtigen Periode verfolgt, wird es einen erstaunen, daß der Materialismus von den Philosophen noch für eine einfache, ja einfältige Philosophie gehalten werden kann. In der Tat werden die von den Wissenschaften der Materie betrachteten Probleme zur Zeit immer mannigfaltiger und vermehren sich mit solcher Geschwindigkeit, daß der wissenschaftliche Materialismus (...) im Begriff ist, die komplexeste und variableste Philosophie zu werden, die es gibt; MR, S. 1.)*

terzüge. „*Le matérialisme instruit est inséparable de son statut social.*" *(Der unterrichtete Materialismus nicht von seinem gesellschaftlichen Status zu trennen; MR, S. 31.)*

Das wenige, was bisher über den Materialismus gesagt wurde, genügt eigentlich nicht, die Natur dieses Rationalismus, dem Bachelard ein ganzes Werk widmet, zu charakterisieren. Die Charakterisierung seiner Natur bedarf einer ausführlichen Analyse von Bachelards Werk „*Le matérialisme Rationnel*". Eine solche Analyse ist nicht frei von Risiken und Schwierigkeiten. Einerseits, weil sich Bachelard in diesem Buch einem neuen Gebiet (dem Materialismus) zuwendet, das er nie zuvor in seinen Schriften angedeutet hat, andererseits, weil Untersuchungen über seinen Materialismus äußerst selten sind. *M. Vadée* hat völlig recht: Bachelard „*bringt die Philosophen in Verlegenheit und uns mit ihnen.*" *(1979, S. 174).*

Der philosophische Inhalt dieses Werkes, nämlich der Beitrag zur Konstituierung einer der materialistischen naturwissenschaftlichen Erkenntnisse adäquaten Philosophie, führt nicht auf das ganze epistemologische Werk Bachelards zurück. Bachelard hat sich erst in seinem letzten epistemologischen Werk seine Einstellung zum Materialismus, zum „*wissenschaftlichen*", „*technischen*", „*unterrichteten*", „*rationalen Materialismus*" geäußert. Betrachtet man das oben angeführte Zitat *(MR, S. 4)* näher betrachtet, gelangt man früher oder später zu der Überzeugung, daß sich das Werk *MR* als Entwicklung und Erweiterung des Inhaltes des Werkes *RA* darstellt. Hier ist die Rede von einem „*materialistischen Rationalismus*" und einem rationalistisch gewordenen Materialismus *(rationalistischem Materialismus)*. Wie gesagt, Bachelard hat bereits in seiner philosophischen Topologie einen „*technischen Materialismus*" geschildert, der dort nur dazu dient, den wissenschaftlichen und den konkreten Charakter des „*angewandten Rationalismus*" aus zudrücken. Der Anwendungsbereich dieses Rationalismus ist die physikalische Naturwissenschaft (Physik), in die ein Dialog zwischen zwei entgegengesätzlichen, aber komplementäre Philosophien (Rationalismus und Empirismus) eindringt. Da der Rationalismus oder, anders gesagt, „*die rationalistische Aktivität*" ihren vollkommenen Status in der Physik erreicht hat, hat sich Bachelard in *RA* nur mit dem Rationalismus der Physik beschäftigt. *1951* widmet er ein epistemologisches Werk der Untersuchung der „*rationalistischen Aktivität der zeit-*

genössischen Physik" (Dies gilt als Titel seines Werkes). Vielleicht wollte Bachelard bereits in *RA* den *„Rahmen"* seines Rationalismus erweitern, so daß er sich auch auf das Gebiet der Chemie erstrecken könnte. Er konnte dies aber nicht tun, weil ihm *„eine neue Gesamtheit von Beweisen"* fehlt, die zur Rechtfertigung seiner Thesen in *RA* und *ARPC* beitragen *(MR, S. 4)*.

Aus diesen Behauptungen stellen sich folgende Fragen: Ist dieser *„wissenschaftlicher"* und *„rationalistischer Materialismus"* nicht eine andere Version des *„angewandten Rationalismus"*, eine materialistische Version? Hat sich der angewandte Rationalismus durch einen langen Prozeß der *Anwendung, Technizität* und *Konkretisierung* zu einem *„rationalistischen Materialismus"* entwickelt, oder ist umgekehrt der Materialismus durch seine Entwicklung zu einem *„aktiven Rationalismus"*, einem *„materialistischen Rationalismus"* geworden? Und wie steht Bachelards Materialismus, sein *„rationaler Materialismus"*, zu seinem *„angewandten Rationalismus"*? Die einzige Antwort auf diese Fragen lautet meines Erachtens nach: *„Le matérialisme instruit est devenu un canton du rationalisme appliqué."* *(Der unterrichtete Materialismus ist ein Kanton des angewandten Rationalismus geworden; MR, S. 6.)*
In *MR* stellt Bachelard dieses Mal seine philosophische Position, die des *„rationalen Materialismus"*, nicht als zentrale Position oder Zwischenstellung zwischen zwei gegensätzliche Metaphysiken oder mindestens zwischen einen Idealismus und einen Materialismus. Hier handelt es sich nicht mehr um den herkömmlichen Gegensatz des Idealismus und des Realismus und nicht nur um den Gegensatz des Rationalismus und des Realismus, sondern um einen Gegensatz, der sich als *„einzige sinnvolle Polemik"* und *„harte Polemik zwischen materialistischem Rationalismus und materialistischem Realismus"* versteht. *(MR, S. 8)*.
Nur in der Polemik der Kooperation zwischen dem *„materialistischen Rationalismus"* und dem *„materialistischen Realismus"* verwirklicht sich der *Dialog* zwischen diesen beiden Polen und zwischen Vernunft und Erfahrung. Recht bemerkenswert ist, daß Bachelard in seinem letzten epistemologischen Werk keinen Versöhnungsversuch zwischen dem Materialismus und dem Idealismus beabsichtigt. Er kritisiert nun generell den philosophischen Materialismus scharf, ohne aber auf eine Form des Materialismus

oder einen materialistischen Philosophen hinzuweisen. Sollte es eine Versöhnung dieser Art geben, dann jenseits der Versöhnung zwischen Realismus und Rationalismus, zwischen der *Vernunft* und der *Materie*. Vielleicht aus diesem Grunde besteht Bachelard im *MR* erneut auf der Versöhnung des Realismus und des Rationalismus. Er sagt nachdrücklich: *„Seul le dur travail de la pensée et de l'expérience scientifiques peut souder le réalisme et le rationalisme."* [359]

Die *Versöhnung* zwischen gegensätzlichen Polen oder Instanzen taucht immer wieder in den Schriften Bachelards in Form eines *Dialogs* zwischen Vernunft und Erfahrung auf. Dieser *Dialog* der *Komplementarität*, der *Koordination* und des *Austausches*, der sich überall im Werk Bachelards befindet, drückt die Auffassung seiner Dialektik aus. Es handelt sich für Bachelard bei allen genannten Typen von *Dialog* nur um einen *Dialog* innerhalb der Wissenschaft. Allgemein gesagt: Für Bachelard geht es nur um einen *Dialog* bzw. eine Dialektik in der *wissenschaftlichen Erkenntnis* und in der *Wissenschaftsgeschichte* schlechthin. Es ist daher von größter Wichtigkeit, zuerst die Suche nach der Auffassung der Dialektik Bachelards in der Wissenschaftsgeschichte wiederaufzunehmen. Bei dieser Suche stößt man erneut auf das Problem der Einstellung Bachelards zum Materialismus. Dieses Problem macht mir die Suche nach Bachelards eigener Auffassung von Dialektik auf dieser Ebene noch komplexer, weil es seine Auffassung der Wissenschaftsgeschichte selbst undeutlich macht. Bachelard spricht in der Wissenschaftsgeschichte von einem *„historischen"* und *„dialektischen Materialismus"* (*MR, S. 6*), und von einer *„historischen"* und *„materialistischen Dialektik"* (*ARPC, S. 171, 93*). Daraus ergibt sich die Frage der Nähe Bachelards zum historischen Materialismus. Obwohl die Antwort darauf zwischen den Kommentatoren des epistemologischen Werkes Bachelards umstritten ist, hilft sie uns bei der Feststellung, wenn nicht dessen, was von Bachelard als Wissenschaftsgeschichte verstanden wird, dann zumindest dessen, was für ihn keine Wissenschaftsgeschichte sein darf.

---

[359] (*Allein die harte Arbeit des Denkens und der wissenschaftlichen Erfahrung kann den Realismus und den Rationalismus verbinden*; MR, S. 18.)

III.5. Dialektik in der Wissenschaftsgeschichte

Obwohl Bachelard seiner Auffassung von Wissenschaftsgeschichte in seinem epistemologischen Werk nicht viel Platz gewidmet hat, bildet sie einen entscheidenden Teil dieses Werkes. Recht bemerkenswert ist, daß die Epistemologie und die Wissenschaftsgeschichte eng miteinander im epistemologischen Werk Bachelards verbunden sind. Die Verbindung von Epistemologie und Wissenschaftsgeschichte ist einer der interessantesten Charakterzüge des Denkens Bachelards, so daß sie als *„historische Epistemologie"* betrachtet wurde (*Lecourt*). Während die Epistemologie Bachelards aus seiner Polemik gegen die philosophische Tradition hervorgeht, entsteht seine Auffassung von Wissenschaftsgeschichte aus seiner Polemik gegen alle Philosophien, die von der *Kontinuität* im Entwicklungsprozeß in der Wissenschaftsgeschichte sprechen. Bachelard hat infolgedessen die *evolutionistischen* und *positivistischen* Konzeptionen in der Wissenschaftsgeschichte abgelehnt (z. B. *Meyerson, Comte*) und ihnen die *dialektische* Ansicht entgegengestellt.

Drei Grundbegriffe bilden, wie schon erwähnt, die Konzeption der Wissenschaftsgeschichte Bachelards: *„Erkenntnishindernis"*, *„epistemologischer Bruch"* und *„Dialektik"*. Diese drei eng miteinander verknüpften Begriffe sind in einem der Wissenschaftsgeschichte gewidmeten Kapitel ausreichend erläutert worden.[360] Im folgenden komme ich daher nur noch auf den Begriff des *„epistemologischen Bruchs"* zu sprechen, der mir bei der Antwort auf die oben gestellte Frage hilft und der Bachelards Auffassung von Wissenschaftsgeschichte präziser charakterisiert. Anhand des Begriffs des Bruchs formuliert er eine absolut neue und revolutionäre Konzeption der Wissenschaftsgeschichte. Diese Konzeption unterscheidet sich von den anderen Konzeptionen durch ihre Auffassung vom Fortschritt in der Wissenschaftsgeschichte. Der Fortschritt auf dieser Ebene nimmt keinen linearen, kontinuierlichen Gang, sondern erfolgt durch Berichtigungen, Umschmelzungen und Brüche. Diese Geschichte ist deshalb keine statische, sondern eine dynamische Geschichte, für die es Perioden der *Krise, Revolu-*

---

[360] Sehe das zweite Kapitel meines Vorhabens, Teil B: Wissenschaftsgeschichte.

tionen und tiefgreifende Umgestaltungen gibt. Sie ist eine *rekurrente* Geschichte, die von den Gewißheiten des gegenwärtigen Standes der Wissenschaft ausgeht, um über ihre Vergangenheit zu urteilen. Dies ist einer der relevanten Charakterzüge, durch den sich diese Geschichte von der Geschichte der Reiche und Nationen unterscheidet. Innerhalb der Wissenschaftsgeschichte selbst unterscheidet Bachelard auch zwischen *„veralteter und sanktionierter Geschichte"*, die in einem dialektischen Verhältnis zueinander stehen. Er spricht nicht von irgend einer Dialektik, sondern von einer *„historischen Dialektik"*, die dem wissenschaftlichen Denken eigentümlich ist. Bachelard sagt nämlich: *„Man muß also die Bedeutung einer dem wissenschaftlichen Denke eigenen historischen Dialektik begreifen. Insgesamt muß die Dialektik zwischen der veralteten und der sanktionierten Geschichte von der gegenwärtig aktiven Naturwissenschaft unablässig gestaltet und umgestaltet werden."* [361]

In demselben Werk spricht er auf Seite 93 sogar von einer *„materialistischen Dialektik"*. Er sagt folgendes: *„Du fluide aux flux joue une dialectique matérialiste décisive qui doit être mise en lumière."* [362]

In diesen beiden Zitaten spricht Bachelard einerseits von einer *„historischen Dialektik"*, andererseits von einer *„materialistischen Dialektik"* im wissenschaftlichen Denken.

Hinsichtlich seiner Auffassung von Dialektik stellt sich auch erneut die Frage des Verhältnisses Bachelards zum Materialismus in seinen letzten epistemologischen Werken. [363] Die Antwort auf diese Frage bedarf ebenfalls einer ausführlichen Analyse der Auffassung von Wissenschaftsgeschichte, die Bachelard vertritt. Er versucht, eine neue Sicht der Wissenschaftsgeschichte unter den anderen Typen von Geschichte darzustellen, die ihrerseits dem modernen Standpunkt der Wissenschaft adäquat sein soll *(ARPC, S. 24)*. Bachelard bestimmt die Geschichte der Naturwissenschaften folgendermaßen: *„L'histoire des sciences est toujours décrite comme l'histoire d'un progrès de*

---

[361] Ders., ARPC, S. 25. Dazu auch S. 171.
[362] *(Vom Flüssigkeitszustand zum wirklichen Fließen führt eine entscheidende materialistische Dialektik, die erhellt werden muß; Ebenda., S. 93.)*
[363] Ders., ARPC, 1951; MR, 1953.

la connaissance." *(Die Geschichte der Wissenschaften wird immer als die Geschichte von einem Fortschritt der Erkenntnis beschrieben; ER, S. 139).* Tatsächlich ist sie für ihn aber eine *„histoire du progrès des liaisons rationnelles du savoir." (Geschichte des Fortschritts der rationalen Verbindungen des Wissens; ER, S. 146).* Diese Auffassung vertritt er auch in seinem letzten epistemologischen Werk *MR (S. 86).* Es handelt sich hier um eine Geschichte, welche die Gegenwart der wissenschaftlichen Erkenntnis gegenüber ihrer Vergangenheit bevorzugt, um eine Geschichte, deren *„epistemologischer Vektor"* vom gegenwärtigen erreichten Stand der *Rationalität* der Wissenschaft ausgeht und in die Vergangenheit dieser *Rationalität* zurückläuft, eine Geschichte, die der Vergangenheit der Wissenschaft keine Bedeutung beimißt. Diese *„rekurrente Geschichte"* zielt nicht darauf, Lehre oder Beweise aus der Vergangenheit der wissenschaftlichen Erkenntnis zu ziehen, sondern sie ist vielmehr verpflichtet, diese Vergangenheit, die nichts anders als eine Vergangenheit der Irrtümer der Wissenschaft ist, zu *begreifen* und zu *beurteilen.* Sie begreift ihre Vergangenheit ausgehend von der aktuellen rationalen Erkenntnis und sie urteilt über sie, indem sie *„Irrtum und Wahrheit, Träges und Wirksames, Schädliches und Fruchtbares"* unterscheidet *(ARPC, S. 24).* Dies ist die Aufgabe einer *„beurteilten Geschichte",* die Bachelard vorschlägt. Er setzt dieser Geschichte der Naturwissenschaften jene der *„Reiche und der Völker"* entgegen, die *„den objektiven Bericht der Tatsachen (...) zum Ideal hat"* und *„vom Historiker verlangt, nicht zu urteilen." (ARPC, S. 24).*

Gegenstand der Wissenschaftsgeschichte ist der Fortschritt der Rationalität in den Wissenschaften. Genauer noch: Er ist Konstruktion und Rekonstruktion der Rationalität wissenschaftlicher Theorien der Wissenschaften der Vergangenheit angesichts der gegenwärtig erreichten Rationalität der Wissenschaften (Physik). Die Wissenschaftsgeschichte muß deshalb ihren Gegenstand am Maßstab der *„heute"* erreichten wissenschaftlichen Rationalität konstruieren. Diese – urgeschichtlich – konstruierte Rationalität muß aber ihrerseits zugleich als überholbare Rationalität betrachtet werden. Bachelard hat es hier mit einem neuen Bewußtsein in der Wissenschaftsgeschichte zu tun.

„Ein Bewußtsein, das über sein Wissen urteilt und sich der Erbsünde des Empirismus entreißen will." [364]

Dieses Bewußtsein ist nichts anderes als das *„rationalistische Bewußtwerden"*, das Bachelard sich in seinen Schriften zu verkünden bemüht. Der Titel des Werkes selbst, in dem er seine Konzeption der Wissenschaftsgeschichte darstellt, lautet: *„L'Activité rationaliste de la physique contemporaine"* (Die rationalistische Aktivität der gegenwärtigen Physik). Die Bedeutung, oder noch deutlicher: die Werte dieser *„rationalistischen Aktivität"*, soll die *„rekurrente"* und *„beurteilte"* Geschichte aufzeigen. In dieser Aktivität erreicht der Rationalismus das Moment des neuen Bewußtseins, indem er seine Vergangenheit *„negiert"* (ARPC, S. 3). Der Rationalismus ist Bachelard zufolge eine Philosophie, die *„keinen Beginn"* und keine Vergangenheit *hat (RA, S. 112, S. 122-123)*. Bachelard schreibt jedoch den *„rationalen Werten"* eine solche *„selbständigen Notwendigkeit"* zu. Er sagt nämlich: *„Im Geschick der Naturwissenschaften setzen sich die rationalen Werte durch. Sie setzen sich historisch durch. Die Geschichte der Naturwissenschaften wird von einer Art selbständiger Notwendigkeit gelenkt."* (ARPC, S. 47).

Einerseits spricht er von einer *„selbständigen Notwendigkeit"* in der Geschichte der Naturwissenschaften, andererseits leugnet er mit seiner These vom Bruch jede historische Entwicklung der Wissenschaften. Was ist das denn für eine *„selbständige Notwendigkeit?"*

Bachelard stellt uns immer wieder vor neue Schwierigkeiten: Er fordert die Philosophen auf, einerseits *„die Bedeutung einer dem wissenschaftlichen Denken eigenen historischen Dialektik [zu] begreifen"*, andererseits *„gegen die Geschichtlichkeit der Erfahrung, ja selbst gegen die Geschichtlichkeit des Rationalen [zu] kämpfen."* *(ARPC, S. 2).*

Der Wissenschaftshistoriker muß Bachelard zufolge über die Vergangenheit der wissenschaftlichen Erkenntnis mit dem Maßstab der gegenwärtigen Werte der Rationalität

---

[364] *„La prise de conscience rationaliste est donc nettement une nouvelle conscience. Elle est une conscience qui juge son savoir et qui veut transcender le péché originel de l'empirisme."* Ebenda., S. 3.

urteilen. Er muß sich aber nicht mit dieser Vergangenheit auseinandersetzen, sie verstehen und erklären, um die konkreten, *historischen Kausalitäten* des Entwicklungsprozesses der Wissenschaft festzustellen. Bachelard sagt in dieser Hinsicht: *„Nous n'avons pas à décider des valeurs morales de la science. Nous ne plaçons qu'au points de vue de l'épisémologie, nous n'avons à juger les progrès de la connaissance."* [365] Als Epistemologe interessiert sich Bachelard nur für die rationalistischen Werte der Wissenschaft. Wie erklären sich aber diese Werte? Sie erklären sich, Bachelard zufolge, aus sich selbst. Dies bedeutet, daß der Fortschritt der wissenschaftlichen Erkenntnis weder aus der Vergangenheit der Wissenschaft, noch aus außerhalb der wissenschaftlichen Tätigkeit existierenden Ursachen erklärt werden kann.

Solange Bachelard keine außerhalb der Naturwissenschaft existierenden *historischen Ursachen* zugibt, die ihre Entwicklung bestimmen, gibt es auch keine historischen Entwicklungsgesetze der Wissenschaft. *„Bachelards Epistemologie kann als historisch bezeichnet werden, sie kann aber nur durch Mißverständnis in die Nähe des historischen Materialismus gebracht werden"* (Vadée 1979, S. 148). Mit dieser kritischen Schlußfolgerung wendet sich *Vadée* gegen *D. Lecourt*, der durch sein Verständnis versucht, Bachelard in die Nähe der Materialisten zu rücken. Was meint er denn mit der historischen Dialektik, die in der Wissenschaft selbständig am Werk ist? Diese Dialektik ist nichts anderes als *Werte-Dialektik*, nämlich eine *„Dialektik sanktionierter rationaler Werte und überholter Werte."* (Vadée 1979, S. 149). Bachelard läßt keine Dialektik zwischen dem Entwicklungsprozeß der Wissenschaft und der Gesellschaftsentwicklung zu. Dies entspricht seiner rationalistischen Auffassung von der Wissenschaft, die seine Konzeption der Dialektik stark geprägt hat.

Zusammenfassend kann man bei der Untersuchung der Beziehung von Bachelards Dialektik zur Wissenschaftsgeschichte folgende Sachverhalte feststellen:
- *Ort* der Dialektik Bachelards ist die *Wissenschaft*;

---

[365] *(Über die moralischen Werte der Wissenschaft haben wir nicht zu entscheiden. Wir beziehen nur Stellung zur Epistemologie, wir haben nur über die Fortschritte der Erkenntnis zu urteilen; RA. S. 104.)*

- Bachelards Konzeption der *Wissenschaft* ist *idealistisch*;
- es gibt *keine* Dialektik zwischen *Wissenschaft* und *Gesellschaft*.

Diese miteinander eng verknüpften Themen zeigen die *Auffassung* der Dialektik Bachelards und ihre *Natur* auf. Auf diese Themen, die Bachelard eigene Konzeption der Dialektik prägen, komme ich erneut im Schlußkapitel zurück.

III.6. Zu G. Bachelards Konzeption der Dialektik

„Die Philosophie des Nein hat ebenfalls nichts mit einer apriorischen Dialektik zu tun. Ganz besonders gilt, daß sie kaum in den Bereichen der Hegelschen Dialektik angewandt werden kann." (PN, S. 155-156).

Mit dieser Bestimmung der *„Philosophie des Nein"* versucht Bachelard von Anfang an, seine Auffassung von Dialektik von der klassischen Auffassung zu unterscheiden. Was Bachelard wesentlich bei den Philosophen ablehnt, ist die Auffassung einer *„apriorischen Dialektik"*, die als Resultat einer apriorisch philosophischen Betrachtung angesehen wurde. Er geht nicht von irgendeiner philosophischen Auffassung von Dialektik aus und versucht, sie in einigen Stellen zu rechtfertigen oder sie zu entwickeln, sondern bricht mit jeder philosophischen Auffassung von Dialektik, die sich *„in den Bereichen der Hegelschen Dialektik"* schlechthin bewegt.

Aufgrund seiner wissenschaftlichen Bildung war Bachelard anders als seine zeitgenössischen Philosophen in der Lage, die revolutionäre Entwicklung der Wissenschaft (Physik) tiefgehend zu begreifen und ihre Ergebnisse auf den philosophischen Bereich zu übertragen. Einer der wichtigsten Begriffe, die er aus der zeitgenössischen Wissenschaft zog, ist jener der Dialektik. Er zog somit die Lehre aus der Naturwissenschaft, daß Dialektik in der Wissenschaft *Komplementarität* bedeutet. Dialektik als *komplementäres Verhältnis* war bereits ein bekannter Begriff in der zeitgenössischen Wissenschaft. Bachelard zielt nur darauf, das Prinzip der *Komplementarität* in der Philosophie anzuwenden und in philosophische Begriffe zu fassen. Er spricht deshalb von zahlreichen Dialektik-Typen in der Wissenschaft, die er als Dialektiken der *Komplementarität* betrachtet. Es handelt sich dabei um *Komplementarität* zwischen Rationalismus und Empirismus, dem Apriori und dem Aposteriori, dem Konkreten und dem Abstrakten, dem Mathematiker und dem Experimentator.

Dialektik in der Wissenschaft bedeutet *Komplementarität* zwischen zwei gegensätzlichen Polen oder Instanzen. In der Wissenschaftsgeschichte ist sie zweideutig: Erstens gibt es keine endgültige Wissenschaftsgeschichte und somit keine absolut endgültig wissenschaftliche Wahrheit. Die Wissenschaft entwickelt sich und schreitet durch „*Dialektisierung*" bzw. Reorganisation ihrer Prinzipien und Theorien voran. Zweitens bedeutet das Verhältnis zwischen dem Neuen und dem Alten in der Wissenschaftsgeschichte nicht, daß das Neue das Alte absolut ablehnt, sondern es einschließt. Die Relativitätstheorie und Wellenmechanik sind ein bevorzugtes Beispiel Bachelards für die Dialektik in der Wissenschaft. Die Dialektik der relativistischen Physik und der klassischen Physik ist Bachelard zufolge kein Verhältnis der Ablehnung, sondern der „*Einwicklung*". Bachelard sagt nachdrücklich: „*La dialectique qui joue entre mécanique relativiste et mécanique classique est une dialectique d'enveloppement.*"[366]

Anhand der in der Wissenschaft festgestellten Dialektik-Typen will Bachelard darauf hinweisen, daß die Wissenschaftsphilosophie, die die zeitgenössische wissenschaftliche Erkenntnis epistemologisch ausdrücken will, eine dialektische Philosophie sein soll. D.h. sie soll keine eindimensionale Philosophie (Rationalismus oder Empirismus), sondern eine zweipolige Philosophie sein, die die beiden philosophischen Positionen in *komplementärer* Weise verbindet. Diese *Komplemen-tarität* entspricht keinem philosophischen Willen, sondern der Wirklichkeit der zeitgenössischen Physik. Bachelard sagt: „*Ainsi la philosophie de la science contemporaine telle qu'elle est issue des révolutions du début du siècle se présente comme une dialectique de rationalisme instruit et de réalité élaborée.*"[367]

---

[366] *(Die Dialektik, die zwischen relativistischer Mechanik und klassischer Mechanik spielt, ist eine Dialektik der Einwickelung; ER, S. 131.)*
[367] *(So stellt sich die Philosophie der zeitgenössischen Wissenschaft wie sie von den evolutionen zum Beginn des Jahrhunderts herkommt als eine Dialektik des gebildeten Rationalismus und der verarbeitenden Wirklichkeit dar; Ebenda., S. 134.)*

Dialektik charakterisiert in diesem Sinne den dynamischen Charakter des Denkens, d.h. seine Offenheit gegenüber dem Wirklichen. Das Ziel dieser Dialektik besteht nicht darin, eine „Synthese" zu erreichen, die These und Antithese negiert, sondern eine „Synthese", in der die beiden Gegensätze zusammen wahr werden. Die wissenschaftliche Dialektik, von der Bachelard hier spricht, hat nichts mit der philosophischen Dialektik zu tun. Bachelard formuliert eine Auffassung von Dialektik, in der sich das Verhältnis zwischen ihren Polen nicht auf Widerspruch gründet. Beschränkt sich Bachelard mit dieser Auffassung nur auf eine der wissenschaftlichen Erkenntnis eigene Dialektik? Die Antwort auf diese Frage bedarf einer Bestimmung dessen, womit er sich bei der Formulierung seiner Auffassung von Dialektik beschäftigt. Beschäftigt er sich nur mit der wissenschaftlichen Erkenntnis oder auch mit dem Wirklichen, dem Gegenstand dieser Erkenntnis?

Betrachtet man näher die von Bachelard erwähnten *Dialektik-Typen*, dann stellt man deutlich fest, daß es sich um Dialektik in der *Erkenntnis*, und nicht in der Wirklichkeit handelt. Zunächst skizziere ich einige wichtige Typen dieser Dialektiken, die *M. Vadée* in sechs Typen klassifiziert: *„Erstens, die objektiven Dialektiken, jene des Wissenschaftsobjekts, z. B. von Materie und Strahlung, Wellen und Korpuskeln, Materie und Energie; zweitens, die Dialektiken von besonderen wissenschaftlichen Methoden, von Mathematisierung und Experimentieren, Analyse und Synthese, Teilung und Zusammensetzung, Beschreibung und Konstruktion (oder Anordnung), Begriffen und Instrumenten (oder Techniken), „Induktion" und Anwendung; drittens, die allgemein-epistemologischen Dialektiken, von Vernunft und Wirklichkeit, Rationalisierung und Realisierung, Approximation und Korrektur, von Alltags- und Wissenschaftserkenntnis, von Abstraktem und Konkretem, Einzelnem und Allgemeinem; viertens, die Dialektiken der wissenschaftstheoretischen Konzeptionen: Realismus und Rationalismus, Empirismus und Idealismus, Positivismus und Formalismus, Konventionalismus und Pragmatismus; fünftens, die objektiv-subjektiven Dialektiken: von Wissenschaft und Technik, dem einzelnen Wissenschaftler und der Republik der Wissenschaftler, von Natur und*

Kultur (RA, 32); sechstens, die rein subjektiven oder psychologischen Dialektiken: von Vernunft und Einbildungskraft, von paarweiseauftretenden Hindernissen." [368]

Zu dieser aufgestellten Klassifikation der Dialektik-Typen läßt sich bemerken, daß sich alle Typen von Dialektik, außer denen des Wissenschaftsobjekts, mit der *wissenschaftlichen Erkenntnis* beschäftigen. An diesem Punkt werde ich nicht unmittelbar nach den Gründen fragen, weswegen sich Bachelard nicht mit der Dialektik in der Wirklichkeit, sondern nur in der Erkenntnis beschäftigt. Auf der Ebene der Erkenntnis selbst betrachtet er den Erkenntnisakt bloß als isolierten Akt und zieht die Dialektik zwischen dem erkennenden Subjekt und dem zu erkennenden Wirklichen nicht in Betracht. Bei der Dialektik der Vernunft und dem Wirklichen betrachtet er das Wirkliche stets als Resultat rationalistischer und technischer Aktivität (als technisches Wirkliches), und nicht als objektives Gegebenes. Ich möchte lediglich zeigen, daß die Bachelardsche Dialektik eine Dialektik der Erkenntnis ist und seine Epistemologie, die bei der Dialektik der Vernunft und dem Wirklichen der rationalistischen Aktivität den Vorrang gibt, metaphysisch vorgeht. Verfällt Bachelard in die Metaphysik, die er von Anfang an zu überschreiten versucht? Diese Frage kann erst dann beantwortet werden, wenn die Natur von Bachelards eigner Konzeption der Dialektik bestimmt wird. Zu diesem Thema tragen die nächsten Abschnitte bei.

III.6.1. Schlußbetrachtungen

Die Frage nach der *„Dialektik im epistemologischen Werk G. Bachelards"* zu beantworten bedarf wesentlich einer Auseinandersetzung mit seinem epistemologischen Werk einerseits und mit dem Entwicklungsprozeß seines Denkens andererseits. Das Problem der Doppelung seines Werkes und seines Denkens charakterisiert seine philosophische Position durch eine solche Dualität, die überall bei ihm zu finden ist. Um nun bei dem Thema der Dialektik zu bleiben, weise ich darauf hin, daß diese Dualität auch bei Bachelards Auffassung von Dialektik deutlich zum Ausdruck kommt. Er unterscheidet zwischen *„Dialektiken der Vernunft"* bzw. *„Dialektiken des Nebebeinan-*

---
[368] Vadée, Michel: a. a. O., S. 118-119.

derstellens" und *„Dialektiken der Einbildungskraft"* bzw. *„Dialektiken des Überlagerns".* Man muß Bachelard zufolge, *„den Unterschied zwischen den Dialektiken der Vernunft, die die Gegensätze nebeneinanderstellen, um das ganze Feld des Möglichen zu erfassen, und den Dialektiken der Einbildungskraft, die das Wirkliche im ganzen erfassen will, erkennen."* [369]

Dieser doppelte Charakter der Auffassung von Dialektik macht die Aufgabe nicht leicht, eine Bachelard eigene Konzeption der Dialektik zu präzisieren. Dazu kommt eine weitere Schwierigkeit, nämlich: Bachelard spricht von *Dialektiken* und nicht von einer bestimmten Dialektik. Auch wenn man sich bei der Untersuchung nur auf die Dialektik von Vernunft und Erfahrung beschränkt, vermeidet man solche Schwierigkeiten nicht. Allein bei der Charakterisierung der Dialektik der Vernunft stellt er zahlreiche unterschiedliche Dialektik-Typen fest. *„Wollte man [wie Vadée sagt] alle Fälle verzeichnen, in denen das Wort vorkommt, so würde man nie fertig."* (M. Vadée, 1979, S. 118).

Dialektiken der Vernunft sind Dialektiken der *Komplementarität* und nicht des *Widerspruchs*, weil Bachelard eine Dialektik des Widerspruchs für die Vernunft und das Wirkliche nicht zuläßt. Hier liegt der Hauptunterschied zwischen der Bachelardschen und der *Hegelschen* oder *marxistischen* Auffassung von Dialektik, nämlich in der Bedeutung, die Bachelard den Widersprüchen zuschreibt. Er erkennt ihre entscheidende Rolle in der Dialektik überhaupt nicht an. In der Dialektik – der wissenschaftlichen Dialektik – ist nicht mehr die Rede von Widerspruchsdialektiken in *Hegelscher* Tradition, sondern von Dialektiken der *Komplementarität* im wissenschaftlichen Sinne. Hier liegt auch den Hauptcharakter seiner Dialektik, wodurch sie *„kaum in den Bereichen der Hegelschen Dialektik angewandt werden kann"*, nämlich darin, daß sie eine Dialektik der *wissenschaftlichen Erkenntnis* ist. Recht bemerkenswert ist, daß Bachelard nur von Komplementarität innerhalb der wissenschaftlichen Tätigkeit spricht. Er läßt keine Komplementarität als ein äußeres *Sich-Ergänzen* zu. Seine Dialektik schließt sich in der Sphäre der Erkenntnis ein, ohne die objektiven Faktoren der Erkenntnis

---

[369] G. Bachelard: TRR, S. 25. Dazu auch: *„Von den Dialektiken des Nebeneinanderstellens zu den*

wahrzunehmen. Das *Sich-Einschließen* in der Sphäre der wissenschaftlichen Erkenntnis entspricht im Grunde seiner Auffassung von Wissenschaft. Sie ist eine rationale Konstruktion, in der die Lehren der Mathematik bzw. der Vernunft Vorrang vor den Lehren der Wirklichkeit haben. Bachelard sagt in dieser Hinsicht folgendes: *„Nachdem die geistige Aktivität der modernen Wissenschaft in den ersten Anstrengungen des wissenschaftlichen Geistes eine Vernunft nach dem Bilde der Welt geschaffen hat, macht sie sich daran, eine Welt nach dem Bilde der Vernunft zu konstruieren."* [370]

In der Wissenschaft oder, mit anderen Worten, in der wissenschaftlichen Tätigkeit erblickt Bachelard das Wirken von dialektischen Beziehungen zwischen dem Menschen und der Natur oder zwischen dem wissenschaftlichen Denken und der *gesellschaftlichen Realität* nicht. Er sagt nachdrücklich: *„Quelles seront les conséquences humaines, les conséquences sociales d'une telle révolution épistémologique? C'est là encore un problème que nous n'avons pas à envisager."* [371]

Bachelard spricht also nur von einer Dialektik des wissenschaftlichen Denkens und der wissenschaftlichen Tätigkeit, aber nicht von einer Dialektik des wissenschaftlichen Denkens oder der wissenschaftlichen Tätigkeit und einer von ihnen unabhängigen äußeren Realität. Die wissenschaftliche Tätigkeit ist somit abgesondert von irgendeiner äußeren materiellen und von einer vom Menschen unabhängigen Wirklichkeit. Dies besagt deutlich, daß er die Existenz einer Dialektik in der Wirklichkeit und die Existenz einer dialektischen Beziehung des Denkens zu dieser Wirklichkeit im Erkenntnisprozeß nicht ins Auge faßt. Er betont die rationale Konstruktion der wissenschaftlichen Erkenntnis, aber er läßt ihre gesellschaftliche Konstruktion außer Betracht. Das bedeutet, daß die Rede über die Dialektik bei Bachelard nicht von einer Dialektik der *Natur* oder der *Geschichte* sein kann. Der Begriff der *Komplementarität*, den Bachelard aus der Untersuchung der Entwicklung des wissenschaftlichen Denkens übernimmt und als Grundlage der Dialektik verwendet, läßt seine Auffassung von Dialektik

---

Dialektiken des Überlagerns kehrt sich die Bewegung um." Ebenda.
[370] G. Bachelard: NES, S. 18-19.
[371] *(Welche menschlichen, welche gesellschaftlichen Konsequenzen wird die epistemologische Revolution (jene des neuen naturwissenschaftlichen Geistes) haben? Das ist abermals ein Problem, das wir nicht ins Auge zu fassen haben; RA, S. 104.)*

keineswegs in die Nähe der *Hegelschen* oder *marxistischen* Auffassung bringen.[372] Befragt man jedoch Bachelards Texte nach einer bestimmten Bedeutung seines Dialektik-Begriffs, so findet man keine Antwort. Wie ersichtlich ist, zieht er seine epistemologischen Begriffe nicht aus dem philosophischen, sondern aus dem wissenschaftlichen Denken. Sicherlich verwendet er philosophische Begriffe, die in der Geschichte der Philosophie berühmt sind, aber in einem Sinne, der Bachelard eigene ist. Er verwendet nämlich den Begriff der Vernunft, des Wirklichen, der Wahrheit, des Irrtums und unzählige andere philosophische Begriffe in neuer terminologischer Bedeutung. Dies gilt vor allem für den Begriff der Dialektik, den ich bei Bachelard zu präzisieren versuche. Er schreibt diesem Begriff keine feste Bedeutung in seinen Schriften (auch nicht in seinem Werk *„Dialektik de la durée"*) zu. Da er ihm keine präzise Definition gibt und ihm keinen gesonderten Teil seines epistemologischen Werkes widmet, mußte ich mich mit seinem gesamten epistemologischen Werk auseinandersetzen.

Ohne diesen Umweg über den Entwicklungsprozeß in Bachelards Denken selbst gelang es mir nicht, die Hauptmerkmale einer Bachelard eigenen Konzeption der Dialektik herauszuarbeiten. Es handelt sich bei ihm, wie ich mehrere Male betont habe, um eine Dialektik der Erkenntnis und noch präziser der wissenschaftlichen Erkenntnis, die er im Grunde aus der Analyse des heutigen Standes der Wissenschaft (Physik und Chemie) erworben hat. Obwohl alle Dialektik-Typen, von denen Bachelard spricht, vielfältig und unterschiedlich sind, lassen sie sich in den Rahmen einer allgemeinen Definition der Dialektik einfügen, nämlich in jenen der Dialektik der wissenschaftlichen Erkenntnis. Eine Definition dieser Art drückt Bachelard klar in seinem Werk *PN*

---

[372] Im folgenden Zitat charakterisiert *W. N. Kusnetzow* präzise die Konzeption der Dialektik Bachelards. Er schreibt nämlich: *„Seiner Ansicht nach ist die Koexistenz von Gegensätzen, die die Möglichkeit ihrer Überwindung und Lösung durch die Synthese ausschließt, allgemeine Regel in der Entwicklung des wissenschaftlichen Denkens. Die dialektische Synthese von Widersprüchen, die ein wesentliches Moment der Entwicklung darstellt, wird bei Bachelard durch ihre metaphysische Koexistenz ersetzt. Zwischen Gegensätzen, deren Beziehung auf ein gegenseitiges Sich-Ergänzen reduziert wird, gibt es keinen Kampf im wahren Sinne des Wortes. Hier gibt es auch keine echte Negation, da ein 'Nein', das eine neue Theorie einer alten zuruft, nur bedeutet, daß gleichzeitig mit ihr etwas ihr Gegensätzliches zu existieren beginnt, was jedoch nicht zu ihrer Vernichtung gehört."* W. N. Kusnetzow: (Die französische bürgerliche Philosophie des 20. Jahrhunderts), Moskau 1970, S. 167, zitiert aus: Milan Zigo: Zum Dialektikbegriff in der Philosophie G. Bachelards, in: Philosophica, Bratislava 1971-1972, S. 495.

(S. 123) aus, in dem *„der Begriff der Dialektik"* – wie G. Canguilhem feststellt – *„nicht als eine Kategorie, sondern als eine Norm von Bachelards epistemologischem Denken"* erscheint.[373] Bachelard sagt nämlich: *„Wir glauben unsererseits, daß die Dialektik in Zukunft ein unentbehrliches geistiges Training darstellt."* Eine Bachelard eigene Auffassung von Dialektik ist meines Erachtens ein Hauptproblem und ein Schlüsselbegriff seines Denkens zugleich, trotzdem widmen ihm Bachelards Schüler und Kommentatoren wenig Interesse in ihren Untersuchungen über sein epistemologisches Werk. Außer einer kleinen Untersuchung von *G. Canguilhem* in den sechziger Jahren, von *M. Vadée* in seiner Studie über die Epistemologie Bachelards und von *Milan Zigo* findet man, zumindest meines Wissens nach, kaum einen Beitrag zum Thema der Dialektik Bachelards. *Canguilhem* geht von der Analyse des vielfältigen Gebrauchs des Begriffs der Dialektik in den Schriften Bachelards aus und stellt eine Bedeutung der Dialektik heraus, die Bachelards eigene ist. Es ist daher von größter Wichtigkeit, die Definition von *Canguilhem* zu erwähnen, auf die sich die beiden letzten genannten Autoren in ihrer Bestimmung von Bachelards Dialektik beziehen. Canguilhem definiert den Begriff der Dialektik bei Bachelard folgendermaßen: *„Ce que Bachelard nomme dialectique c'est le mouvement inductif qui réorganise le savoir en élargissant ses bases, où la négation des concepts et des axiomes n'est q'un aspect de leur généralisation. Cette réctification des concepts, Bachelard la nomme d'ailleurs enveloppement ou inclusion aussi volontiers que dépassement."*[374]

Reorganisation des Wissens, Geschmeidigkeit des wissenschaftlichen Geistes bzw. Öffnung des wissenschaftlichen Denkens und Negation bzw. Rektifikation der Konzepte sind Charakterzüge der Bachelard eigenen Auffassung von Dialektik. Diese und andere Charakterzüge habe ich besonders im Laufe meiner Betrachtung über seinen

---

[373] G. Canguilhem charakterisiert den Begriff der Dialektik - bei Bachelard - als eine *„Norm von Bachelards epistemologischem Denken"* und zitiert folgende Passage aus der *PN (S. 153)*: *„Man sollte also immer vor einem Begriff auf der Hut sein, der noch nicht dialektisiert werden konnte. Was seine Dialektisierung verhindert, ist seine inhaltsmäßige Überladung."*

[374] *(Was Bachelard Dialektik nennt, ist die Bewegung, die das Wissen reorganisiert, indem sie seine Basis erweitert, wobei die Negation der Begriffe und Axiome bloß ein Aspekt ihrer Verallgemeinerung ist. Diese Vervollkommnung der Begriffe wird von Bachelard ebenso als Einkleidung oder Inklusion wie als Überschreitung bezeichnet; G. Canguilhem: Études., S. 196.)*

Rationalismus ausführlich dargestellt. Der entscheidende Charakter des Dialektikbegriffs Bachelards besteht in der Bedeutung, die er der Negation zuschreibt. Dialektik durch Negation bedeutet Einwickelung dessen, was negiert wurde. Überschreitung bedeutet somit keinen Bruch zwischen dem Neuen und dem Alten, sondern nur Ergänzung des einen durch das andere. *Canguilhem* ergänzt diese Definition durch eine andere Definition, die den spezifischen Charakter von Bachelards Dialektik noch präziser darstellt. Er sagt: *„La dialectique selon Bachelard désigne une conscience de complémentarité et de coordination des concepts dont la contradiction logique n'est pas le moteur."* [375]

Diese Definition der Dialektik läßt sich eindeutig aus dem Zitat aus dem *NES (S. 61)* ableiten: *„So sieht man, daß keine Entwicklung der alten Lehren zu den neuen, sondern vielmehr eine Einwicklung der alten Gedanken durch die neuen stattfindet. Die geistigen Generationen schreiten durch aufeinanderfolgende Umhüllungen fort. Zwischen dem nichtnewtonschen und dem newtonschen Denken besteht auch kein Widerspruch; ihr Verhältnis ist vielmehr durch eine Kontraktion gekennzeichnet."*
Die Kommentatoren der Dialektik und der Epistemologie Bachelards schlechthin beziehen sich übereinstimmend auf diese Definition von *Canguilhem*. Sie sind aber hinsichtlich der Natur seiner Dialektik unterschiedlicher Meinung oder haben sogar unterschiedliche ideologische Einstellungen hinsichtlich seines philosophischen Denkens.

Der Begriff der Dialektik bei Bachelard ist meines Erachtens ein Hauptproblem und ein Schlüsselbegriff seiner Epistemologie. *Vadée* hat seinerseits auf dieses Problem hingewiesen. Er sagt: *„Es ist also zu befürchten, daß jeder hinter dem Begriff der Dialektik bei Bachelard das erblickt, was ihm gefällt."* (M. Vadée, 1979, S. 121).
Vadée selbst, der in seinem Werk über Bachelard seine Furcht vor einer subjektiven bzw. ideologischen Interpretation des Begriffs der Dialektik ausdrückt, erblickt hinter diesem Begriff, *„was ihm gefällt"*, nämlich die metaphysischen Tendenzen von Ba-

---

[375] *(Nach Bachelard bedeutet die Dialektik ein Bewußtsein der Komplementarität und Koordinierung der Begriffe, bei dem der logische Widerspruch nicht die Triebkraft ist; Ebenda.)*

chelards Epistemologie. Er sagt: *„Diese Dialektik scheint zu einer neuen idealistischen Dialektik a priori zu werden." (Vadée 1979, S. 132).*

Dadurch, daß *Vadée* die Epistemologie Bachelards als *„neuen epistemologischen Idealismus"* festzulegen versuchte, traf seine Kritik direkt den Kern der *„materialistischen Lektüre Bachelards"*, die *Lecourt* in einem seinen Werken über Bachelard unternimmt.[376] Lecourt hat sich nicht bemüht, dem Begriff der Dialektik Bachelards eine ausführliche Untersuchung zu widmen. Er hat sich seinerseits mit ihm nur am Rande beschäftigt, indem er eine Definition der Dialektik Bachelards vorschlägt, die im Grunde die Definition von *Canguilhem* selbst ist. Er sagt ausdrücklich: *„Bref, il se produira une réorganisation du savoir: c'est cette réorganisation que Bachelard appelle dialectique."* [377]

Eine ähnliche aber umfangreiche Definition kündigt er in einem anderen Werk an, in dem er Bachelards Dialektik als eine *„spontane Dialektik der Wissenschaftspraxis"* bezeichnet.[378]

Da sich Bachelard nie bemüht hat, seine philosophische Terminologie präzise zu definieren und seine Gedanken deutlich auszudrücken, bleiben der Begriff der Dialektik und zahlreiche andere Begriffe *(Bruch, Negation, Komplementarität)* immer noch Thema der Diskussion zwischen Bachelards Schülern und Anhängern, insbesondere unter den *Marxisten*. Das Interesse an Bachelards Denken nahm erst nach seinem Tode in den sechziger Jahren zu. Dies hat natürlich einen Grund, nämlich: Bachelards Philosophie, welche die definitive Grenze zwischen wissenschaftlichem und philosophischem Denken einerseits und zwischen wissenschaftlicher und gewöhnlicher Erkenntnis anderseits etabliert, blieb für Bachelards Zeitgenossen ein unantastbares philoso-

---

[376] *„Wir meinen, daß eine materialistische Lektüre Bachelards den Vorteil hat, daß dadurch erst die Bachelardsche Epistemologie ihre ganze aktuelle Bedeutung erhält."* D. Lecourt: Kritik der Wissenschaftstheorie, 1975, S. 19.

[377] *(Kurzum, es wird eine Reorganisation des Wissens erfolgen: Diese Reorganisation ist das, was Bachelard Dialektik nennt; Ders., L'épistémologie historique de Gaston Bachelard, 2 ème éd. 1970, S. 65.)*

[378] *„Diese Dialektik ist eine „spontane" Dialektik der Wissenschaftspraxis: Sie behauptet im Gegensatz zum philosophischen Skeptizismus die Existenz der Gegenstände der Wissenschaft und geht durch Umstrukturierung des Wissens von der „Spitze zur Basis" vor."* Ders., Kritik der Wissenschaftstheorie, S. 26.

phisches Werk. Aufgrund seiner wissenschaftlichen Bildung gelang es Bachelard übrigens im Vergleich zu seinen Zeitgenossen *(Bergson, Meyerson)* die Wirkung der wissenschaftlichen Revolution zu überleben und ihre epistemologischen Werte ins Philosophische zu übersetzen. Er erlebte den Zusammenbruch der dogmatischen und geschlossenen philosophischen Systeme und gründete auf ihre Ruine seine Wissenschaftsphilosophie, nämlich seine „*Philosophie des Nein*". Diese Philosophie sagt zu allen Philosophien nein, gegen die sie ständig polemisiert. Das „*Nein*" dieser Philosophie soll zum Ausdruck bringen, daß keine philosophischen Systeme auf Gebieten verwendet werden dürfen, „*die weit entfernt von ihrem geistigen Ursprung sind (...), daß ein philosophisches System zu keinen anderen Zielsetzungen verwendet werden darf als zu denen, die es sich selbst setzt*" und daß der Philosoph „*Probleme der Wissenschaft [nicht] durch metaphysische Überlegungen zu erhellen*" versuchen darf *(PN, Vorwort, S. 17)*.

Bachelard zielt anhand dieser Bedingungen darauf, die unbedingte Freiheit der philosophischen Vernunft zu beschränken und das wissenschaftliche Denken vom philosophischen Denken zu unterscheiden. Diese Bedingungen gelten in erster Linie auch für die Analyse des Begriffs der Dialektik Bachelards. Aufgrund seines beruflichen Lebens als Professor an der Sorbonne gelang es ihm, nach dem Tode *Sartres* über das geistige Leben in Frankreich zu herrschen.[379] Im *englischen* Sprachraum diskutierte man aber nur über das Denken *Poppers* und *Kuhns*. Erst nach dem Tode Bachelards ist sein Denken weltweit Thema und Gegenstand von Auseinandersetzungen geworden. Im *deutschen* Sprachraum, insbesondere „*in Deutschland ist dieser Philosoph noch kaum bekannt.*"[380] Im *russischen* Sprachraum gibt es, zumindest meines Wissens, zahlreiche interessanten Studien über Bachelards Denken. Um beim Thema seiner Dialektik zu bleiben, erlaube ich mir noch ein Zitat, das zugleich auf wichtige Züge in

---

[379] Vgl. W. Seitter: Wissenschaftstheorie und Philosophie in Frankreich, in: Conceptus 5 (1971), (S. 79-93), S. 88: „*In Frankreich ist er (sc. G. Bachelard) – da Sartre aus dem theoretischen Leben ausgeschieden ist – heute der einflußreichste Philosoph seiner Generation. Dies vor allem aufgrund des Wirkens zweier seiner Schüler: des Wissenschaftshistorikers Georges Canguilhem, dessen Arbeitsfeld die Geschichte der Biologie und der Medizin ist, und des Philosophen Louis Althusser, der versucht, die Bachelardschen Kategorien auf die Sozialwissenschaften zu übertragen.*"
[380] Kopper, Joachim: a. a. O., S. 167.

Bachelards Dialektik verweist und uns eine umfangreiche aber präzise Definition liefert: *„Die Dialektik des wissenschaftlichen Denkens besteht laut Bachelard erstens in seiner stetigen Umwandlung, Veränderung, zweitens in der Negation jeder einmal festgestellten Wahrheit durch die weitere Entwicklung, die ihr `nein' sagt ...; drittens, und das ist sehr wesentlich, darin, daß dem wissenschaftlichen Denken innere Gegensätze innewohnen, was sich darin widerspiegelt, daß es gleichzeitig diametral entgegengesetzte Theorien und Explikationen gibt."* [381]

„Dialektik im epistemologischen Werk Bachelards" zu behandeln heißt im Klartext, sich mit diesem Werk im Licht des zeitgenössischen wissenschaftlichen Denkens auseinanderzusetzen. Es genügt also nicht, nur ein paar Stellen aufzugreifen oder sogar ein Buch zu lesen, um einen spezifischen Sinn des Begriffs der Dialektik bei Bachelard herauszuarbeiten, weil es sich nicht nur um eine Dialektik, sondern um *mannigfaltige* Dialektiken handelt. Es handelt sich dennoch, wie schon erwähnt, nur um einen bestimmten Dialektik-Typ, jenen der wissenschaftlichen Erkenntnis. Andere Dialektik-Typen der Natur oder der Geschichte kann man bei Bachelard nur durch ein Mißverständnis oder durch ideologische Lektüre feststellen. Um nicht in den Bereich einer solchen Lektüre zu verfallen, die hinter dem Dialektikbegriff nach dem sucht, was ihre philosophischen und ideologischen Zielsetzungen rechtfertigt, habe ich mich an der Untersuchung *Canguilhems* orientiert, der objektiv Stellung zu Bachelards Denken nimmt. Solange es sich bei Bachelard wesentlich um eine Dialektik der wissenschaftlichen Erkenntnis handelt, muß diese Dialektik also als wissenschaftliches Problem betrachtet und in *„ihrem geistigen Ursprung"* verstanden werden. Bachelard, der den wissenschaftlichen Geist tief begriffen hat, hat natürlich auch darauf bestanden, daß wissenschaftliche Erkenntnis stets reorganisiert werden soll. Reorganisation des Wissens heißt Bachelard zufolge, daß Begriffe, Prinzipien und Theorien ständig rektifiziert (berichtigt) und negiert bzw. dialektisiert werden sollen.

---

[381] W. N. Kusnetzow, a. a. O., S. 166, zitiert von Milan Zigo, in: a. a. O., S. 502.

Bachelard interessiert sich eher für die Bedeutung eines Begriffs als für seine Funktion. Er sagt dazu: *„In dem Augenblick, da ein Konzept einen Bedeutungswandel erfährt, hat es die meiste Bedeutung, und genau in diesem Augenblick ist es im wahrsten Sinne des Wortes ein Konzeptualisierungsereignis."* (NES, S. 56) In seinen Werken *(VIR, FES)* hat Bachelard versucht, den „*Reifungsprozeß*" wissenschaftlicher Begriffe am Beispiel des *Massebegriffs* zu zeigen. Er kommt zu folgendem philosophischen Ergebnis dieses Versuches in *PN (S. 31)* aus: *„Natürlich sind nicht alle wissenschaftlichen Begriffe zum gleichen Reifestadium gelangt."*

Sein Begriff der Dialektik scheint noch dem Idealismus verhaftet zu bleiben. Dieser Vorwurf interessiert mich momentan nicht. Zum Reifestadium gelangen heißt aber nicht, daß reife wissenschaftliche Begriffe ihre Bedeutung und Funktion ein für allemal bewahren dürfen. Sie sollen auch rektifiziert und negiert werden können. Bachelard geht es in erster Linie darum, *„die aktive Konzeptualisierung zu zeigen, die gleichzeitig mit dem Wandel der Bestimmung eines Begriffs erfolgt."* (PN, S. 34).

Das Bewußtsein von der Konzeptualisierung im neuen wissenschaftlichen Denken ist meines Erachtens die entscheidende Notwendigkeit, aus der heraus sich Bachelard nicht bemüht hat, seine Begriffe zu bestimmen. Da er seine philosophischen Begriffe nicht präzise definiert hat, wurde seine Philosophie von seinen Kommentatoren zerstückelt. Jeder Kommentator nimmt von ihr nur was „*ihm gefällt*" oder was er zur Rechtfertigung seiner philosophischen Einstellung braucht. Bachelard hat im ersten Satz der *PN* vor solch unbedingter „*Deportation*" von philosophischen Systemen aufmerksam gemacht.

Jeder Beitrag zu einem *Definitionsversuch* von Bachelards Dialektik gibt meiner Ansicht die Meinung des Autors wieder und stellt nicht die Meinung von Bachelard dar. „*Dialektik im epistemologischen Werk Bachelards*" bestimmen heißt die Natur seiner Epistemologie selbst bestimmen. Bei der Charakterisierung seiner Epistemologie macht er sich auch die Aufgabe einer möglichen *Definition* nicht leicht. Fast in jedem Buch schreibt ihr einen neuen Charakter zu, der als Titel dieses oder jenes Werkes gilt. *(PN, RA, MR)*.

Bachelard lehnt jedes philosophisches geschlossenes System ab, das seine Prinzipien als unantastbare Dingen betrachtet, und bemüht sich, eine offene philosophische Position zu begründen, die sich stets gegenüber den neuen Erfahrungen öffnet und ihre Begriffe und Prinzipien ständig überprüft. Die Charakterisierung seiner philosophischen Position als offenen und „angewandten Rationalismus" führt ihn ohne Zweifel zur Einführung des Begriffs der Dialektik in seinem epistemologischen Werk. Dieser Begriff bezeichnet nur den progressiven Prozeß des Denkens in seiner *Annäherung* an die objektive Erkenntnis und drückt den *approximatischen* Charakter der wissenschaftlichen Erkenntnis aus. Er spricht von objektiver wissenschaftlicher Erkenntnis, bei der die Vernunft aber ihren Gegenstand selbst konstituiert, ohne materiale und gesellschaftliche Faktoren zu berücksichtigen. Hier liegt der Kern der Irrtümer, die Bachelards Kommentatoren, insbesondere die *Marxisten*, aufgreifen, um seine Philosophie als Metaphysik zu bezeichnen. Ihre Kritik trifft vor allem seine Auffassung von Wissenschaft, sie ist dennoch nicht restlos richtig.

Bachelard schließt sich in der Sphäre der wissenschaftlichen Erkenntnis ein und faßt seine Dialektik bloß als *Komplementarität* innerhalb der wissenschaftlichen Aktivität auf, ohne irgendeine Komplementarität zwischen dieser Tätigkeit und äußerlichen Faktoren zuzulassen. Dieser Mangel ist Bachelard bewußt, solange er sich nur für wissenschaftliche Probleme interessiert, ohne ihren Zusammenhang mit den moralischen und gesellschaftlichen Problemen zu berücksichtigen.

Diese sowie auch andere mögliche Mängel im epistemologischen Werk Bachelards, auf die alle Kommentatoren, die sich mit diesem Werk beschäftigen, übereinstimmend hinweisen, haben natürlich eine philosophisch schwerwiegende Ursache, nämlich: die Dunkelheit von Bachelards Auffassung vom Rationalismus und von der Vielfalt der damit zusammenhängenden Formulierungen. Es ist schwerlich zu übersehen, daß ein wesentlicher Charakter des Rationalismus, der kaum bei den Philosophen bekannt ist und dem Bachelard große Bedeutung beimißt, kaum von den Kommentatoren oder Forschern erwähnt wird. Es handelt sich um die *Aktualität* des Rationalismus. Diesen Charakter hat er kurz in seinem berühmten Aufsatz „De la nature du rationalisme" skizziert. Er beschreibt ihn folgendermaßen: „*Il faut que le rationaliste soit de son temps (...) Mais alors, pour être de la science de son temps, il faut s'occuper des rapports sociaux de la science.*"[382]

Reine Wissenschaft ist also Bachelard zufolge nicht einfach zu praktizieren. Der Rationalist muß die *soziale Wirklichkeit* des Denkens, in der er lebt und die „*sozialen Beziehungen der Wissenschaft*" kennen. Diese soziale Wirklichkeit und diese sozialen Beziehungen sind jene der gegenwärtigen Gesellschaft, in der Bachelard denkt, der Pariser Gesellschaft, und noch enger der Gesellschaft der Pariser Wissenschaft.[383] Wie es scheint, hat Bachelard das vergessen, was er vor Zehen Jahren darüber in der *PN (S. 129)* ausgesagt hat: „*Die Welt, in der man denkt, ist nicht die Welt, in der man lebt.*" In seinem Werk *ARPC* hat er versucht, diesen Gedanken des gesellschaftlichen Charakters des Rationalismus zu entwickeln, indem er ihn mit den anderen Charakterzügen des Rationalismus im wissenschaftlichen Handeln eng verknüpft hat. Die Aufgabe des Rationalisten bzw. des Wissenschaftsphilosophen besteht dieses Mal nicht darin, soziale Beziehungen und „*moralische*" Werte, sondern nur erkenntnistheoretische „*Werte*" der Naturwissenschaft aufzuzeigen.[384] Es kann dennoch nicht im geringsten bezweifelt werden, daß er „*die Relevanz des intersubjektiven, des historischen und sozialens*" des wissenschaftlichen Handelns begriffen und festgestellt hat. Bachelard sagt an einer Stelle, die ich bereits zum Teil zitiert habe: „*Wenn man ein einziges dieser drei Merkmale der modernen scientifischen Kultur [rationale Objektivität, technische Objektivität, soziale Objektivität] vergißt, betritt man das Reich der Utopie. Eine Philosophie der Naturwissenschaften, die nicht utopisch sein will, muß versuchen, eine Synthese dieser drei Charakteristika zu formulieren.*" (ARPC, S. 10).

---

[382] *(Der Rationalist muß von seiner Zeit sein (...) Um ja dann von der Wissenschaft seiner Zeit zu sein, muß man sich mit den sozialen Beziehungen der Wissenschaft beschäftigen; ER, S. 54.)* Dazu auch S. 59.

[383] „*Je ne connais que les sociétés dans lesquelles je pense. Et la société actuelle, la société parisienne, disons la société de la science parisienne, a naturellement des rapports avec la science mondiale.*" Ebenda., S. 54.

[384] Ders., ARPC, S. 10. (Sehe Zitat 81)

Hiermit ist Bachelard an die Schwelle des wirklichen Problems der Epistemologie gelangt, nämlich an das Problem des Verhältnisses wissenschaftlichen Handelns zum historischen und gesellschaftlichen Handeln. Er hat dennoch diese drei Handlungen in der wissenschaftlichen Tätigkeit nicht zugleich praktiziert. Er hat eigentlich das gesellschaftliche Handeln in den Entwicklungsprozeß der wissenschaftlichen Erkenntnis nicht einbezogen. Hier legt der Irrtum seiner Auffassung von Wissenschaft, auf deren Basis er seine Konzeption der Wissenschaftsgeschichte begründet hat. Dieser Irrtum hat eine Ursache: Bachelards philosophischer Standpunkt ist Opfer seiner Auffassung vom Rationalismus. Für Bachelard handelt es sich – bei der Zerstörung der traditionellen philosophischen Lehre – in erster Linie nicht nur darum, sie an bestimmten Stellen zu rechtfertigen, sondern eine neue Wissenschaftsphilosophie zu gründen, die „die Wissenschaft verdient" und die ihr noch „fehlt". Diese neue Philosophie, die der Wissenschaft adäquat sein soll, bleibt bei ihm bloß ein Versprechen oder, genauer gesagt, ein *Projekt*, das nicht in Erfüllung gegangen ist. Da er meines Erachtens dabei versagt hat, seinen philosophischen Traum zu verwirklichen, hat er bloß versucht, eine *versöhnende* philosophische Position zwischen den traditionell entgegensätzlichen Philosophien zu gründen und sie als neue Philosophie darzustellen. Diese ist *Lecourt* zufolge nicht anwesend in den Schriften Bachelards *(Lecourt, 1969, S. 31)*. Der große Teil der Dunkelheit des epistemologischen Werk Bachelards resultiert daraus, daß er anders als seine Zeitgenossen auf die Dialektik der wissenschaftlichen Erkenntnis bestand, ohne das Verhältnis dieser Dialektik zur Dialektik der Wirklichkeit ins Auge zu fassen.

Bachelard verließ die metaphysische Position in der Philosophie, er wußte aber kaum etwas über seine neue Position.

Literaturverzeichnis

Werke Gaston Bachelards (mit ihren Titelabkürzungen) *

• Bücher

1928　ECA　Essai sur la connaissance approchée.
1928　EEPP　Etude sur l'évolution d'un problème de physique:
　　　　　　la propagation thermique dans les solides.
1929　VIR　La Valeur inductive de la Relativité.
1932　PCCM　Le Pluralisme cohérent de la chimie moderne.
1934　NES　Le Nouvel Esprit scientifique.
1935　I I　L'Intuition de L'instant. Etude sur la Silole de Gaston Roupnel.
1935　IA　Les Intuitions atomestiques.
1936　DD　La Dialectique de la durée.
1937　EEP　L'Experience de l'Espace dans la physique contemporaine.
1938　FES　La Formation de l'esprit scientifique.
1938　PF　La Psychanalyse du feu.
1940　PN　La Philosophie du non.
1940　L　Lautréamont.
1942　EER　L'Eau et les rêves: essai sur l'imagination de la matière.
1943　AS　L'Air et les songes: essai sur l'imagination du mouvement.
1948　TRV　La Terre et les rêveries de la volonté: essai sur l'imagination
　　　　　　des forces.
1948　TRR　La Terre et les rêveries du repos: essai sur les images de l'intimité.
1949　RA　Le Rationalisme appliqué.
1951　ARPC　L'Activité rationaliste de la physique contemporaine.
1953　MR　Le Matérialisme rationnel.
1957　PE　La Poétique de l'espace.
1961　PR　La Poétique de la rêverie.
1961　FC　La Flamme d'une chandelle.

• Aufsätze

1970　É　Études.
1970　DR　Le Droit de rêver.
1971　EP　Epistémologie
1972　ER　L'Engagement rationaliste.

---

* *Es sind die im Literaturverzeichnis angegebenen Ausgaben verwendet worden.*

Zur Zitierweise

Die im Text verwendeten Zitate wurden folgendermaßen angeführt:
In den Fällen, in denen deutsche Übersetzungen vorhanden sind, wurden nur deutsche Zitate aus den deutschsprachigen Ausgaben, ohne die Hinzufügung der Originalstellen, angeführt.
In den Fällen, in denen keine deutsche Übersetzungen vorhanden sind – und dies ist meistens der Fall –, wurden die französischen Zitate angeführt und von mir übersetzt.
Die von mir übersetzten Zitate wurden meistens den französischen Zitaten im Text oder im Fußnotenbereich nachgestellt.
Meine Übersetzung zielt nur darauf, den Inhalt der Originalstelle wiederzugeben. In den Fällen, in denen die Übersetzung der französischen Ausgaben nicht nötig ist oder zur Mißverständnis des Inhaltes der Originalstellen führt, wurde die Interpretation bevorzugt und auf die Übersetzung verzichtet.

1. Chronologische Tafel der Werke G. Bachelards*

1.1. Bücher

1928 Essai sur la connaissance approchée, Paris, J. Vrin, 3. Aufl. 1969.
Etude sur l'évolution d'un problème de physique: la propagation thermique dans les solides, J. Vrin, 2. Aufl. 1973.
1929 La Valeur inductive de la Relativité, Paris, J. Vrin.
1932 Le Pluralisme cohérent de la chimie moderne, 2. Aufl. 1973.
1934 Le Nouvel Esprit scientifique, Paris, P. U. F., 5. Aufl. 1949.
Deutsch: Der neue wissenschaftliche Geist (übers. von Michael Bischoff), Frankfurt/Main 1988.
1935 L'Intuition de L'instant. Etude sur la Silole de Gaston Roupnel.
1935 Les Intuitions atomestiques.
1936 La Dialectique de la durée.
1937 L'Experience de l'Espace dans la physique contemporaine.
1938 La Formation de l'esprit scientifique. Contrubution à une psyhanalyse de la connaissance objective, Paris, J. Vrin, 15. Aufl. 1993.
Deutsch: Die Bildung des wissenschaftlichen Geistes. Beitrag zu einer Psychoanalyse der objektiven Erkenntnis (übers. von Michael Bischoff), Frankfurt/Main 1987.
1938 La Psychanalyse du feu.
Deutsch: Psychoanalyse des Feuers (übers. von Hans Naumann), Stuttgart 1959.
1940 La Philosophie du non, Paris, P. U. F., 9. Aufl. 1983.
Deutsch: Die Philosophie des Nein. Versuch einer Philosophie des neuen wissenschaftlichen Geistes (übers. von Gerhard Schmidt und Manfred Tietz), Wiesbaden 1978 / Frankfurt/Main 1980.
1940 Lautréamont.
1942 L'Eau et les rêves: essai sur l'imagination de la matière.
1943 L'Air et les songes: essai sur l'imagination du mouvement.
1948 La Terre et les rêveries de la volonté: essai sur l'imagination des forces.
1948 La Terre et les rêveries du repos: essai sur les images de l'intimité.
1949 Le Rationalisme appliqué, Paris, P. U. F., 2. Aufl. 1994.
1951 L'Activité rationaliste de la physique contemporaine, Paris, P. U. F.
1953 Le Matérialisme rationnel, Paris, P. U. F.
1957 La Poétique de l'espace.
Deutsch: Poetik des Raumes (übers. von Kurt Leonard), München 1960.
1961 La Poétique de la rêverie.
1962 La Flamme d'une chandelle.
Deutsch : Die Flamme einer Kerze, München 1988.

---

*Für eine umfangreiche und ausführliche Bachelard-Bibliographie eignet sich das Werk von Hyondok Choe: Gaston Bachelard: Epistemologie, Frankfurt/Main 1994.

1970 Études. Recueil posthume, présentation de Georges Canguilhem, Paris.
1970 Le Droit de rêver, Paris, P. U. F., 7. Aufl. 1993.
1971 Epistémologie, Textes choisis par D. Lecourt, Paris, P. U. F., 6. Aufl. 1995.
1972 L'Engagement rationaliste, Recueil posthume, préface de G. Canguilhem, Paris, P. U. F.
1988 Fragments d'une poétique du feu, Établissement du Texte, avant-propos et notes par Suzanne Bachelard, Paris, P. U. F.

1. 2. Aufsätze*

1931   La richesse d'inférence de la physique mathématique, in: Études, S. 109-119.
1931   Lumière et substance, in: Études, S. 45-75.
1931/32 Noumène et microphysique, in: Études, S. 11-24.
1933   Physique et mathématique, in: Septimana Spinosana, Den Haag, S. 74-84.
1933/34 Le monde comme caprice et miniature, in: Etudes, S. 25-43.
1934   Critique préliminaire du concept de frontière épistémologique, in: Études, S, 77-88.
1934   Valeur morale de la culture scientifique, Actes du Congrès internatioal d'éducation moral, Cracovie.
1934   Lumiere et substance, in: Revue de Métaphysique et Morale 41, Paris, S. 343-366.
1934   Pensée et langage, in: Revue de synthèse, Nr. 8 (1934), S. 237-249.
1934/35 Idéalisme discursif, in: Études, S. 87-97.
1936   Le surrationalisme, in: L'Engagement rationaliste, a. a., S. 7-12.
1936   La Psychologie de la raison, in: L'Engagement rationaliste, S. 27-34.
1936/37 Logique et épistémologie, in: Recherches philosophiques, Nr. 6 (1936-37), S. 410-413.
1937   La continuité et la multiplicité temporelle, in: Bulletin de la Société Française de Philosophie Nr. 37 (1937), S. 53-81.
        Un livre d'un nommé R. Descartes, in: L'Engagement rationaliste, S.15-26.
1938   La psychanalise du feu I., in: Nouvelle Revue française 26, Paris, S. 225-248.
1939   Le bestiaire de Lautréamont, in: Nouvelle Revue française, Nr. 53 (1939), S. 711-734.
1939   Lautréamont mathématicien, in: L'Usage de la parole, Nr. 1 (1939).
1939   Univers et réalité, in: L'Engagement rationaliste, S. 103-108.
1939   La Psychanalyse de la connaissance objective, in: Gaston Bachelard et al., Etudes philosophiques, Gand, Ecole des hautes études, 1939, S. 3-13.
1939   Instant poétique et instant métaphysique, in: Le Droit de rêver, S. 224-232.
1940   La pensée axiomatique, in: Etudes philosophique, 1940, S. 21-22.
1942   La déclamation muette, Jean Annotiau, Exercice du Silence, Bruxelles.
1942   Une psychologie du langage littérere: Jean Paulhan, (1942), in: Le Droit de rêver, S. 176-185.
1943   L'imagination aérienne, in: Poésie 43, Nr. 115 (1943), S. 5-12.
        L'image littéraire, in: Domaine français (Messages 1943), Genève, Édition des trois Collines, S. 254-256.
1943   Le ciel bleu et l'imagination aérienne, in: Confluences, 3, Nr. 25 (1934), S. 417-460.
1944   La philosophie de la mecanique ondulatoire, Discours prononcé à la Sorbonne le 11 Mars 1944, Neuchâtel (Suis), Édition des trois Collines.

---

* Wichtige Aufsätze Bachelards sind in vier Werken zusammengestellt und wieder abgedruckt, nämlich in: Études (1970), Le Droit de rêver (1970), Épistemologie (1971) und L'Engagement rationaliste (1972).

1944   Introduction, zu: Edgar Allan Poe, Aventures d'Arthur Gordon Pym, Paris, in: Le Droit de rêver, S. 134-149.
1944   La dialectique dynamique de la rêverie mallarméenne, in: Le Droit de rêver, S. 157-162.
1945   La sélection des cadres supérieurs, in: Les textes d'études de Cégos, 18e Cycle d'études (16-19 nov. 1945), fasc. 3, S. 3-4, Cégos, Neuilly-sur-Seine.
1945   La philosophie scientifique de Léon Brunschvicg, in: L'Engagement rationaliste, S. 169-177.
1946   Une rêverie de la matière, in: Le Droit de rêver, S. 60-62.
1946   La divination et le regard dans l'oeuvre de Marcoussis, in: Le Droit de rêver, S. 63-66.
1946   Lautréamont, poète des muscles et du cri, in: Cahiers du sud, Nr. 275 (1946), S. 31-38.
1946   Le vin et la vigne des Alchimistes, in: Formes et Couleurs Nr.1, Lausanne.
1947   Le complexe d'Atlas, in: Formes et Couleurs, Nr. 2, Lausanne.
1947   La maison natale et la maison onirique, in: Lettres, Nr. 23 (1947), S. 5-17.
1947   La philosophie dialoguée, in: Dialectica, Nr. 1 (1947), S. 11-20.
1949   Matière et main, in: Le Droit de rêver, S. 67-69.
1949   La dialectique philosophique des notions de la relativité, in: L'Engagement rationaliste, S. 120-136.
1950   De la nature du rationalisme, in: L'Engagement rationaliste, S. 45-88.
1950   L'oevre de Jean Cavaillès, in: L'Engagement rationaliste,178-190.
1950   Introduction à la dynamique du paysage. Etudes pour quinze burins d'Albert Flocon, in: Le Droit de rêver, S. 70-93.
1951   Le problème philosophique des méthodes scientifiques (1951), in: L'Engagement rationaliste, S. 35-44.
1951   Rêverie et radio, in: La Nef 8, Paris, Février-Mars 1951, S. 15-20.
1951   Les tâches de la philosophie des sciences, in: Information philosophique, I, Nr. 1(1951), S. 1-9.
1951   L'actualité de l'histoire des sciences, in: L'Engagement rationaliste, S. 137-152.
1952   L'espace onirique, in: Le Droit de rêver, S. 195-200.
1952   Fragment d'un journal de l'homme, in: Le Droit de rêver, S. 233-245.
1952   La vocation scientifique et l'âme humaine, conférence du 3 Septembre 1952 aux Rencontres internationales de Genève, Neuchâtel/Bruxelles, S. 1-29.
1952   Henri de Waroquier sculpteur: l'homme et son destin, in Le Droit de rêver, S. 47-53.
1952   Les nymphéas ou les surprises d'une nuit d'été, in: Le Droit de rêver, S. 9-13.
1952   Les origines de la lumière, in: Le Droit de rêver, S. 32-37.
1953   Intervention à propos de la conférence de J. Fourastié, in: Revue de Synthèse 74, Paris, S. 69-74.
1953   Germe et raison dans la poésie de Paul Eluard, in: Le Droit de rêver, S.169-175.
1954   Le peintre sollicité par les éléments, in: Le Droit de rêver, S. 38-42.
1956   Le cosmos du fer, in: Le Droit de rêver, S. 54-59.

1957 Le nouvel esprit scientifique et la création des valeurs rationnelles, in: L'Engagement rationaliste, S. 89-99.
1957 Châteaux en Espagne, in: Le Droit de rêver, S. 99-121.
1960 La vie et l'oeuvre d'Edoard Le Roy (1870-1954), in: L'Engagement rationaliste, S. 155-168.
1962 Message aux organisateurs du Colloque de Paris, au Palais de l'UNESCO, sur „Les fondements du symbolisme à la lumière de plusieurs disciplines", in Cahiers Internationaux de Symbolisme 1.

2. Literatur über Gaston Bachelard

Bachelard, Susanne: Bibliographie des traductions, in: Revue de Littérature Comparée 230, 58e année, Nr. 2, (Hommage à Gaston Bachelard pour le 100e anniversaire de sa naissance) 1984, S. 265-266.
- La Conscience de rationalité: étude phénoménologique sur la physique mathématique, Paris 1958.
Beaune, Jean-Claude: Le problème de l'unité dans l'oeuvre de Gaston Bachelard, in: Cailliés et al. (1984), S. 39-60.
Bréhier, Emile: Histoire de la Philosophie, tome 2, la philosophie moderne, Paris 1948.
Brousseau, G.: Les obstacles épistémologiques et les problèmes en mathématiques, Recherches en Didactique des Mathématiques 4, Nr. 2, Grenoble 1983, S. 165-198.
Brühmann, Horst: Der Begriff des Hundes bellt nicht. Das Objekt der Geschichte der Wissenschaften bei Bachelard und Althusser, Wiesbaden 1980.
Buis, Gérard: Les deux sources de la critique chez Gaston Bachelard, Annales de la Faculté des Léttres et Sciences humaines de Nice, Nr. 8, 2ème trimestre, 1969, Paris, Les Belles Lettres, 1969, S. 29-43.
Canguilhem, Georges: Études d'histoire et de philosophie des sciences, Paris 1968.
<u>Deutsch</u>: Wissenschaftsgeschichte und Epistemologie (übers. von. M. Bischof und Walter Seitter), Frankfurt/Main, 1979.
- L'évolution du concept de méthode de Claude Bernard à Gaston Bachelard, in: Études, S. 163-171.
- Gaston Bachelard et les philosophes, in: Études, S. 187-195.
- Dialectique et philosophies du non, in: Études, S. 196-207.
- L'histoire des sciences dans l'oeuvre épistémologique de Gaston Bachelard, in: Études, S. 173-186.
- Sur une épistemologie concordataire, in: Hommage à Gaston Bachelard, Paris 1957.
Cavaillès, Roger: Le schème de la verticalité dans la philosophie de Gaston Bachelard, in: Annales publiées triellement par l'Université de Toulouse-Le Mirail 10, Nr. 6, Toulouse 1974, S. 71-83.
Chenu, Joseph: L'obstacle épistémologique, Gaston Bachelard. L'Homme du poème et du théorème, Colloque du Centenaire Dijon 1984, Dijon 1984.
Dagognet, François: - Le matérialisme rationnel de Gaston Gachelard, in: Cahiers de l'Institut de science économique appliquée, série M, Nr. 126, Paris 1962, S. 17-31.
- Gaston Bachelard, sa vie, son oeuvre, avec un exposé de sa philosophie, Paris 1965.
- Brunschvicg et Bachelard: in: Revue de Métaphysique et de Morale, 70, Janvier-mars 1965, Nr. 1, S. 43- 54.
- Le probème de l'unité, in: Revue Internationale de Philosophie 38, Nr, 150,1984, S. 245-256.
Damblemont, Gerhard: Aspects de la réception de Bachelard dans les pays germanophones, Gaston Bachelard. L'Homme du poème et du théorème, Colloque du Centenaire Dijon 1984, Dijon 1984.
Davy, Georges: Gaston Bachelard: L'unité de l'homme et de l'oeuvre, in: Les Études Philosophiques 13, Nr. 2, avril-juin 1958, S. 123-133.

Delacampagne, Christian: Bachelard aujourd'hui, Paris 1986.
Delivoyatzis, Socrate. Le continu et le discontinu chez Bachelard, in: Philosophia 13-14, Athen 1993-1984, S. 446-454.
Denis, Anne Marie: Psychanalyse de la raison chez Gaston Bachelard, in: Revue Philosophique de Louvain 61, 1963, S. 644-663.
Denton, D. E.: Entre les concepts et l'expérience: Bachelard et Freud, in: Cahiers Internationaux du Symbolisme, Nr. 53-55, Mons 1986, S. 125-139.
Dubrulle, Gérard: Philosophie zwischen Tag und Nacht. Eine Studie zur Epistemologie Gaston Bachelards, Frankfurt/Main – Bern 1980.
Durand, Gilbert: Poétique de la science et science de la poétique, Communication au Colloque international Gaston Bachelard, Université de Dijon, 22-24 Novembre, 1984.
Feyerabend, P.K.: Kuhns Struktur Wissenschaftlicher Revolutionen ein Trostbüchlein für Spisialisten? In: I. Lakatos und A. Musgrave (Hrsg.), Kritik und Erkenntnisfortschritt. Braunschweig, Wiesbaden: Vieweg, 1974, 191-222.
Gagey, Jacques: Gaston Bachelard ou la conversion à l'imaginaire, Paris 1969.
Gagnon, Jacques-Henri: Anatomie de la rupture dans les sciences sociales, in: De Philosophia 8, 1988/1989, S. 52-65.
Ginestier, Paul: - Pour connaitre la pensée de Gaston Bachelard, Paris 1968.
- Bachelard et ses lecteures anglaises, in: Revue de Littérature Comparée 230, 58e année, Nr. 2, 1984, S. 177-184.
Giroux, Daniel (Éd.): Témoignages recuillis et représentés par Daniel Giroux, Association des Amis de Gaston Bachelard, Bar-Sur-Aube, 1985.
Gohau, Gabriel: Bachelard en France, in: Il Protagora 24, Nr. 5, Lecce, 1984, S. 203-216.
Goyard-Fabre, Simone: Bachelard et Bergson: „deux grandes pensées", in: Revue de l'Université d'Ottawa 57, Nr. 1, janvier-mars 1987, S. 93-107.
Granger, Gilles-Gaston: Visite à gaston Bachelard, philosophe des sciences et des rêves, in: Paru, Nr. 26 (1947), S. 55-59.
- Janus Bifrons, in: Revue Internationale de Philosophie, 38, Nr. 150, Bruxelle 1984, S. 257.271.
- Le rationalisme selon Gaston Bachelard, in: Revue de l'Université d'Ottawa 57, Nr. 1, Ottawa 1987, S. 9-23.
Hyppolite, Jean: Gaston Bachelard ou le romantisme de l'intelligence, in: Revue Philosophique de la France et de l'Étranger 144, 1954, S. 85-96.
- L'épistémologie de Gaston Bachelard, in: Revue d'Histoire des Sciences et leurs Applications 17, 1964, S. 1-11.
- Etudes sur Marx et Hegel, Paris 1965.
- L'imaginaire et la science chez Gaston Bachelard, in: Figures de la pensée philosophique. Ecrits (1931-1968), Paris 1971.
Jefirow, S. A.: Ot Gegelja ... Dshennaro (Von Hegel zu ...Gennaro), Moskau 1960, S. 73-74.
Kopper, Joachim: Das Gedoppelte Wesen des Wissens um Wahrheit. Gaston Bachelard zum Gedächtnis, in: Zeitschrift für philosophische Forschung 18, 1964, S. 297-309.

- Die materialistische Transzendentalphilosophie Gaston Bachelards, in: Zeitschrift für philosophische Forschung 32, Jan.-März, 1978, S. 31-48.
- Wissenschaftlicher und poetischer Geist. Zur Philosophie Gaston Bachelards, in: Bachelard, G.: Die Philosophie des Nein, Frankfurt/Main 1980, S. 167-188.
Joja, Crizantema: L'esprit rationaliste de l'épistémologie française contemporaine, in: Revue Roumaine des Sciences Sociales, Serie Philosophie et Logique 21, Nr. 3, juillet, septembre 1977, S. 227-243.
Lafrance, Guy (Éd.): Gaston Bachelard: Profils épistémologiques, Presse de l'Université d'Ottawa Press, Ottawa 1987.
Lakatos, I. & Musgrave (Hrsg.): Kritik und Erkenntnisfortschritt. Abhandlungen des internationalen Kolloquiums über die Philosophie der Wissenschaft, London 1965, Bb. 4. Braunschweig, Wiesbaden: Vieweg, 1974.
Lalonde, Mauris: La théorie de la connaissance scientifique selon Gaston Bachelard, Ottawa 1966.
Lapointe, François H.: Gaston Bachelard und seine Kritiker: Bibliographie der internationalen Kritik (1928-1977), in: Philosophisches Jahrbuch 86, Nr. 2, Heidelberg/Tübingen, 1979, S. 356-385.
Lauener, Henrich: Gaston Bachelard et Ferdinand Gonseth, Philosophes de la dialectique scientifique, in: Dialectica, 39, Nr. 1, Lausanne, 1985, S. 5-18.
Lecourt, Dominique: - L'épistemologie historique de Gaston Bachelard, Paris 1969, 2. Aufl. 1972.
- De Bachelard au matérialisme historique, in: L'Arc, Nr. 42, 1970, S. 5-13.
- Pour une Kritik de l'épistémologie, Bachelard, Canguilhem, Foucault, Paris 1972.
<u>Deutsch</u>: Kritik der Wissenschaftstheorie. Marxismus und Epistemologie. Bachelard, Canguilhem, Foucault, übers. von Irmela Neu, Berlin 1975.
- Bachelard ou Le jour et la nuit (Un essai du matérialisme dialektyk), Paris 1974.
Lois, Maurice: Bachelard et les mathématiques, in: Revue de l'Université d'Ottawa 57, Nr. 1, Ottawa, janvier-mars 1987, S. 47-56.
Mansuy, Michel: Maintenir et prolonger le bachelardisme, in: Revue d'Histoire littéraire de la France 70, Paris 1970, S. 870-883.
- Gaston Bachelard et les éléments, Paris 1967.
Mantoy, J.: La dialectique de la durée de Bachelard (Notes sur le problème de la dialectique), in: Bulletin de Littérature Ecclésiatique 51, Toulouse 1951, S. 252-257.
Margolin, Jean-Claude: Bachelard, Paris 1974.
Margot, Jean-Paul: Bachelard et l'épistémologie française, in: Lafrance, Guy (Éd.): Gaston Bachelard, Ottawa 1997.
Martin, R.: Dialectique et esprit scientifique chez Gaston Bachelard, in: Les Études Philosophiques 18, Nr. 4, octobre-décembre, 1963, S. 409-419.
- Bachelard et les mathématiques, in: Bachelard, Colloque du Centre Culturel de Cerisy-la-Salle, 1970, Paris 1974, S. 409-420.
Mcallester, Mary: Bachelard contre Bergson. Vers une pensée de la différence, Gaston Bachelard. L'Homme du poéme et du théorème, Colloque du Centenaire Dijon 1984, Dijon 1984.
- Unité de pensée chez Bachelard: valeurs et langage, Bachelard, Colloque du Centre Culturel de Cerisy-la-Salle 1974, Paris 1974.

Merle, M.: La dialectique selon M. Gonseth et son école. in: Notes sur le problème dialectique, Bulletin de Litérature Ecclésiastique, 51, Toulous 1950, S. 253-261.
Meyerson, Emile: Identité et Réalité, 5. ème éd., Paris 1951.
Montandon, Christiane: Actualité d'une notion bachelardienne: l'obstacle épistémologique en psychologie sociale, Gaston Bachelard. L'Homme du poéme et du théorème, Colloque du Centenaire Dijon 1984, Dijon 1984.
Mourelos, Georges: L'épistémologie positive et la critique meyersonienne, Paris 1962.
Moutaux, Jacques: Psychologie et épistémologie selon Gaston Bachelard, in: L'Enseignement Philosophique 40, Nr. 1, 1989, S. 5-20.
Oudeis, J.: L'idée de rupture épistémologique chez Gaston Bachelard, in: Revue de l'Enseignement Philosophique 21, Nr. 3, Gagny 1970/71, S. 1-25.
Paisse, Jean Marie: Approches du rationalisme de Gaston Bachelard, in: Bulletin de l'Association Guillaume Budé, Nr. 1, Paris 1971, S. 111-124.
Pariente, Jean-Claude: Rationalisme et ontologie chez Gaston Bachelard, Séance du 1 er Décembre 1984, Bulletin de la Société Française de Philosophie 79, Nr. 1, Paris 1985, S. 1-36.
Perraudin, Jean-François: Un Bachelard non-bergsonien, in: Cailliès et al., S. 61-76.
Piaget, Jean: Introduktion à l' Epistémologie génétique, Tome I, Ch. I. Paris 1950.
Deutsch: Einführung in die genetische Erkenntnistheorie (übers. von Friedhelm Herborth), Frankfurt/Main 1973.
Poulet, Georges: Bachelard et la conscience de soi, in: Revue de Métaphysique et de Morale 70, 1965), S. 1-26.
- Bachelard et l'indétermination, in: Revue de Littérature Comparée 230, 58e anée, Nr. 2, 1984, S. 137-144.

Quillet, Paul: Bachelard, Présentation, choix de textes, bibliographie, Paris 1964.
Raichvard, D.: La dialectique a-t-elle raison de s'intéresser à l'histoire des sciences?, Aster, Nr. 5, 1987, S. 3-34.
Ramnoux, Clérvence: Bachelard à sa table d'écriture, in: Revue Internationale de Philosophie 38, Nr. 150, Bruxelles 1984, S. 217-230.
Rosmorduc, J.: L'histoire de la physique peut-elle éclairer les obstacles épistémologiques? (Didactique et histoire des sciences), Aster, Nr. 5, 1987, S. 117-141.
Roy, Oliver: „Le nouvel Esprit Scientifique" de Bachelard: commentaire, Paris 1979.
Ruelland, Jacques: L'histoire des sciences de Gaston Bachelard, in: Phi Zéro 7, Nr. 2, Montréal, janvier 1979, S. 81-91.
- La construction de l'objet en sciences dans l'épistémologie de Gaston Bachelard, in: Phi Zéro 7, Nr. 3/8, Nr. 1, Montréal, mai 1979, S. 43-59/ janvier 1980, S. 43-66.
- Bibliographie des oeuvres de Gaston Bachelard, ainsi que des divers ouvrages que sa pensée et sa personne ont inspirés, Université du Québec, Montréal 1980.
Saint-Sernin, Bertrand: Science et imagination selon Gaston Bachelard, Gaston Bachelard. L'Homme du poéme et du thérème, Colloque du Centenaire Dijon 1984, Dijon 1984.
Serres, Michel: La réforme et les sept péchés, in: L'Arc, Nr. 42, 1970, S.14-28.
Sinaceur, Mohammed-Ali: L'épistémologie performative de Gaston Bachelard, in: Critique 29, Nr. 308, Paris 1973, S. 53-66.

Starobinski, Jean: La double légitimité, in: Revue Internationale de Philosophie 38, Nr. 150, 1984, S. 231-244.
Turlot, Fernand: Bachelard et Hamelin. Gaston Bachelard. L'Homme du poéme et du théorème, Colloque du Centenaire Dijon 1984, Dijon 1984.
Vadée, Michel: Bachelard ou le nouvel idéalisme épistémologique. Paris 1975.
Deutsch: Epistemologie oder Philosophie? Zu G. Bachelards neuem epistemologischem Idealismus (übers. v. Joachim Wilke), Frankfurt/Main 1979.
- Gaston Bachelard, le nouvel idéalisme épistémologique et la dialectique, in: La Nouvelle Critique, Nr. 83, Paris, 1975, S. 36-38.
- L'épistémologie dans la philosophie occidentale contemporaine, La Pensée, Nr. 220, Paris,1981, S. 85-97.
- Bachelard et le matérialisme philosophique, in: Revue de l'Université d'Ottawa, 57, Nr. 1, Ottawa, janvier-mars, 1987, S. 57-77.
Voisin, Marcel: Gaston Bachelard, in: Les Cahiers rationalistes, Nr. 257, Paris, juin-juillet, 1968, S. 178-216.
- Gaston Bachelard et le matérialisme, in: Les Cahiers Rationalistes, Nr,. 324, Paris 1976, S. 243-246.
- Rationnel-irrationnel: un mariage de raison?, Lumen vitae (Éd, Française) 41, Nr. 3, Belgien, 1981, S. 313-321.
- Dialectique de la métaphore gnomique dans l'oeuvre de Bachelard, in: Cahiers Internationaux du Symbolysme, Nr. 53-55, Mons, 1986, S. 83-88.
Zigo, Milan: Zum Dialektikbegriff in der Philosophie G. Bachelards, in: Philosophica, Zbornik Filozofickej Fakulty Univerzity Komenského, 12-13, Bratislava, 1971-1972, S. 481-505.

3. Sonstige Literatur

Alquié, Ferdinand (Éd.): Entretiens sur le surrationalisme, Décades du Centre Culturel International de Cerisy-la-Salle 1966, Paris 1968.
Althusser, Louis: Philosophie et philosophie spontannée des savants, Paris 1967.
- Lire le Capital, Paris 1968.
Bachelard, Suzanne: Epistémologie et histoire des sciences, in Actes du 12 ème Congrès international d'histoire des sciences, Paris 1970, tome 1, S. 39.
Bergson, Henri: Essai sur les données immédiates de la conscience, Paris 1889.
Deutsch: Zeit und Freiheit. Eine Abhandlung über die unmittelbaren Bewußtseinstatsachen, Jena 1920, 1949.
Blanché, Robert: La science physique et la réalité (Réalisme, Positivisme et Mathématisme), Paris 1948.
- La science physique et la réalité, Paris 1962.
- L'épistémologie, Paris 1977.
Bourdieu, Pierre; Jean-Claude Chamboredon und Jean-Claude Passeron: Soziologie als Beruf. Wissenschaftstheoretische Voraussetzungen soziologischer Erkenntnis (Aus dem Franz.), Berlin 1991.
Brunschvicg, Léon: Les étapes de la philosophie mathématique, Paris 1912/ 1972.
- L'Experience hummaine et la causalité physique, Paris 1922.
Bubner, R.: Dialektik und Wissenschaft, Frankfurt/Main 1973.
- Zur Sache der Dialektik, Stuttgart 1980.
Canguilhem, Georges: Idéologie et Rationalité dans l'histoire des sciences de la vie. Nouvelles études d'histoire et de philosophie des sciences, Paris 1981.
Chalmers, A. F.: What is This Thing Called Science? University of Queensland Press, St. Lucia, Queensland (1976), 1982.
Deutsch: Wege der Wissenschaft. Einführung in die Wissenschaftstheorie, Springer-Verlag Berlin Heidelberg, 3. Aufl. 1994.
Comte, August: Cours de philosophie positive, 6 Bde., Paris 1830-1842.
Deutsch: Einleitung in die positive Philosophie, übers. von G. H. Schneider, Leipzig 1880.
- Discours sur l'esprit positif, Paris 1844, 1995.
Deutsch: Rede über den Geist des Positivismus, Hamburg 1956, 1994.
Descartes, René: Discours de la méthode, übers. von Lüder Gäbe, (Französich - Deutsch), Meiner, Hamburg 1960/1990.
Engels, Friedrich: Dialektik der Natur, Berlin: Dietz, 7. Aufl. 1973.
Fichant, Michel: L'épistémologie en France, Histoire de Philosophie, tome VIII, Paris 1973.
Fichant, Michel; Pecheux, Michel: Sur l'histoire des sciences, Paris 1969.
Deutsch: Überlegungen zur Wissenschaftsgeschichte, Frankfurt/M. 1977.
Foucault, Michel: Die Ordnung der Dinge. Eine Archäologie der Humanwissenschaften, Frankfurt/Main 1971.
- Archäologie des Wissens, Frankfurt/Main 1973.
Foulquie, Paul: La dialectique, Paris 1949.
Gonseth, Ferdinad: Philosophie mathématique, Paris 1939.

- Peut-on parler de „Science dialectique?", in: Dialectica, 1, 4, 1947, S. 293-304.
- Les fondements des mathématiques, Paris 1962.
- Les mathématiques et la réalité, Essai sur la méthode axiomatique, Paris 1974.
Hamelin, Octave: Essai sur les éléments principaux de la représentation, Paris 1907, 2. ème éd.1925.
Hempel, Carl G.: Eléments d'épistémologie, Paris 1972.
Hook, Sidney: Dialectic in Society and History, in: Readings in the Philosophy of science, Ed. by Herbert Feigl and May Brodbeck, New York 1953, S. 701-713.
Kant, E.: Kritik der reinen Vernunft, Meiner, Hamburg 1956.
Kierkegaard, S.: The Point of view, London 1950.
- The Journals, Londen 1959.
Koyré, Alexandre: Etudes Galiliennes, Paris 1935, 2ème éd.1966.
- Etudes Newtoniennes, Paris 1968.
- Etudes d'histoire de la pensée philosophique, Paris 1961.
- Etudes d'histoire de la pensée scientifique, Paris 1966, 2ème éd. 1973.
Kron, Friedrich W.: Wissenschaftstheorie für Pädagogen, München 1999.
Kuhn, Thomas S.: Die Struktur wissenschaftlicher Revolutionen (Aus dem Amerikan. von Kurt Simon) Frankfurt/Main 1967.
- Die Entstehung des Neuen. Studien zur Struktur der Wissenschaftsgeschichte, übers. von Hermann Vetter, Frankfurt/Main 1977.
Lakatos: Die Geschichte der Wissenschaft und ihre rationalen Rekonstruktionen, in: Kritik und Erkenntnisfortschritt, éd. Imre Lakatos und Alan Musgrave, Braunschweig 1974, S. 271-311.
Lavelle, Louis: La Dialectique du monde sensible, Paris P.U.F 1954, 2. Aufl. 1954.
Lecourt, Dominique: Kritik der Wissenschaftstheorie. Marxismus und Epistémologie. Bachelard, Canguilhem, Foucault, übers. von Irmela Neu, Berlin 1975.
- La question de la vérité dans l'épistémologie contemporaine. Sens et place des connaissances dans la societé, Centre Nationale de la Recherche Scientifique, Paris Meudon-Bellevue 1987.
Mcatgaart, John Ellis: The nature of existence, London 1921.
Marx, Karl: Das Kapital. Kritik der politischen Ökonomie, Band 1-3, Hamburg 1867, 1885, 1894.
Merleau-Ponty: Les aventures de la dialectique, Paris 1955.
Deutsch: Die Abenteuer der Dialektik, Frankfurt/Main 1968.
Meyerson. Emile.: Identité et réalité, Paris 1951.
- La déduction relativiste, Paris 1925.
Minkowski, Eugène: Vers quels horisons nous emmène Gaston Bachelard? in: Revue Internationale de Philosophie 17, Nr. 4, octobre-décembre 1963, S. 419-440.
Piaget, Jean. Einführung in die genetische Erkenntnistheorie (übers. von Friedhelm Herborth), Frankfurt/Main 1973.
- Ouvrage collectif: Psychologie et épistémologie génétique, thèmes piagétiens, Paris 1966.
- L'Epistémologie génétique, Paris 1970.
- L'Epistémologie des sciences de l'homme, Paris 1972.
Poincaré, Henri: La Valeur de la science, Paris 1920.

Popper, Karl: Was ist Dialektik? In: E. Topitsch (Hrsg.): Logik der Sozialwissenschaften, Köln/Berlin 1964.
Raymond, Pierre: L'histoire et les sciences, Paris 1975.
Reichenbach, Hans: Der Aufstieg der wissenschaftlichen Philosophie, 2. Aufl. Vieweg 1968.
Russo, François: Nature et méthode de l'histoire des sciences, Paris 1984.
Sandkühler, Hans Jörg: Die Wirklichkeit des Wissens. Geschichtliche Einführung in die Epistemologie und Theorie der Erkenntnis, Frankfurt/Main 1991.
Sartre, Jean Paul: Critique de la raison dialectique, Paris 1960.
Serres, Michel: Elements d'histoire des sciences, Paris 1989.
Deutsch: Elemente einer Geschichte der Wissenschaften, Frankfurt/M. 1994.
Sesmat, Augustin: Dialectique Hamelinienne et la philosophie chrétienne. Paris 1955.
Tschamler, Herbert: Wissenschaftstheorie. Eine Einführung für Pädagogen, 2. überarb. u. erw. Aufl., Bad Heilbrunn 1983.
Yafut, Salim: La philosophie de la science et le rationalisme contemporain, Beyrouth 1982.
Zaslawsky, Denis: La philosophie des sciences (Wissenschaftstheorie) en France, 1950-1970, in: Zeitschrift für allgemeine Wissenschaftstheorie 2, 1971, S. 318-325.

www.ingramcontent.com/pod-product-compliance
Lightning Source LLC
Chambersburg PA
CBHW020742020526
44115CB00030B/841